Sprache und Sprechen, Band 39:

Sprechwissenschaftler/in und Sprecherzieher/in – Eignung und Qualifikation

Sprache und Sprechen
Beiträge zur Sprechwissenschaft und Sprecherziehung

Herausgegeben von der
Deutschen Gesellschaft für Sprechwissenschaft
und Sprecherziehung e.V. (DGSS)

Redaktion:

Henner Barthel, Landau/Pfalz
Eva-Maria Krech, Halle
Freyr Roland Varwig, Bad Homburg

unterstützt von

Norbert Gutenberg, Saarbrücken
Christa M. Heilmann, Marburg
Carl Ludwig Naumann, Hannover
Margit Reinhard-Hesedenz, Saarbrücken
Brigitte Teuchert, Regensburg

Die Reihe wurde 1968 von Prof. Dr. W. L. Höffe und Prof. Dr. H. Geißner begründet. Die Bände 1–7 wurden in Verbindung mit der DGSS von W. L. Höffe und H. Geißner, die Bände 8–25 im Namen der DGSS von H. Geißner herausgegeben.

Siegrun Lemke (Hrsg.)

Sprechwissenschaftler/in und Sprecherzieher/in – Eignung und Qualifikation

Unter Mitarbeit von Philine Lüssing

Mit Beiträgen von

Yvonne Adler – Dieter-W. Allhoff – Lutz Christian Anders – Elmar Bartsch – Ines Bose – Andrea Brunner – Björn Fiedler – Heinz Fiukowski – Hellmut K. Geißner – Uta Hänsch – Kati Hannken-Illjes – Albert F. Herbig – Anja Kniep – Franziska Kräuter – Siegrun Lemke – Heinrich Lenhart – Dirk Meyer – Bärbel Miethe – Baldur Neuber – Eberhard Ockel – Marita Pabst-Weinschenk – Kerstin Reinke – Abraham Roelofsen – Jo E. Schnorrenberg – Edith Slembek – Eberhard Stock – Brigitte Teuchert – Susanne Thiel – Michael Thiele – Freyr Roland Varwig – Stefan Wachtel – Roland W. Wagner – Rita Zellerhoff – Susanne Zimmermann

Ernst Reinhardt Verlag München Basel

Die Herausgeberin:
Dr. *Siegrun Lemke*, Diplom-Pädagogin und Diplom-Sprechwissenschaftlerin, Leiterin der Abteilung Sprechwissenschaft/Sprecherziehung der Universität Leipzig

Mit 12 Abbildungen und 4 Tabellen

Die Deutsche Bibliothek – CIP-Einheitsaufnahme

Sprechwissenschaftler-in und Sprecherzieher-in - Eignung und Qualifikation / Hrsg.: Siegrun Lemke. Unter Mitarb. von Philine Lüssing. Beitr. von Y. Adler .... - München ; Basel : E. Reinhardt, 2001
(Sprache und Sprechen ; Bd. 39)
ISBN 3-497-01572-5

ISSN 0944-2898

Printed in Germany

Ernst Reinhardt Verlag, Postfach 38 02 80, D-80615 München
Net: www.reinhardt-verlag.de Mail: info@reinhardt-verlag.de

Inhalt

Vorwort

Vom 15.–17.09.00 fand die jährliche Fachtagung der Deutschen Gesellschaft für Sprechwissenschaft und Sprecherziehung (DGSS) e.V. bereits zum zweiten Mal an und unter Mitwirkung der Universität Leipzig statt. Vor fünf Jahren besprachen wir „Prophylaktische, therapeutische und pädagogische Interventionen in Sprechwissenschaft/Sprecherziehung" – ein ungewöhnlich kurzer Zeitraum für die Wahl des gleichen Tagungsortes. Das hatte seine Gründe. Wir feierten im vergangenen Jahr unseren einhundertjährigen Geburtstag. Es war uns eine besondere Freude, unser Jubiläum mit fachlichem Austausch begehen zu können.

Wie bei allen Hundertjährigen sind die genauen Umstände der Geburt nicht mehr bis ins letzte Detail nachzuvollziehen. Sicher ist jedoch, dass Sprach- und Sprechpflege in Sachsen auf eine national und international bedeutsame Tradition verweisen können. Von den Stimmbildungswerken Engels' und Zöppels beispielsweise gingen nachhaltige Impulse aus.

An der Universität Leipzig finden seit dem Sommersemester 1818 Kurse zur Pflege und Vervollkommnung der mündlichen Sprech- und Ausdrucksfähigkeit statt. Genannt seien u. a. Kerndoerffer und Horstmann, die z. B. Veranstaltungen zur Rhetorik, Deklamation, Stimmbildung und Vortragskunst anboten. Mit der zuerst probeweisen Einstellung Martin Seydels begann die Institutionalisierung der Sprechkunde an der Universität Leipzig. Zunächst Lektor erhielt Seydel später eine Professur. Nach Seydels Tod führte Simon die Arbeit fort. Unter seiner Leitung erfuhr die sprechkundliche Einrichtung der Universität Leipzig eine deutliche Aufwertung, wenngleich er auf Grund seiner Verstrickung in das Ideengut des Naziregimes gewiss zu den umstrittenen Fachvertretern gerechnet werden muss. Christian Winkler, 1943 als Professor für Sprechkunde und Sprachpflege an die Universität Leipzig berufen, konnte die Stelle nicht antreten. Nach dem Krieg lag die Sprechkunde an der Universität Leipzig lange brach wie so vieles in dieser Zeit.

Unter Leitung Heinz Fiukowskis begann 1953 der Neuaufbau der Einrichtung. Die 40 Jahre seines erfolgreichen Wirkens wurden bei seinem Ausscheiden aus dem Dienst mit einer außerordentlichen Professur gewürdigt. 1994 übernahm ich die Abteilung.

Das Thema der DGSS-Tagung 2000 „Sprechwissenschaftler/-in, Sprecherzieher/-in – Eignung und Qualifikation" gab Gelegenheit, über aktuelle Anforderungen an unser Fach, über aktuelle und zukünftige Schwerpunkte sprechwissenschaftlicher Forschung und Lehre nachzudenken. Diese Problematik impliziert die Frage nach unserer eigenen beruflichen Qualifikation, nach unserer Eignung für die Vermittlung von Fähigkeiten und Fertigkeiten auf dem Gebiet der sprechsprachlichen Kommunikation. In 40 Vorträgen und Workshops wurden u. a.

- Vorschläge zum Studium der Sprechwissenschaft/Sprecherziehung im Kontext von Tradition, Entwicklung und Spezialisierung,
- Kriterien der beruflichen Eignung,
- Überlegungen zur Standortbestimmung, zu Perspektiven und Grenzen der Sprechwissenschaft und ihrer Anwendung,
- Gedanken zur Wechselwirkung von kommunikativer Kompetenz und den Möglichkeiten der neuen Medien,
- Aspekte interkultureller Kommunikation,
- Ergebnisse, Methoden und Grenzen rhetorischer Ausbildung vorgestellt und diskutiert.

Die Eröffnungsvorträge gaben einen Einblick in „unerforschte Anfänge der Sprechwissenschaft" in Leipzig und die Entwicklung des Faches an der Universität. Der Themenbereich „Standortbestimmung, Perspektiven und Grenzen der Sprechwissenschaft" beschäftigte sich u. a. mit dem inflationsartigen Zuwachs an weltweit zugänglichen Informationen, dem Einfluss medienvermittelter Kommunikation auf das Fach, mit der Nutzung der neuen Medien bei der Vermittlung kommunikativer Kompetenz, mit Aspekten interkultureller Kommunikation, ethischen und historischen Fragen sowie mit interdisziplinärer Zusammenarbeit. Im Bereich „Sprechwissenschaftliche Praxisfelder – Anforderungen und Qualifikationen" wurden inhaltliche, methodische und konzeptionelle Schwerpunkte in der stimmlich-sprecherischen Ausbildung sprechintensiver Berufsgruppen – wie Journalisten, Lehrer, Theologen und Mediensprecher –, Schwerpunkte der Klinischen Sprechwissenschaft und die Bedeutung des Faches für Sprachbehindertenpädagogik und Logopädie diskutiert. Ein weiterer Arbeitsbereich befasste sich mit dem Studium der Sprechwissenschaft, mit grundsätzlichen Fragen der Eignung und der fachlichen Kompetenz, mit neuen Anforderungen an die berufliche Qualifikation auf Grund veränderter gesellschaftlicher Kommunikationsprozesse und -strukturen. Diese Themen sind gewiss gleichermaßen von Interesse für Wissenschaft und Praxis des Gesamtfaches sowie seiner Teildisziplinen. Unterscheiden sich auch spezielle Bedürfnisse und Auffassungen hinsichtlich der Anforderungen an Eignung und Qualifikation – je nachdem, in welchen Bereichen Sprechwissenschaftler/-innen und Sprecherzieher/-innen tätig sind –, zeigte sich doch, dass bei aller notwendigen Spezialisierung die gemeinsame fachwissenschaftliche Basis eine gute Grundlage bietet, uns über Probleme der sprechsprachlichen Kommunikation im gesellschaftlichen Kontext zu verständigen und uns in unserer Suche nach zeitgemäßen Lösungen gegenseitig anzuregen und zu befördern. Unser gemeinsames Anliegen – unabhängig von unseren speziellen Einsatzfeldern – besteht nach wie vor darin, mündliches Kommunikationsvermögen berufsbezogen auszubilden. Das setzt voraus, wir reflektieren gründlich gesellschaftliche Bedürfnisse, orientieren Ausbildung, Lehre und Forschung am tatsächlichen Bedarf. Letztendlich bedeutet dies, Grundqualifikationen von Sprechwissenschaftlern/-wissenschaftlerinnen und Sprecherziehern/-erzieherinnen sowie notwendige Spezialisierungen stets von neuem zu durchdenken und anzupassen. Die Leipziger Tagung bot einen guten Nährboden, diesen Verständigungsprozess fortzusetzen und ihm neue Impulse zu verleihen. Sie leistete damit einen Beitrag zur Entwicklung unseres Faches und zum Selbstverständnis unserer Gesellschaft, und wir hoffen – auch zur Entwicklung und Stabilisierung der sprechwissenschaftlichen Einrichtung an der Universität Leipzig.

Mit Freude nahmen wir die Rückmeldungen außerordentlich vieler Tagungsteilnehmer/-innen entgegen. Qualität und Vielfalt des wissenschaftlichen und des Rahmenprogramms sowie die wohltuende Tagungsatmosphäre wurden besonders hervorgehoben. Der nahezu einzige Kritikpunkt war, dass viele Kolleginnen und Kollegen nicht alle Veranstaltungen besuchen konnten, die sie gern erlebt hätten, da meist zwei bis drei parallel liefen. Der nun vorliegende Tagungsband kann gewiss ein wenig entschädigen, bietet er doch die Möglichkeit, Versäumtes zumindest nachzulesen. Dabei wünsche ich Ihnen Anregung und Gewinn.

Allen, die zum Gelingen der Tagung beitrugen, sage ich Dank – zuerst der Hausherrin, der Universität Leipzig, für die Unterstützung bei der Vorbereitung und Durchführung.

Meine beiden Kollegen Dieter Graubner und Philine Lüssing standen mir von Beginn der Vorbereitung an uneigennützig und verlässlich zur Seite.

Herzlichen Dank auch den studentischen Hilfskräften, die – obwohl keine Fachstudenten – sich sehr schnell in Inhaltliches und Organisatorisches einarbeiteten und zielgerichtet mitdachten.

Besonders danke ich meinen beiden Hilfsassistentinnen Kati Reusche und Kerstin Preiwuß, die mich bei der Vorbereitung des Tagungsbandes mit großem Engagement unterstützten.

Leipzig, im Februar 2001 Siegrun Lemke

I. 100 Jahre Sprechwissenschaft/Sprecherziehung an der Universität Leipzig

FREYR ROLAND VARWIG

Die „Leipziger Schule" einer Philosophie der gesprochenen Sprache oder unerforschte Anfänge der Sprechwissenschaft um 1800

1. Wer waren die Lehrer der „Leipziger Schule"?

In einem halbstündigen Festvortrag oder auf acht Druckseiten das wiederzubeleben, was in gut dreißig Jahren gemeinschaftlicher Begriffsarbeit erfunden und verortet wurde, ist vermessen. Was ich hier und heute leisten kann, ist höchstens, ein wenig Neugier an diesem Konzept zu wecken, zu skizzieren, wie es möglich ist, dass in der Geistes- und Wissenschaftsgeschichte immer wieder brillante Höhenflüge im Morast von Unverständnis, Moden und Anmaßung landen und schließlich anzudeuten, dass moderne Ansätze zu einer „linguistique de la parole" häufig hinter den damaligen „rhetorisch-peristatischen" Konzepten von gesprochener Sprache „blind" hinterherhinken.

Angesichts einer solchen Gedankenperspektive dann aber von „Nostalgie" – ja auch nur von „positivistischer Rekonstruktion" – zu sprechen, ist völlig verfehlt; es geht hier vielmehr um ein „refingere", also die „Refiktion", einer in sich schlüssigen und zugleich geschmackvollen Gedankenfigur des späten 18. Jahrhunderts, die in unserem „Sprechen über Sprache" meist unerkannt und fragmentarisch herumgeistert. Sie ist wohlgemerkt das Resultat eines im Laufe von zwei Lehrer-Generationen (ca. 1750–1810) herangereiften, *senso-intelligiblen* Umgangs mit der „copia argumentorum" abendländischer klassischer Musik (Wiora 1961, 111–113), Literatur (Mendelssohn, Lessing) und kritischer Philosophie.

Der „spiritus rector" dieser „Leipziger Schule" war nun also der Philosoph und Dichter Karl Heinrich Heydenreich (1764–1801; Gretschel 1830, 231, 250; Historische Kommission 1961, 240; tacent: Friedberg 1898; Eulenburg 1909; Zarnke 1909; Kittel 1924). Heute so gut wie vergessen, fehlt die Würdigung seines „System der Aesthetik" (1790/1978) – neben Heydenreichs trefflich übersetzten ästhetischen Handbüchern und Monographien etc. – in kaum einer Musik-, Literatur- und Philosophiegeschichte bis in die 50er Jahre (z. B. Hebold 1909, 23ff; Goldschmidt 1915, 228f; Vietor 1923, 136; Serauky 1929, 123ff; Croce 1934, 161; sehr gründlich: Pfrogner 1954, 244–247; s. jedoch: Lippman 1992, 126).

Heydenreich beherrschte mühelos das distinkte Argument der kantschen „Kritik" und verlängerte es – zwei Jahre vor Erscheinen von Kants „Kritik der Urteilskraft" – mit fast identischen „Kriterien" um eine Ästhetik (Krug 1833, 422; Schlüter 1939, 7). In ihrem Zentrum steht modellartig das Wesen hörbar-wirkender Zeichenketten; er verlängert so durch eine „kombinierte“ Tönesemiotik und -hermeneutik konsequent das Argument aus Lessings „Laokoon“-Fragmenten (Schelle 1802, 392). Und das Besondere seiner Lösung besteht nicht nur im harrisschen Rückgriff auf Zeichen und deren Verstehensprozess, sondern vor allem in dessen Ausdifferenzierung zu „Kontrasten“, „Dimensionen“ und „Gradationen“; und zwar zum einen in Analogie zu Leibnizens „aufsteigender Begrifflichkeit“, d. h. von einer „cognitio obscura“ und „clara“ zur „cognitio distincta“ innerhalb hörbar-wirkender Zeichenketten (Heydenreich 1790/1978, 116), zum anderen aber in Anlehnung an die in der engelschen „Mimik“ (1786) demonstrierte, dreifache Skalierung sichtbar-wirkender Ausdrucksmodi.

Parallel zu Heydenreichs „Philosophie der Töne“ qua Erörterung eines (poetischen) Darstellungstriebs hatte sich ferner um die Kritik des hermeneutischen „locus classicus“ herum, nämlich um Moritzens „Prosodie“, in Leipzig das Zentrum für „Deklamationstheorie“ gebildet. Wie aus der Summe historischer Belege hervorgeht, wurde diese betrieben von Renatus Gotthelf Löbel (1767–1799) durch seine kommentierenden Übersetzungen aus der bis dahin reifsten englischen Theorie – wie schon mit langer mündlicher Tradition von seinem linguistisch interessierten Lehrer Christian Gotthold Schocher (1736–1810); dann von dem Philosophen am Nachbarlehrstuhl Karl Adolf Caesar (1744–1810; Historische Kommission 1961, 192) durch laufende Rezensionen einschlägiger Neuerscheinungen (Engel; Blair) in den „Denkwürdigkeiten aus der philosophischen Welt“ (1785); ferner von dem Caesar-Schüler, Johann Gottfried Grohmann (1764–1805) sowie dem Pastoren und „Handwörterbuch“-Mitarbeiter Wedag. Zwischen ihnen herrschte eine solche geistige Aufgeschlossenheit als Risikobereitschaft zu gesteigerter, „kollektiver Sensibilisierung“ und sie arbeiteten so kollegial zusammen, dass man mit vollem Recht auch angesichts der Resultate von einer „Leipziger Schule“ sprechen sollte: So widmete Schocher seine Schrift von 1791 seinem Schüler Löbel zum Doktorat, Löbel seine „erweiterten Bemerkungen zur Deklamation“ von 1793 „seinem Freunde dem Herrn Professor K. H. Heidenreich“ und so schrieb Grohmann 1810 „Erinnerungen an seinen Freund Schocher“ (Wittsack 1932, 211) usw.

1.1. Zum Stand der Forschung

Es gibt zu diesem Thema drei Untersuchungen von ganz unterschiedlichem Stil und Wert: Walter Wittsack (1932), Irmgard Weithase (1930) und Christian Winkler (1931).

Die erste dieser germanistischen Dissertationen, die biographische Details aufhäuft und dabei um historische Fachtermini auch gerade der „Leipziger Schule“ ringt, hat (unter der Ausrichtung und Betreuung der „Realien-Philologen“ Merker und Stammler) Wittsack 1928 geschrieben. Sie ist von Geißner im Zuge seiner Durchsicht durch die Fachgeschichte (1997, 466f) treffend charakterisiert. Für meine Fragestellung nach einer philosophischen Konzeption bildet sie so etwas wie ein „Register"; für die Entwicklung eines aktuellen Arguments „Sprechwissenschaft" droht sie jedoch ständig, durch ihre verwirrende Erscheinung ertragreiche Zugänge zu verschütten.

Die Arbeit von Weithase (Geißner 1997, 550; ohne korrekte Titelangabe rez.!) liefert eine bunte Stoffsammlung in journalistischem, flott umgeworfenem Gewand, ohne dass darin um ein schlüssiges Konzept gerungen wird; sie fördert das Plaudern über ebenso dunkle wie bunte sprechkundliche Vielfalt.

Schließlich wird durch die Arbeit von Winkler unter Anleitung des gründlichen „Vers-Philologen" Saran der wissenschaftsgeschichtliche Anschein erweckt, das Thema sei nun restlos erfasst und begriffen; dass Winkler jedoch z.B. seine „Notation" aus Kerndoerffer (1813) – offensichtlich in ihrem „heuristischen" Wesen und Geltungsanspruch unverstanden – plagiiert und so auch eine Reihe unhaltbarer Vorurteile ausgestreut hat, wie etwa seine „volkstümelnde" Aversion gegen die Analogie zwischen komponiertem Gesungenem und Gesprochenem, sind die m. E. wesentlichen Ursachen des fatalen Vergessens der durch die „Leipziger Schule" bereits angebahnten Begrifflichkeit. Daran ändert auch die Tatsache nichts, dass er sich in späteren Werken kumulativ selbst zitiert, denn seine „fach-terminologische Vielunterteilbarkeit" (partitio) von Sprechkundlichem dringt nicht bis zur Klassifikation der drei Argumentationsbereiche (divisio) jeglicher „Hermeneutik von Sprechsituationen" vor (Varwig 1997, 65ff). Und die jüngsten philologischen Bemühungen um die „Leipziger Schule", deren Träger nicht einmal mehr durch jahrelange Erprobung in sprecherzieherischer Grundlagenarbeit autorisiert sind, referieren ungeprüft die Lesefrüchte jener früheren „Sekundärliteratur" zum Schaden der Begrifflichkeit unseres Faches, d.h. zu ungewollter Vorurteilsbildung bezüglich seiner Wissenschaftlichkeit und zur Enthemmung im Umgang mit Mode- und Schlagwörtern. Hier sind vor allem die beiden Hauptvertreter zu benennen, nämlich Sandstede in Uedings – vom Gesamtunternehmen her sehr lobenswertem – „Historischem Wörterbuch der Rhetorik" (1994) und Göttert in seiner „Geschichte der Stimme" (1998). So berichtet etwa Sandstede:

> „Mitte des 18. Jahrhunderts wurde die Begrifflichkeit der Deklamation unklarer; man klagte über das ‚Unerträgliche der Regellosigkeit' (...) Dagegen steht die große Zahl von Werken in Deutschland, England und Frankreich, die bis ins 19. Jahrhundert hinein versuchten, die Deklamation zu systematisieren, theoretisch zu erfassen und für die verschiedensten Bereiche Anleitungen zu geben. Diese Theorien gingen aber kaum über den Standard der Antike hinaus." (1994, 496)

Angesichts solch pauschaler Behauptung epochaler „Entwicklung" sei kurz festgehalten, dass eine Begrifflichkeit der „Deklamation" wegen ihrer Reflexion über *Fallweises* bzw. *Szenisches* bzw. *Situatives* – außer in „peristatischem oder topischem" Rahmen – niemals klar zu erörtern ist und dass damals solche Theorie meist „ausdruckspsychologisch" begründet ist, wofür es – spätestens seit den luziden Essais von Karl Bühler (1933) wiedererinnert – keine „antiken“ Standards gibt.

Göttert imponiert im Kapitel „Romantische Sprachphilosophie“ mit der Lektüre einer anonymen Schrift (von 1793), die zwar seit Meusels Bio-Bibliographie regelmäßig Löbel zugeschrieben wird, in deren Vorwort aber ausdrücklich erklärt wird, der Plan des Werkes sei „bei Löbel ausgeliehen“:

> „Um die Wende vom 18. zum 19. Jahrhundert ist ein sprunghafter Anstieg von Schriften zur Deklamation zu registrieren, (...) Ein Beispiel für dieses Gemisch stellt die ‚Anleitung zur Bildung des mündlichen Vortrags...‘ (1793) dar, die R. G. Löbel herausgegeben hat. Löbel war schon als Übersetzer eines englischen Werkes dieser Gattung hervorgetreten, und zwar Thomas Sheridans (Lectures on the art of reading, 1775) und suchte nun in seinem eigenen Versuch das Problem zu verallgemeinern.“ (Göttert 1998, 385)

Auch hier erweist sich, dass die modernste Sekundärliteratur auf keinen Fall die Originallektüre erspart, wenn man nicht recht haltlosen Pauschalerklärungen – wie „das Problem verallgemeinern“ – aufsitzen will. Tatsächlich hat Löbel nämlich zwei Werke von Sheridan in einer kommentierenden Übersetzung zusammengezogen und seine Eigenleistung mit einer Kritik von Moritzens „Prosodie“ (1786) eröffnet.

Diese Übersicht zum Stand der Forschung soll verdeutlichen, dass die Sprechwissenschaft zur Besinnung auf die ihr eigene Begrifflichkeit selbst dringend aufgerufen ist. Nur durch die Auseinandersetzung mit den Originalwerken – vor allem der „Leipziger Schule“ – kann aus dem Morast pauschaler Vorurteile in Sekundär-, Tertiär- und womöglich bald Quartärliteratur wieder heraushelfen. Das aber ist in Anbetracht der beschriebenen „copia argumentorum“ sehr vielversprechend.

1.2. Zu den zeitgenössischen Bildungseinflüssen

Epochemachend waren für die Weiterentwicklung der Ausdruckstheorie, d. h. – was bislang m. W. völlig übersehen wird – für eine „logische und musikalische Situationshermeneutik“ mindestens zwei kleine, vergessene Schriften von Engel (beide 1780). Die engelsche „Mimik“ (Teil I) wurde gleich nach ihrem Erscheinen 1785 ausführlich in Caesars Leipziger „Denkwürdigkeiten“ rezensiert. Im selben Jahr erschien ein über 50 Seiten langes Referat mit einer Rezension von Blair (1785). Wer Blairs Engagement – innerhalb der literarischen Stürme um Ossians „ekstatische Barden“-Rolle (Braungart 1995, 389ff) – für den zeitgenössischen „poetischen Primitivismus in seiner Anwendung auf die Sprache“ (Rauter 1970, 195) kennt, kann seine fatale Bedeutung für unser Fach unschwer erahnen.

Ebenfalls in diesem Jahr veröffentlichte der französische Philologe, Musiktheoretiker und Musiker Chabanon (1785) sein grundlegendes (völlig überarbeitetes) Werk. Es harrt – leider unübersetzt – seit langem einer fundierten (vs. Forkel), *sprechstilistischen* Untersuchung.

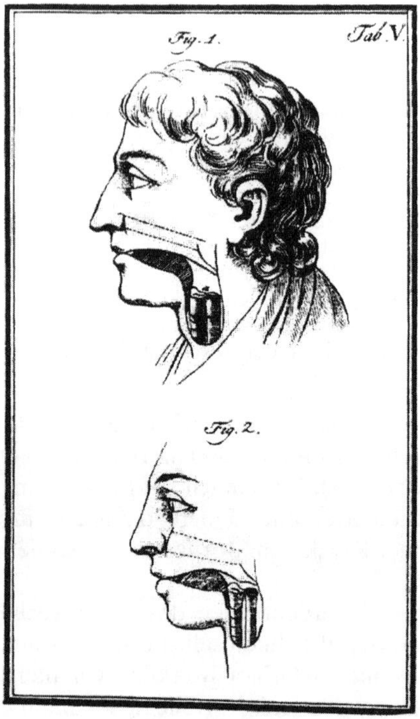

Abbildung 1 (von Kempelen 1791)

Ein Jahr darauf erschien das epochemachende Werk von Karl Philipp Moritz „Versuch einer deutschen Prosodie“ (1786), wobei viel zu wenig bekannt ist, dass diese teilweise dialogisierte Argumentsammlung sowohl auf den Anregungen seines Musiklehrers Kantor Winter (als Mitglied der mitzlerschen Gesellschaft in persönlichem Umgang mit J. S. Bach, Telemann etc.) als auch auf denen seines Direktors Ballhorn basiert, die ausgerechnet „Über die Beziehungen von Rhetorik, Poetik und Musik“ bzw. „Über die Stimmbildner (phonascis) des Altertums“ promoviert hatten (Varwig 1992, ungedruckte Habilschrift). Schließlich findet sich der „evidenteste“ Bildungseinfluss, nämlich das physiologische Text- und Bildargument zum Nachweis einer „Vokalharmonie“ durch Kehlkopfgradation (u, o, a, e, i), in der Schrift von Wolfgang von Kempelen (1791; siehe Abb. 1).

Auf der Basis dieser Kette von Neuerungen in der Anschauung und Reflexion des „Gesprochenen“ (*Sprechsituation, -rolle und -stil*) wird vielleicht ein wenig verständlich, warum das Interesse an „Deklamation“, und d. h. am Thema „linguistique de la parole“, damals neben dem Aufblühen der kritischen Philosophie in Leipzig kulminierte.

2. Was war ihr Begriffssystem zur Hermeneutik gesprochener Sprache?

„Natur gesprochener Sprache“ bedeutet für die „Leipziger Schule“ metaphorisch unterstellte „Körperlichkeit“, also im Sinne griechischer „physis“ – erörterbare Dreidimensionalität: *Temporalität*, *Melodik*, *Dynamik* – und zwar gültig für alles „Sprechsituativ-Hörbare“ etwa

- bezogen auf den Atem- und Sprechstimm*fluss* oder
- bezogen auf den organisch-kanalisierten, artikulierten Rede*strom* oder
- bezogen auf die rhythmischen (hogarthschen „*wellen*- oder spiralförmigen“: Agricola 1757, 48) Modulationen beider.

Dieser sehr hilfreiche – sogar erkenntnisleitende – Naturbegriff hat jedoch zwingende Konsequenzen: Werden nämlich von seinem Gesichtspunkt aus irgendwelche weiteren – der klassischen Strom- bzw. Flussmetaphorik verpflichteten – Definitionen des dreifachen „Gegenstands und Modus jeglichen *Sprechsituativ-Hörbaren*“ etwa auf nur zwei Dimensionen (wie etwa zum guidonischen oder cartesianischen „diagramma“: Harburger 1929, 136ff) verkürzt oder etwa auf fünf Parameter (zu geißnerscher „Handhabbarkeit“) erweitert, dann droht der *Verstehenshorizont der Grundmetapher* und demzufolge ihre hermeneutische Demonstrations- und Applikationsleistung zu zerfallen.

In entsprechender hermeneutischer Konsequenz bildet ferner das „situative“ Komplement zum „Hörverstehen“ stets ein „Sprech*deuten*“ (etwa im Sinne von Bühlers „dreifacher Deixis“); denn ein Komplement „Sprech-Denken“ führt zwangsläufig zu voreiliger, paradigmasprengender „Psychologisierung“. Will man schließlich von diesem Naturbegriff des „Gesprochenen“ aus in aller Kürze auf Grund der beschriebenen Verschränkung philologisch-philosophischen Erkenntnisinteresses die möglichen Orte einer *„Töne“-Hermeneutik* auflisten, so kann man auf die Charakteristik von „Sprachtönen“ zurückgreifen, wie sie bereits etwa bei Mitford, Sheridan, Eberhard und Blair entworfen war. Eben aus diesen „testimonia“ entwickelte nämlich Heydenreich (neben seiner zitatweisen Anlehnung an Chabanon) seine Zeichenstruktur musikalisch wie sprech-sprachlich komponierter „Töne“.

Schließlich lässt sich eine Summa möglicher Verortungen (Topik) für musikalisch-rhetorische „wechselseitige Erhellungen“ (Walzel 1917; Horn 1921) – um sie als „copia argumentorum“ für eine lyrische *„Töne“-Hermeneutik* zu nutzen – mit Heydenreich zwischen den folgenden drei Parametern der „Natur gesprochener Sprache“ abbilden (deren Ausfüllung dürfte jedoch den hier gesetzten Rahmen sprengen):

I Quasi-logische *Kontraste* sukzessiv-wirkender Zeichen (Töne) (temp.; mel.; dyn.),
II Quasi-logische *Dimensionen* sukzessiv-wirkender Zeichen (Töne) (temp.; mel.; dyn.),
III Quasi-logische *Gradationen* sukzessiv-wirkender Zeichen (Töne) (temp.; mel.; dyn.).

So viel also nur zur Andeutung des Begriffssystems, das sich aus der „Leipziger Schule“ künftig für eine sprechwissenschaftliche „Situationshermeneutik“ gewinnen lässt.

3. Die instrumentellen Konsequenzen des „ästhetischen Systems“

Dieses Instrument bedarf unter Fachkolleginnen und -kollegen nur der kurzen Erwähnung; seine erkenntnisleitende Funktion für eine „Physiologie der Akzentuation“ (Hoffmann 1892) hatte bereits Home in schlichter Klarheit und zugleich als unverzichtbare Voraussetzung zum *Vollzug ihres Bildungswertes* beschrieben: „Es gibt keine Wörter zur Bezeichnung *unterschiedlicher Grade des ‚Schnellen vs. Langsamen‘, des ‚Hohen vs. Tiefen‘ und des ‚Lauten vs. Leisen‘*; ehe man also diese Distinktionen zum regelrechten Unterrichtsgegenstand machen kann, bedarf es der Erfindung einer Notation, analog der in der Musik gebräuchlichen.“ (Home 1762, II, 350 [übers. und kursiv vom Autor]; Winkler 1931, 47f)

Einen ersten, hinreichenden „Zeichenvorrat“ für alle drei Parameter führte dann – bislang nicht gewürdigt – Bahrdt (anonym 1780) praktisch am druckfrischen Beispiel aus Lessings „Nathan-Recha“-Dialog vor; doch erst 1813 hat Kerndoerffer – unter Berufung auf seine Lehrer Schocher und Löbel – eine hinreichende und erschöpfende Darstellung jenes Instruments geliefert, das wir heute als „heuristische Notation“ von Winkler/Jesch kennen. Trotz dieser drei begriffsgeschichtlichen Reifestufen hat m. W. bislang niemand eine „internationale“ Angleichung (im Sinne der API) für dieses hermeneutisch unverzichtbare Instrument gefordert oder gar konsensfähig institutionalisiert.

4. Die praktischen Konsequenzen des „ästhetischen Systems“

Hier sei zu meiner Entlastung nur kurz auf das wohl reifste Resultat der „Leipziger Schule“, nämlich Rambachs „Odeum“ (1800), verwiesen; es handelt sich wohlgemerkt um eine fein gegliederte „textsortenspezifische Prosodie“ oder epochentypische Vortragslehre, die längst – auch in Anbetracht ihrer Wirkung auf Literatur und Sprachphilosophie der Berliner Frühromantiker – einen reprographischen Nachdruck verdiente.

Wie man sich dementsprechend die praktische Wirkung einer neu-gewonnenen „Töne“-Hermeneutik vorzustellen hat, sei zusammenfassend an folgendem Zweizeiler aus Moritzens „Prosodie“ (1786) erläutert (Abb. 2).

5. Wer gehörte zur Schülergeneration der „Leipziger Schule“?

Die Lehrer der „Leipziger Schule“ wirkten direkt auf die deutsche Klassik; als prominentester Beleg dafür mag nur der Brief Goethes an Schiller vom 25.7.1794 (Nr. 3072) stehen: „Sie erhalten hierbey die Schochersche Abhandlung mit Danck zurück, das was ich davon verstehe, gefällt mir recht wohl, (...) Zugleich sende (...) Moriz und hoffe dadurch meine Sendung nützlich und angenehm zu machen.“ (1987, 175)

A) **Leistung den Dichters** (Versifikation/Komposition):

1) Auswahl und Setzen eines *silbenzählenden Metrum* (= sichtbarer und hörbarer „Kanon“):
z. B.
\- v / - v / - v / - v (vierfüßige Trochäen)

2) Auswahl und Überarbeiten der prosodischen Silbenqualität

a) im Sinne wohlklingender „Relationen betonter Vokale“:
z. B.
\- v / - v / - v / -
Und er/-l**ei**ch-tre / m**ei**--nen / G**a**ng
\- v/ - v / - v / -
Mit Ge-/-b**e** t und/ m**i**-t Ge-/-s**a**ng.

b) im Sinne wohlklingender „Konsonantenrahmungen“:
z. B.
\- v / - v / - v -
Und er/-**lei**ch-tre / **mei--n**en/ **Gang**
\- v / - v / - v / -
Mit Ge-/**be**-t und/ **mi**-t Ge-/-**sang**

B) **Leistung** zweifachen Lesens bzw. **„kunstgerechten“ Vortragens** in der sympathisch-lyrischen Situation (Deklamation):

1) Wahl eines sinnfassenden Ausspruchs (*temp.*)

2) Wahl der sinnfassenden Tonhöhenbewegung bis zur Ausspruchsgrenze (*mel.*) im ersten Durchgang

3) Wahl des sinnfassenden, *silbenwägenden Rhythmus* (*dyn.*) im zweiten Durchgang durch:

a) Bestimmen der überschweren Silbe des Ausspruchs:
z. B. Und erleichtre meine Gang mit Gebet und mit Ges**ȧng**.

b) Wägen und Bestimmen kaum- ... vollschwerer bzw. voll- ... kaumschwerer Silbenrelationen:

z. B. *quasi-prosaisch*:

Und erl**eí**chtre meinen Gang mit Gebet und mit Ges**ȧng**.

oder *lyrisch* (in Kolumnenschreibung zur „musikalischen Komposition prosaischen Sylbenmaßes“):

Und erleíchtre meinen **Gàng** / -
Mit Ge**bét** und mit Ges**ȧng** //\

Abbildung 2

Als Schocher-Schüler in Leipzig war Kerndoerffer bekanntlich Sprechtherapeut und Vortragslehrer bei Heinrich von Kleist (Weithase 1961, 493, 542). Die Schocher-Schüler Rambach und Bernhardi unterrichteten nachweislich die jungen Romantiker Tieck und Novalis, sodass ihr Reflexionsniveau sowie Engels und Moritzens Begrifflichkeit zum Thema „gesprochene Sprache" die Gesprächs- und Urteilskriterien auch für einen jungen Wilhelm von Humboldt angesichts des gemeinsam erlebten „Dichtungssprechens" in den Berliner Salons lieferten. Ja, sogar Hölderlin suchte wiederholt persönlichen Kontakt (von Jena aus) und konzeptionelle Nähe (von Homburg aus) zu Heydenreich und der „Deklamation" der „Leipziger Schule".

Und so mag abschließend aus diesen wenigen, exakt zu belegenden und erheblich zu erweiternden Beispielen und Refiktionen erhellen, wie sehr die so genannte „Sprachmusikalität" der deutschen Klassik und Romantik (Erny 1956, 54–71; 1958) nichts anderes war als die bald kunstgerechte, bald geniale Applicatio sprechwissenschaftlicher Wahrheiten und Methoden der „Leipziger Schule" auf die Poesie, und zwar sowohl zur Erzeugung ihres vollendeten Scheins „energischer" *Mündlichkeit* als auch zur Fiktion *„sprechsprachlicher Natürlichkeit"*.

Literatur

Agricola, J. F. (1757): Anleitung zur Singkunst. Berlin; ND: (1994) Breitkopf u. Härtel, Leipzig

Anonym (Bahrdt, K. F.) (1780): Versuch über die Beredsamkeit nur für meine Zuhörer bestimmt. O. Verlag. Halle (Saale)

Blair, H. (1785–1789): Vorlesungen über Rhetorik und schöne Wissenschaften. Aus dem Englischen übersetzt und mit einigen Anmerkungen und Zusätzen begleitet von K. G. Schreiter. Bd. I-IV. Siegert, Liegnitz/Leipzig

Braungart, W. (Hrsg.) (1995): Bänkelsang. Reclam, Stuttgart

Bühler, K. (1933): Ausdruckstheorie. Das System an der Geschichte aufgezeigt. Fischer, Jena

Caesar, K. A. (1785ff): Denkwürdigkeiten aus der philosophischen Welt. G. Müller, Leipzig

Chabanon, M. (1785): De la Musique considerée en elle même et dans ses rapports avec la parole, les langues, la poésie et le théâtre. Pissot, Paris

Croce, B. (1934): Introduction to eighteenth-century aesthetic. Philosophy IX, 157–167

Engel, J. J. (1780): Versuch einer Methode die Vernunftlehre aus Platonischen Dialogen zu entwickeln. Voss, Berlin

– (1780/1844): Über die musikalische Malerei. An den Königl. Capellmeister Herrn Reichardt. Schriften. Bd. IV, 136–56. Mylius, Berlin

Erny, R. (1956): Entstehung und Bedeutung der romantischen Sprachmusikalität. Diss. (Maschinenschrift), Heidelberg

– (1958): Lyrische Sprachmusikalität als ästhetisches Problem der Vorromantik. Jahrbuch der deutschen Schillergesellschaft II, 120–127

Eulenburg, F. (1909): Die Entwicklung der Universität Leipzig in den letzten hundert Jahren. Hirzel, Leipzig

Friedberg, E. (1898): Die Universität Leipzig in Vergangenheit und Gegenwart. Veit & Co., Leipzig

Geißner, H. K. (1997): Wege und Irrwege der Sprecherziehung. Röhrig, St. Ingbert
Goethe, J. W. (1987): Werke (Weimarer Ausgabe, IV Abt.) Bd. 10, dtv, München
Göttert, K. H. (1998): Die Geschichte der Stimme. Fink, München
Goldschmidt, H. (1915): Die Musikästhetik des 18. Jahrhunderts und ihre Beziehungen zu seinem Kunstschaffen. Rascher, Zürich
Gretschel, C. (1830): Die Universität Leipzig in der Vergangenheit und Gegenwart. Hilscher, Dresden
Harburger, W. (1929): Musikalische Geometrie. Zeitschrift für Musikwissenschaft 4, 193–211
Hebold, K. (1909): K. H. Heydenreichs Individual-Pädagogik. (Diss. Leipzig) Weida
Heydenreich, K. H. (1790): System der Aesthetik. Leipzig; ND: (1978) Hildesheim
Historische Kommission (Hrsg.) (1961): Karl-Marx-Universität Leipzig. Bibliographie zur Universitätgeschichte. Leipzig
Hoffmann, E. (1892): Stärke, Höhe, Länge. Ein Beitrag zur Physiologie der Akzentuation. Trübner, Straßburg
Home, H. (1762): Elements of criticism I-III. Kingcaid/Bell, Edinburgh
Horn, W. (1921): Sprachkörper und Sprachfunktion. Wiss. Druck, Berlin
Kempelen, W. v. (1791): Mechanismus der menschlichen Sprache nebst der Beschreibung seiner sprechenden Maschine. Degen, Wien
Kerndoerffer, H. A. (1813–1815): Handbuch der Declamation. Bd. I-III. Fleischer der Jüngere, Leipzig
Kittel, R. (1924): Die Universität Leipzig und ihre Stellung im Kulturleben. Helingsche Verlagsanstalt, Dresden
Krug, W. T. (1833): Allgemeines Handwörterbuch der philosophischen Wissenschaften. Bd. II. Leipzig; ND: (1969) Olms, Stuttgart
Lippman, E. A. (1992): A history of western musical aesthetics. University Press, Nebraska
Löbel, R. G. (1793): Einige Bemerkungen über die Declamation. In: Löbel, R. G. (Hrsg. u. Übers.): Th. Sheridan – Ueber die Declamation oder den mündlichen Vortrag in Prosa und in Versen. Mit einigen Zusätzen. Teil I/II, Weygand, Leipzig, 205–280
Moritz, K. P. (1786): Versuch einer deutschen Prosodie. Wever, Berlin
Pfrogner, H. (1954): Musik. Geschichte ihrer Deutung. Alber, München
Rambach, F. E. (1800): Odeum. Fragmente über Deklamation. Nebst einer Anweisung zum Gebrauche des „Odeums“. Nicolai, Berlin
Rauter, H. (1970): Die Sprachauffassung der englischen Vorromantik. Gehlen, Bad Homburg
Sandstede, J. (1994): Deklamation. In: Ueding (1994), 481–507
Schelle, K. G. (1802): K. H. Heydenreichs Charakteristik als Menschen und Schriftstellers. Martini, Leipzig
Schlüter, P. (1939): C. H. Heydenreichs „System der Ästhetik“. (Diss. Nieft) Halle (Saale)
Schocher, Chr. G. (1791): Soll die Rede auf immer ein dunkler Gesang bleiben, und können ihre Arten, Gänge und Beugungen nicht anschaulich gemacht, und nach Art der Tonkunst gezeichnet werden? Reinicke, Leipzig
Serauky, W. (1929): Die Musikalische Nachahmungsästhetik von 1700 bis 1850. Lechte, Münster
Ueding, G. (1994): Historisches Wörterbuch der Rhetorik. Bd. II. Niemeyer, Tübingen
Varwig, F. R. (1997): Der Fachterminus „Indifferenzlage“ als Paradigma einer dreifachen sprechwissenschaftlichen Hermeneutik. Sprechen 1, 63–75
Viëtor, K. (1923): Geschichte der Ode. Drei Masken, München
Walzel, O. (1917): Wechselseitige Erhellung der Künste. Reuther, Berlin
Weithase, I. (1930): Anschauungen über das Wesen der Sprechkunst von 1775–1825. Ebering, Berlin

– (1961): Zur Geschichte der gesprochenen deutschen Sprache. Niemeyer, Tübingen
Winkler, Chr. (1931): Elemente der Rede. Die Geschichte ihrer Theorie in Deutschland von 1750 bis 1850. Niemeyer, Halle (Saale)
Wiora, W. (1961): Die vier Weltalter der Musik. Kohlhammer, Stuttgart
Wittsack, W. (1932): Studien zur Sprechkultur der Goethezeit. Dünnhaupt, Berlin
Zarnke, F. (1909): Leipzig und seine Universität im 18. Jahrhundert. Breitkopf und Härtel, Leipzig

HEINZ FIUKOWSKI

Sprechwissenschaft und Sprecherziehung an der Universität Leipzig

Die Geschichte der Sprechwissenschaft und Sprecherziehung an dieser Universität lässt sich selbst mit Hilfe des Universitätsarchivs nicht genau eruieren. Für manche Informationen wurden deshalb auch autobiographische und indirekte Angaben herangezogen. Im Rahmen der vorgegebenen Bedingungen kann mein Anliegen nur darin bestehen, die bisherigen Fachvertreter knapp vorzustellen, ihre Lehr- und Publikationstätigkeit zu umreißen und auf die Institutionalisierung des Faches hinzuweisen. Um dies gleich vorwegzunehmen: Von einem Kontinuum in der Entwicklung des Faches kann ebensowenig die Rede sein, wie von einer „Leipziger Schule" der Sprecherziehung. Und: Der zweifellos sehr frühe Beginn universitärer sprechpflegerischer Bemühungen in Sachsen sollte auch nicht dazu verleiten, daraus die „Keimzelle" für unser Fach abzuleiten. Fachentstehung und -entfaltung erfolgten durchaus dezentral.

Mit Gewissheit können wir davon ausgehen, dass Martin Seydel nicht der erste Vertreter unseres Faches an der Universität Leipzig ist, dass die Fachgeschichte hier wahrscheinlich Anfang des 19. Jahrhunderts beginnt. So kann aus einem amtlichen Briefwechsel zwischen der Philosophischen Fakultät und dem Sächsischen Ministerium für Kultus und öffentlichen Unterricht vom August 1847 auf *H. A. Kerndoerffer* (vermutlich 1769–1847) auch als „Lehrer der Vortragskunst" gefolgert werden, was Falkmann bereits 1836 erwähnt. Denn von Kerndoerffer ist ansonsten bekannt, dass er die Bemühungen seines Lehrers Schocher, die Deklamation als Wissenschaft aufzufassen, weiterführte und ausbaute, was seine Lehrtätigkeit (ab Sommersemester 1818) und mehrere Buchpublikationen belegen. Seine Vortragsübungen („Deklamationsübungen"!) für zukünftige Theologen und Religionslehrer müssen für die zuständigen Universitäts-Gremien wohl nachhaltig enttäuschend gewesen sein, denn erst ab 1897 ist wieder ein Lehrer für Vortragskunst, der (1849 geborene) Rezitator *Theodor Horstmann*, belegt. Dessen Aufgaben bestanden vor allem darin, zukünftige Deutschlehrer und Pastoren zur reinen, dialektfreien Aussprache zu erziehen, sie in allgemeiner Sprechtechnik auszubilden und mit ihnen den mündlichen Vortrag zu pflegen. Im Frühjahr 1900 verliert sich seine Spur an der Leipziger Universität. Publikationen von ihm sind nicht bekannt.

Die unsichere und unklare Faktenlage für das 19. Jahrhundert mag dazu geführt haben, die „runde" Jahreszahl 1900 und Martin Seydel, seine publizierten Auffassungen zu Theorie und Praxis des sich profilierenden Faches sowie seine vieljährige Wirksamkeit innerhalb und außerhalb der Leipziger Universität als imponierende fachgeschichtliche Daten festzuschreiben. *Martin Seydel* (1871–1934) wurde im August 1900 zunächst „probeweise“ auf ein Jahr als „Lehrer für Vortragskunst“ angestellt. Erst Anfang 1904 (rückwirkend ab Oktober 1903) wird ihm die Stelle „bis auf weiteres“ übertragen. 1904 nennt sich Seydel in einem Brief (Universitätsarchiv Leipzig [UAL]. Phil. Fak. B2 27–07) an das Sächsische Kultusministerium „Lehrer für Vortragskunst und Liturgie“, was die Antwort des Ministeriums übernimmt. Etwa 1912 bezeichnet er sich als Lektor und vermutlich 1913 zum ersten Mal als Professor (in einer Autor- sowie Herausgeberangabe). Beide Titel sind als Ernennungen im Universitätsarchiv Leipzig nicht belegt. Ein Brief des Dekans der Philosophischen Fakultät vom Mai 1922 bestätigt indirekt ein „Lektorat für Vortragskunst und Liturgie“. Aus dem Jahr 1928 datiert Seydels Bezeichnung „Lektorat für Stimmbildungslehre“.

Sowohl in seinen Lehrveranstaltungen wie in Vorträgen und Lehrgängen, hauptsächlich für Lehrer und Geistliche, widmet er sich insbesondere der Stimmbildung, Vortragskunst und dem Gesang bzw. dem liturgischen Gesang, was seine Lehrtätigkeit am Kirchenmusikalischen Institut des Landeskonservatoriums in Leipzig noch unterstreicht (Degener 1928, 1462f). Nach dem Ersten Weltkrieg erweitert sich seine Tätigkeit in der Region namentlich um die Behandlung sprachgestörter Kriegsverletzter, die Ausbildung sprechtechnischer Berufe der Reichspost und die Unterweisung von Sprechern beim Leipziger Rundfunk (Seydel-Förster 1935, 11f). 1920 ist Seydel, zusammen mit Erich Drach, Richard Wittsack u. a., Gründungsmitglied der „Arbeitsgemeinschaft der Lektoren der Vortragskunst an deutschen Universitäten“ und 1930 des „Deutschen Ausschusses für Sprechkunde und Sprecherziehung“, des so genannten DafSuS‘. 1933/34 gibt er mit Ewald Geißler (Erlangen) die Zeitschrift „Wort und Ton“ heraus. Martin Seydel veröffentlichte Bücher mit Separata-Charakter sowie zahlreiche Aufsätze und war auch als Bucheditor und -bearbeiter tätig.

Er studierte an der Universität Leipzig und wurde nachhaltig beeinflusst von Sievers‘ Schallanalyse und Wundts Lautgebärde. Fachtheoretisch und -geschichtlich erwähnenswert sind seine Bemühungen um den „Kunde“-Begriff und um seinen Leitbegriff für unser Fach, die Stimmkunde.

Mit „Kunde“ bezeichnet er „die Theorie, die sich mit der Praxis verbindet“ (Seydel 1913, 14). Für die „elementare Theorie“ der „deutschen Sprech- und Redeübung auf stimmtechnischer Grundlage“ prägt und verwendet er den Ausdruck „Stimmkunde“ (Seydel 1920, 57). In der Sprechbildung werden Seydels „Satz vom geringsten Kraftmaß“, „Lautgriff“ und „Anhub“ noch geläufig sein (Seydel 1913; Krumbach/Balzer 1932).

Die Zeit nach Seydels Tod bis zur Ernennung *Alfred Simons* (1895–1941) „zum planmäßigen außerordentlichen Professor der deutschen Sprechkunde und Sprachpflege in der Philosophischen Fakultät sowie zum Leiter der Abteilung für Sprecherzieher des Instituts für praktische Pädagogik der höheren Schulen an der Universität Leipzig ... mit Wirkung vom 1. Oktober 1938" (Universitätsarchiv Leipzig [UAL]. PA 900, Bl. 35) war geprägt durch „Diadochenkämpfe". Die zitierte Berufung kennzeichnet gleichzeitig die Institutionalisierung und die Zuordnung des Faches. Die erwähnte Abteilung für Sprecherziehung wird 1939 vom Sächsischen Minister für Volksbildung in ein „Institut für Sprechkunde" umgewandelt.

Während seiner Studienassessorenzeit in Berlin (1920–1925) hatte Simon sich näher mit Sprecherziehung befasst und bei Drach mitgearbeitet. 1930 gehörte er ebenfalls zu den Gründern des DafSuS'. Seine fachliche universitäre Lehrtätigkeit erstreckt sich hauptsächlich auf die Vorlesung Sprechkunde und Übungen in Sprechbildung, im Dichtungsvortrag sowie in freier Rede. Aus der Zusammenarbeit zwischen Simon und Drach stammen die beiden Hefte „Der künstlerische Vortrag" (1927). In der „Anleitung zur Pflege des gesprochenen Wortes" (1. Heft) führen die beiden Autoren am Beispiel eines Grimm'schen Märchens aus, dass „Vorlesen" so klingen müsse, „als ob wir erzählten". Es mutet gegenwärtig an, wenn sie des Weiteren eine adressatenorientierte Erzählweise vertreten sowie „Freiheit in der Gestaltung". Insbesondere in „Der Sprechchor im deutschen Unterricht" von 1927 äußert Simon allerdings präfaschistische Auffassungen, die in der NS-Zeit eindeutig nationalsozialistisch werden sollen. Seine Vorliebe für die an Bühnen- und Regionallautung orientierte so genannte Umgangssprache spricht auch aus „15 Stunden Sprecherziehung" (1941). Methodisch vertritt er (anders als Drach und bereits vor Winkler!) ein analytisch-synthetisches Vorgehen.

Zwei Jahre nach Simons Tod erhält *Christian Winkler* (1904–1988) im April 1943 die Ernennung zum außerordentlichen Professor. Winkler kann die Tätigkeit an der Universität Leipzig nicht antreten, da er Soldat ist. Am 15.11.1945 entlässt ihn die Universität, und die Professur erlischt. Nach einer Mitteilung des Dekans der Philosophischen Fakultät wurde während der Abwesenheit Winklers „das Fach Sprechkunde ausreichend und zufriedenstellend durch Oberlehrer Winnen vertreten" (UAL. Phil. Fak. B 1. 14–62, Bl. 12).

Unmittelbar nach dem Zweiten Weltkrieg „verwaltete" eigentümlicherweise das Slawische Institut das Institut für Sprechkunde. Im Februar 1947 „überließ" die Philosophische Fakultät das Institut der Pädagogischen Fakultät, deren Aktenlage besonders prekär ist. Aus einem Brief des Dekans der Pädagogischen Fakultät ist zu schließen, dass 1953 innerhalb des Institutes für Unterrichtsmethodik noch eine Abteilung für Sprecherziehung existierte. Im Juni 1957 ist dann in einem Brief des Rektors von einem Lektorat Sprecherziehung des Pädagogischen Instituts die Rede. Das Personal- und Vorlesungsverzeichnis für das Sommersemester 1947 kündigt erstmalig nach dem Krieg einen Kurs in Sprecherziehung an und nennt als Lehrkraft *Richard Keßler* (Lektor/Lehrbeauftragter). Sein fakultativer sprechtechnischer Einzelunterricht erfasste überwiegend zukünftige Mittelschullehrer/-innen. Von ihm sind keine Veröffentlichungen bekannt.

Den hartnäckigen Bemühungen Franz Dornseiffs, zu jener Zeit Dekan der

Philosophischen Fakultät, ist es zu danken, dass 1953 an der Philosophischen Fakultät ein Lektorat für Sprechkunde bzw. Sprecherziehung (beide Bezeichnungen wurden synonym verwendet) eingerichtet und ich als Lektor und Lektoratsleiter eingestellt wurde (*Heinz Fiukowski*: Jahrgang 1929, 1947–1952 Diplomstudium Philologie an der Universität Halle mit Deutsch als Haupt- und Sprechkunde als 1. Nebenfach; gehörte zum engeren Schülerkreis Richard Wittsacks). Diese Gründung einer sprechwissenschaftlichen Einrichtung war, eigentlich in jeder Beziehung, ein absoluter Neubeginn. Auch kriegsbedingt konnte auf keinerlei Bestandteile einer Vorgängerinstitution zurückgegriffen werden.

1957 verfügte der Rektor die personelle und räumliche Vereinigung des Lektorats für Sprecherziehung des Pädagogischen Instituts und der Abteilung Sprechkunde, wie die bislang direkt dem Dekan der Philosophischen Fakultät unterstehende Einrichtung seit 1954 offiziell hieß, zu einem Lektorat für Sprecherziehung am Pädagogischen Institut. Diese Maßnahme erfolgte aus fachfremden Gründen und sehr gegen unseren Willen. Ab 1961/62, dem altersbedingten Ausscheiden Keßlers, wurden wir gleichsam die „Erben“ des ehemaligen Instituts.

Von 1964 (mit der Gründung der Philologischen Fakultät) bis 1969 war die Abteilung deutsche Sprechkunde relativ selbstständiger Bestandteil des Instituts für Sprachwissenschaft, dessen Direktor, Rudolf Růžička, die sprechwissenschaftlichen und sprecherzieherischen Bemühungen sowie die Qualifizierung der Mitarbeiter nachhaltig förderte. Im Zuge der so genannten 3. Hochschulreform, ab 1969, war das Fach als Wissenschaftsgebiet bzw. -bereich an der Sektion Theoretische und angewandte Sprachwissenschaft institutionalisiert. Im Ergebnis der 1990 einsetzenden Umstrukturierungs- und Profilierungsmaßnahmen entstand 1993 die Abteilung Sprechwissenschaft/Sprecherziehung am Germanistischen Institut. Meine intensiven Anstrengungen um den Erhalt und den relativ selbstständigen Status der Einrichtung wurden insbesondere von Eberhard Ockel (Vechta) und Hellmut K. Geißner (damals Landau) unterstützt.

Zur personellen Entwicklung und Ausstattung ist zu bemerken, dass im Wintersemester 1957 und im Wintersemester 1962 jeweils eine Diplom-Sprechwissenschaftlerin als Lektorinnen eingestellt wurden. Seit den Sektionsgründungen arbeiteten im Wissenschaftsgebiet fünf Diplom-Sprechwissenschaftler/-innen als feste Mitarbeiter/-innen (ein Lektor und vier Lehrer im Hochschuldienst). In der Einrichtung waren häufig wenigstens drei Lehrbeauftragte tätig. Die Fluktuation der Mitarbeiter/-innen war gering. Im Zusammenhang mit der Neustrukturierung der Universität erweiterte sich der Mitarbeiterkreis 1992 um zwei Fachkolleginnen von der Pädagogischen Hochschule.

Anfang 1995, nach meiner Verabschiedung in den Ruhestand, verfügte die Abteilung noch über vier unbefristete Mitarbeiter/-innen.

Die Lehrtätigkeit erstreckte sich anfangs auf deutsche und ausländische Studierende der Germanistik sowie auf ausländische Germanistik-Aspirant(inn)en. Die obligatorischen Lehrveranstaltungen für die Germanistikstudierenden umfassten zuerst vier Semesterwochenstunden, die sich auf „Technik und Phonetik des Sprechens" und „Gesprochene Dichtung" verteilten. Bereits für das Wintersemester 1953 bestand „Scheinpflicht". Für die ausländischen Germanistikstudierenden war außerdem die Übung „Phonetik der deutschen Sprache" vorgesehen. Hinzu kam noch die an der Leipziger Universität für den spezifischen Kreis obligatorische „Sprecherzieherische Rehabilitation". Ende der 50er Jahre erweiterten sich die Lehrveranstaltungen zeitweilig um „Rede und Redegestaltung" (2-stündige Übung). Der von uns zu betreuende Personenkreis vergrößerte und differenzierte sich im Laufe der Jahre schrittweise und beträchtlich. Mit Beginn der Neustrukturierungsmaßnahmen schließlich nahm der Wissenschaftsbereich Sprechwissenschaft die sprechkommunikative Ausbildung nicht nur aller Lehramtsbewerber/-innen, Dolmetscher-, Germanistik-, Kulturwissenschafts- und Kunstwissenschaftsstudenten bzw. -studentinnen wahr, sondern arbeitete ebenfalls mit Studierenden der Theologie, der Rechts-, Politik-, Wirtschafts-, Medien- und Kommunikationswissenschaft. Und das inhaltliche Angebot sowie die Organisationsformen der Lehrveranstaltungen wurden weiter nuanciert. Als Beispiel sei das gefächerte Angebot in Medienrhetorik genannt (Fiukowski 1999).

Die Wirkungsbereiche der Weiterbildung innerhalb und außerhalb der Universität konzentrierten sich auf Rhetorik, Sprechbildung und Ästhetische Kommunikation sowie auf Phonetik, Phonologie und Phonostilistik der deutschen Sprache der Gegenwart. Auch die interne Mitarbeiterweiterbildung wurde sukzessive in kontinuierlichen Kolloquien durchgeführt. Seit 1990 konnte ich auch Lehraufgaben und Vorträge in den alten Bundesländern wahrnehmen.

Die Forschungs- und umfangreiche Publikationstätigkeit bezogen sich hauptsächlich auf Didaktik und Methodik der Elementarprozesse der mündlichen Kommunikation (Fiukowski 1992), insbesondere für Lehrende, Dolmetscher/-innen (1986) sowie Sprecher/-innen des Hör- und Bildfunks, auf Phonetik und Phonostilistik der deutschen Gegenwartssprache sowie auf rhetorische Kommunikation des Konsekutivdolmetschers (1989). Bei der gebotenen Kürze sei wenigstens auf Akzente wie konsequente Berufsspezifik bzw. Adressatenorientierung und kommunikative Adäquatheit zumindest hingewiesen und erwähnt, dass unsere detaillierten sprecherzieherischen und rhetorischen Programme feste Bestandteile der Dolmetscherausbildung wurden.

Es ist offenkundig, dass Sprecherziehung und Rhetorik besonders in Sachsen nicht nur auf eine national und international bedeutsame Tradition verweisen können, sondern auch auf die gegenwärtige universitäre Ausstrahlung Leipzigs.

Literatur

Degener, H. (Hrsg.) (1928): Wer ist's? IX. Band. Degener, Berlin/Leipzig
Drach, E., Simon, A. (1927): Der künstlerische Vortrag. Quelle und Meyer, Leipzig
Falkmann, C. (1836): Declamatorik. Hahn, Hannover

Fiukowski, H. (1986): Zur Sprecherziehung des Konsekutivdolmetschers. Fremdsprachen 3, 186–191
– (1989): Zur rhetorischen Kommunikation des Konsekutivdolmetschers. In: Slembek, E. (Hrsg.): Von Lauten und Leuten. Sprache und Sprechen Bd. 21. Scriptor, Frankfurt a. M., 53–68
– (1992): Sprecherzieherisches Elementarbuch. 5. Aufl. Niemeyer, Tübingen
– (1999): Zur Präsentation von Nachrichten im Hörfunk. Ein Arbeits- und Erfahrungsbericht. In: Krech, E.-M., Stock, E. (Hrsg.): Sprechwissenschaft – Zu Geschichte und Gegenwart. Peter Lang, Frankfurt a. M./Berlin/Bern/New York/Paris/Wien, 145–156
Geißner, H. K. (1997): Wege und Irrwege der Sprecherziehung: Personen, die vor 1945 im Fach anfingen und was sie schrieben. Röhrig, St. Ingbert
Krumbach, K., Balzer, W. (1932): Sprechübungen. (Sprich lautrein und richtig!) 8., erw. Aufl. v. Martin Seydel. Teubner, Leipzig
Seydel, M. (1913): Stimmbildung und rednerische Ausdrucksübungen im Dienste der Kirche. Hinrichs, Leipzig
– (1920): Rednerischer Unterricht an den Universitäten. Akademische Nachrichten. Nr. 10 v. 23.7.1920, Leipzig, 57
Seydel-Förster, R. (1935): Martin Seydel. Ein Nachruf. Zeitschrift des Deutschen Vereins für Stimmbildung. Chemnitz, 11–12
Simon, A. (1927): Der Sprechchor im deutschen Unterricht. In: Wenz, G. (Hrsg.): Der deutsche Arbeitsunterricht 1. Sprecherziehung. Quelle und Meyer, Leipzig, 70–85
– (1941): 15 Stunden Sprecherziehung. Heimatwerk Sachsen, Dresden
Universitätsarchiv Leipzig. PA 900
Universitätsarchiv Leipzig. Phil. Fak. B 1. 14–62
Universitätsarchiv Leipzig. Phil. Fak. B 2. 27–07
Wittsack, W. (1986): Zur Geschichte der Sprechwissenschaft. Sprechkundliche Anfänge um 1900. Martin Seydel. Universität Leipzig 1900. Dokumentation. (Typoskript) Frankfurt a. M.

II. Sprechwissenschaft – Standortbestimmung, Perspektiven, Grenzen

EDITH SLEMBEK

Deutsch – europäisch – global

Welche Konsequenzen ergeben sich für die Ausbildung?

Sprechen über eine mögliche Zukunft ist bei Hörenden meist mit Neugier einerseits, mit Widerstand andererseits verbunden. Die Neugier fragt: „Was könnte in Zukunft wohl anders sein?", der Widerstand sagt: „Bei mir/bei uns ist doch alles in Ordnung". Im Sinne der „Integrativen Therapie" ist der Widerstand das Wichtigere. Widerstand entsteht, wenn in den Beteiligten etwas arbeitet, das aber nicht voll ins Bewusstsein treten kann oder darf (Rahm et al. 1993, 304). Auch im Widerstand gilt es, über die Zukunft im Fach Sprechwissenschaft/Sprecherziehung nachzudenken und gemeinsam immer wieder mögliche Veränderungen zu durchdenken. Das ist eine wichtige Voraussetzung für die Zukunft des Faches – wenn es denn eine geben soll.

1. Die Einigung Europas ist ein Faktum, das uns allen bewusst ist. Es gibt zwar immer noch die Vertreter/-innen eines „Europa der Nationen", aber das scheint eine Befriedungsstrategie für diejenigen, die Angst um ihre nationale Identität haben. In der Realität entwickelt sich das Gesamtgebilde Europa ständig weiter. Das lässt sich ablesen an den euro-gemeinsamen Überlegungen zur Arbeitslosigkeit, Zuwanderung oder zum Umgang mit Rechtsextremismus. Im allgemeinen Bewusstsein sind auch die Marktstrategien, die durch immer neue Fusionen Aufsehen erregen. Am wichtigsten für Studierende und Lehrende dürfte jedoch das europaweit organisierte Austauschprogramm Erasmus/Sokrates sein. Bekanntlich gingen früher vorwiegend Studierende einer Fremdsprache ins Ausland, diese Phase ist inzwischen überholt. Heute sind es Tausende, die Studienjahre im europäischen Ausland verbringen, und das in allen akademischen Fächern. Es geht dabei nicht in erster Linie ums Sprachenlernen, darum geht es auch, aber wir alle wissen, dass Englisch als Passepartout heute vorausgesetzt wird, will man sich auf europäischer Ebene bewegen. Englisch als Fremd- oder Zweitsprache heißt jedoch nicht, dass Verständigung stattfindet, wenn alle Beteiligten die englische Sprache sprechen. Meist unbewusste kulturelle Unterschiede in den Kommunikationsnormen und in den Mentalitäten verhindern oft ein gegenseitiges Verstehen. Gerade um die Unterschiede in den Normen und Mentalitäten geht es im Austauschprogramm Erasmus/Sokrates.[1] Wer sich mit anderen europäischen Denkweisen und Mentalitäten vertraut macht, findet dabei auch Zugang zu eigenen Denkweisen und Mentalitäten. Die Gestalttherapie würde sagen: „ich bin anders als du" und würde darauf be-

stehen, dass das Anderssein benannt werden kann. Erst wenn es benannt werden kann, ist es dem Bewusstsein zugänglich und kann fruchtbar werden für den kommunikativen Austausch. Für den Alltag heißt es, ich lerne wahrzunehmen, auf welche Weise Menschen der anderen Kultur exakt die gleiche Situation wahrnehmen, interpretieren und entsprechend anders handeln als ich es erwarte.

Einige Beispiele mögen dies veranschaulichen:

Während eines Arztbesuchs in Zürich sitzt eine Deutsche im Wartezimmer. Trotz genauen zeitlichen Termins, ist sie eine halbe Stunde später immer noch nicht dran. Bei der Arzthelferin fragt sie an, sie warte jetzt schon über eine halbe Stunde, wann sie denn nun endlich drankomme. Sie stößt auf heftigen Widerstand, denn sie trifft einen schweizerischen Mentalitätsnerv: die Pünktlichkeit. Diese ist nun nicht immer so ausgeprägt, wie die Schweizer/-innen es von sich erwarten, aber man rührt halt nicht dran. Hätte die Deutsche gefragt: „Reicht mir die Zeit noch, um gegenüber im Bistro einen Kaffee zu trinken?“ oder „Kann ich noch schnell etwas erledigen?“, hätte sich die Arzthelferin bemüht, ihr eine präzise Auskunft zu geben, und die Welt wäre beiderseits in Ordnung gewesen.

Im zweiten Beispiel geht es um die Kommunikation zwischen Angehörigen eines deutschen und eines französischen Unternehmens. In diesem Fall treten Mentalitätsunterschiede zwischen den beiden europäischen Kulturen besonders krass hervor. In der Untersuchung eines französischen und eines deutschen Schwesterbetriebes, fallen folgende Unterschiede immer wieder auf: Deutsche technische Angestellte sind nicht bereit, ihre Stelle innerhalb des Unternehmens zu wechseln, sie begründen das folgendermaßen: *„Warum sollte ich? ... In diesem Job bin ich kompetenter als irgendwo anders.“ Darauf sagt der Franzose: „Aber dann haben Sie doch nichts Neues! Das wäre ja noch schöner!“* Hier liegt ein aufschlussreicher Unterschied zwischen den Kulturen, denen Deutsche und Franzosen verpflichtet sind: das Unerwartete und Unvorhersehbare wird in Deutschland negativer beurteilt als in Frankreich. Deutsche versuchen Risiken möglichst früh zu beseitigen. Dagegen ist Flexibilität und vor allem Improvisation ein wichtiges Merkmal französischer Mentalität (Plateau 1990, 22). Am bikulturellen Managementtisch macht sich der Unterschied etwa so bemerkbar: *„Wie erwartet: das Diktat der deutschen Dampfwalze – alles planen und die anderen damit überfahren“ – und auf deutscher Seite: „Wie erwartet – keine Substanz! Mit denen kann man nicht arbeiten.“* Wenig später, nach einem mehrstündigen Essen – was wiederum für Deutsche nicht nachvollziehbar ist – fällen Franzosen eine vorläufige Entscheidung, sie tun es mit französischer Substanz!

Die Erfahrung mit dem Anderssein unserer europäischen Nachbarn ist meines Erachtens eine Grundvoraussetzung dafür, das eigene Anderssein zu reflektieren. Wie viele der Studierenden der Sprechwissenschaft werden dazu angehalten, Teile ihres Studiums in anderen europäischen Ländern zu absolvieren? In Lausanne bin ich für Erasmus/Sokrates- Austausche mitverantwortlich. Bei mehreren hundert „incomings“ pro Jahr ist mir bisher noch kein/e Studierende/r der Sprechwissenschaft begegnet.

Welches sind die Konsequenzen? Der intensive Kontakt mit anderen europäischen Kulturen bedeutet im „Kleinformat“, was in der Wirtschaft im großen Umfang geschieht. Unternehmen aus unterschiedlichen europäischen Gebieten fusionieren. Inzwischen ist bekannt, dass sich die Unternehmensspitzen einig werden können, in der Realität aber große Differenzen bestehen, wenn es darum geht, die Mitarbeitenden zur Zusammenarbeit zu bewegen. Zum Selbstbild der Unternehmen gehört es schließlich, über Jahre hinweg ein Feindbild aufzubauen und an die Mitarbeitenden zu vermitteln, das genau das Fusionsunternehmen betrifft. Die Fusion zweier solcher Unternehmen ist daher ein höchst konfliktträchtiges Feld, zu dem außenstehende Fachleute hinzugezogen werden. Gesucht werden solche Fachleute, die in der Lage sind, die entstehenden Konflikte einzuschätzen, sie zu bearbeiten. Ihre Aufgabe ist es, die unterschiedlichen Mentalitäten in der Art Gespräche zu führen und zu Entscheidungen zu kommen, zu analysieren, zu verstehen und Lösungswege zu erarbeiten. In der Arbeit mit den Beteiligten geht es dann darum, die Unterschiede verständlich zu machen und gemeinsam aufzuheben. Hier läge eine zukunftsweisende Aufgabe für Sprecherzieher/-innen. Aber sie werden auf solche Aufgaben nicht vorbereitet, z. T. vielleicht weil das „Deutsch", z. B. in „Deutsche Gesellschaft für Sprechwissenschaft und Sprecherziehung" (DGSS) oder gar das Deutschtum noch immer im Vordergrund stehen.

Aus meiner Beobachtung von Großfusionen kann ich sagen, andere Berufsgruppen werden eingesetzt, sie kommen aus ganz verschiedenen Studiengängen, aus Psychologie, Soziologie, Germanistik, Informatik, Wirtschaftswissenschaften. Ihr Vorteil ist aber immer wieder, dass sie gelebte Erfahrung mit unterschiedlichen europäischen Kulturen haben. Sicherlich: Mit der deutschzentrierten Arbeit kann man als Sprecherzieher/-in den Lebensunterhalt verdienen. Zugleich stellen viele fest, wie schwierig das ist.

Innerhalb der DGSS müssen wir nachdenken, wenn denn Nachdenken überhaupt erwünscht ist, über die deutsch-deutsche Enge – man könnte sie auch als Ethnozentrismus bezeichnen –, die nach wie vor präsent ist. Ziel für die Zukunft muss es sein, die Öffnung nach Europa konsequent zu vollziehen, ist dies akzeptiert, dann wird es sich im Studium oder in der Ausbildung niederschlagen. Wenn sich nichts verändert, dann werden viele von uns weiterhin auf dem Niveau von Volkshochschul-Kursen ihr Dasein bestreiten müssen. Das scheint mir allerdings als Ergebnis nach vier Jahren Studien- bzw. Ausbildungszeit zu mager.

2. Konsultiere ich die Leseliste zur Vorbereitung auf die Prüfung zum Sprecherzieher/zur Sprecherzieherin, dann stelle ich fest, dass weder die Forschungsergebnisse noch die Forschungsrichtungen unserer Schwestergesellschaften für die Ausbildung relevant sind. Die Frage ist, werden sie überhaupt wahrgenommen?

Ich verzichte hier ganz bewusst auf die ausgesprochen interessanten Arbeiten, die in der Nachbarwissenschaft Linguistik publiziert werden und die weit über das hinausgehen, was wir an Forschung vorzuweisen haben. Mit Schwestergesellschaften meine ich hier die European Communication Association (ECA), National Communication Association (NCA), International Communication Association (ICA). Als Mitglied aller drei Gesellschaften bin ich in der Lage, über ihre Arbeitsfelder und ihre Ziele Auskunft zu geben.

In erster Linie interessant ist die European Communication Association (http://www.kueichstaett.de/PPF/Medienpsycho/ECA.htm), sie ist europaweit tätig und interessiert sich vor allem für europäische Belange. Welche Ziele setzt sich die ECA und in welchen Feldern arbeitet sie?

Die ECA formuliert u. a. folgende Arbeitsschwerpunkte:

- Sammeln und verbreiten von Informationen über Studien in Communication Education und Training, deren Ausbildungsstandards und ihre Verfügbarkeit in Europa,
- Unterstützung der Einrichtung neuer Fakultäten/Schulen/Sektionen und Zentren für CE und Forschung in Europa,
- Ethische Standards entwickeln für Forschung und berufliche Praxis in Kommunikationsforschung und CE in Europa,
- Forschungsvorhaben über nationale Grenzen hinweg initiieren,
- Forschungsvorhaben mit klar europäischem Fokus unterstützen,
- Austausch von Studierenden und von Lehrenden mit anderen europäischen Ländern[2].

2001 wird bei de Gruyter ein Band erscheinen: „Communication Research in Europe and Abroad. Challenges of the First Decade". Nach meiner derzeitigen Kenntnis wird der Band keinen Beitrag eines Mitglieds der DGSS enthalten. Auch dies scheint mir ein Hinweis darauf, dass die DGSS sich auf ihr deutsch-deutsches Klein-Klein zurückzieht und eine Öffnung derzeit außerhalb ihres Horizontes liegt.

Bemerkenswert scheint das Ziel „Austausch von Studierenden und Lehrenden mit anderen europäischen Ländern". Hier läge zunächst eine Chance für die *Studierenden* der Sprechwissenschaft, die ohne Zeitverlust ein Jahr in einem anderen europäischen Communication Department studieren könnten. Bei den personell schmal ausgestatteten Prüfstellen und Universitätsstudiengängen ließe sich damit der oft beklagte Mangel an Erfahrung mit Lehrenden aus anderen „Schulen" und mit anderen theoretischen Zugängen mildern, wenn nicht beheben. Die Teilnahme an Austauschprogrammen – dies ist wiederum Erasmus/Sokrates – bringt des Weiteren die notwendige Erfahrung mit anderen Kulturen und schafft so die Voraussetzung, an den zuvor benannten Aufgaben im europäischen Kontext teilzunehmen. Mit diesen Schritten erweitern sich Arbeitsfelder für Sprecherzieher/-innen bis weit ins 21. Jahrhundert.

Die Austauschprogramme der ECA sehen auch den Austausch von Lehrenden vor. Für *Lehrende* im Fach Sprechwissenschaft, die für ein Semester oder für ein Jahr an ein anderes europäisches Communication Department gehen, kommen Lehrende von dort und setzen die Akzente, die in ihrem Arbeitsfeld von Bedeutung sind. Für deutsche Lehrende ergeben sich durch den Aufenthalt an europäischen Departments neue Erfahrungen und ein erweitertes Fachverständnis, beides kann sich nur positiv auf die spätere Arbeit in der Heimuniversität auswirken. Aus den Überlegungen ergibt sich, wird einmal die Deutschtümelei innerhalb der DGSS aufgegeben und wird die Öffnung hin zu Europa vollzogen, dann können eigentlich alle Seiten nur gewinnen.

Mir ist bewusst, dass ich mich im Moment vorwiegend in westliche Richtung hin orientiere. Das hängt mit den Möglichkeiten zusammen, die der Raum der EU bietet. Es ist nicht auszuschließen, dass andere Kolleginnen und Kollegen Möglichkeiten der Öffnung nach Osten haben und sie aktiv verfolgen. Dazu wären Mitglieder dieser Sektionen zu befragen.

Unsere Schwestergesellschaften in den USA sind die National Communication Association (http://www.natcom.org) und die International Communication Association (http://www.icahdq.org). Mit Mitgliedern der NCA unterhalten einige wenige Mitglieder der DGSS seit über dreißig Jahren intensiven wissenschaftlichen Austausch. Die Internationalen Colloquien (IC) und die Chancen, die darin liegen, werden aber von den Lehrenden, nicht einmal von den meisten Prüfstellenleiter/-innen der DGSS wahrgenommen. Noch ein Hinweis auf die Deutschtümelei der DGSS? Die ICs bieten Gelegenheit sich damit auseinander zu setzen, welche Forschungen hüben und drüben aktuell sind. Das IC 2000 fand in Boston statt, mit dem Colloquiumsthema „The Voice of Power". Es war ein hervorragendes Beispiel dafür, zu wie unterschiedlichen Forschungen ein gleicher Begriff „Voice" führen kann. Während die amerikanischen Kolleg/-innen voice metaphorisch begreifen und sie mit Machtsituationen in Verbindung bringen, stand für die europäischen Kolleg/-innen der Ausdruck der Stimme und die daran gebundenen Urteile über stimmlichen Machtgebrauch im Vordergrund. Dieser Unterschied führte zu lebhaften und intensiven Diskussionen. Die Forschungen der Communication Departments in den USA müssten im Übrigen nicht so unbekannt sein, wie sie es nach Leseliste sind: Es gibt inzwischen neun Publikationen zu den ICs, in denen die jeweiligen Beiträge veröffentlicht sind. Daneben sind die Colloquien auch ein Forum für Kontakte, die sich z. B. dahingehend auswirken können, dass Studierende aus Deutschland ein Studienjahr in einem US-amerikanischen Communication-Department verbringen können. Dabei werden sie auf erstaunliche Forschungsfelder stoßen.

Die folgenden Felder sind aus dem Tagungsprogramm der International Communication Association (2000) entnommen:

- High Tech Tales: Research on the Impact of Computers on Communication,
- Communication across the lifespan,
- Gay, Lesbian, Bisexual and Transgender Studies,
- Philosophy and Communication,

- Health Communication,
- Political Communication,
- Public Relations,
- Visual Communication,
- Uses of Technology in Teaching Communication,
- Democracy on-line,
- Carreer planning.

Das sind auch Forschungsfelder, in denen sich Lehrende und Studierende regelmäßig durch die über zwanzig US-Periodika informieren können, die von NCA und ICA herausgegeben werden.

Wird akzeptiert, dass die Zukunft der Sprechwissenschaft in der Öffnung nach außen liegt, dann können Studium und Ausbildung nicht so bleiben, wie sie momentan sind. Wenn dies akzeptiert wird, dann führen kosmetische Änderungen, wie wir sie seit Jahren erleben, nicht weiter. Wir brauchen substanzielle Änderungen. *Einen* Weg habe ich hier aufgezeigt, er plädiert für die Öffnung auf europäisches Denken und für den fachbezogenen Blick „über den großen Teich“. Dies ist *eine* Optik. Nehmen wir eine weitere, dann kommen veränderte Kommunikationsstrukturen durch die neuen Medien hinzu. Sprecherziehung kann sich nicht mehr auf herkömmliche Muster verlassen, sie muss sich weiterentwickeln zur Kommunikationspädagogik.

Literatur

ECA: ECA_letter2.doc
European Communication Association: www.ku-eichstaett.de/PPF/Medienpsycho/ECA.htm
ECA: StatutenEngl2000.doc
International Speech Communication Association: http://www.ISCA-speech.org/htm
ICA (2000): 50 Years of Research in Communication, Culture and Cognition. 50th Annual Conference, June, Acapulco, Mexico
International Communication Association: www.icahdq.org
National Communication Association: www.natcom.org
Plateau, J. (1990): Beobachtung kultureller Differenzen: Ein Vergleich zwischen einer deutschen und einer französischen Filiale. Economia, 19–27
Rahm, D. et al. (1993): Abwehrmechanismen. In: Einführung in die Integrative Therapie. Junfermann, Paderborn, 301–325

Anmerkungen

[1] Informationen darüber geben Akademische Auslandsämter der jeweiligen Universität.
[2] Die Ziele der Eca sind abzurufen über: StatutenEngl2000.doc

ELMAR BARTSCH

Sprechkunde im Wandel – oder Change Management in Speech Communication?

Sprechkunde und Wandel klingt in den Ohren zukunftseifriger Kommunikations-Wirte antiquiert. Change Management ist für Opfer von Veränderungen in der Wirtschaft nur schlechtes „Denglisch", das Machtübernahme verschleiert. Für Experten mündlicher Kommunikation heißt die Aufgabe eher, zwischen beiden Extremen eine Sprache zu finden, die Veränderungen menschlich erträglich macht, sie jedoch wirksam gestaltet.

1. Strukturveränderungen (Change) am Arbeitsplatz

– Selbst bei horizontaler, also gleichberechtigter Fusion von Unternehmen entstehen viele Ängste: um Position, um Einfluss, um Wahrung der Gruppen- und Person-Identität. Wie viel Kraft verbrauchen Aktionen des Abgrenzens, der Sicherung? 1997 verschmolzen die Stahlgiganten Thyssen und Krupp zur Firma Thyssen-Krupp-Stahl. Das betraf ca. 26.000 Arbeitsplätze. Eine gewaltige Aufgabe der Kommunikation! Von der Führungskräfteschulung Thyssen weiß ich, dass die vermittelnde Hilfe von ca. 400 Gruppensprechern und Moderatoren die innere Fusion der Kulturen möglich machte.

– Feindliche Übernahmen. Ein Sieger verlangt von den Gekauften sich anzupassen. Vodaphon z. B. übernahm 1999 Mannesmann. Die Folge – Unsicherheit: Welche alten Positionen fallen weg, werden neue Methoden von oben verordnet, ohne Partizipation der Betroffenen? Dann greift Demotivation um sich, Krankheiten nehmen zu. Statt einer Zunahme an Information und Kommunikation versiegen beide. Würden Kurse zur Gesprächsführung helfen? Zur Organisationsänderung?

– Beim Zusammenlegen von Abteilungen wiederholt sich das Spiel. Auch hier Kampf um den Rollenplatz in der Gruppe, ums eigene Image, das oft als Maß für eigenes Identitätsgefühl gilt. Hilfe durch Organisationstheorie, Sprechform-Beratung, Psychologie, Linguistik, NLP (Neurolinguistisches Programmieren)?

– Ein „Ausgliedern" (Outplacement) von Positionen steigert die genannten Aufgaben. Gliedert z. B. ein Verlag das Dokumentationszentrum aus, wird erforderlich: Aufbau neuer Planungs-, Entscheidungsfunktionen, eigene Verwaltung samt Rechtsabteilung, Marketing in einem Medienmix aus Schriften, Filmen, Magnetbändern, Telefonen, EDV. Hilft da Betriebswirtschaft ohne Kompetenz in Kommunikation? Öfter gibt die Ausbildung als Sprech-Experte mehr Flexibilität.

– Häufig werden Funktionen gebündelt: ein EDV-Experte soll mehrere Abteilungen bedienen. Er hat jetzt 3–4 Chefs. Um allen gerecht zu werden, muss er selbstbewusst, sicher kommunizieren. Der Trend, statt Führungskräfte Experten zu fördern, die sich im „open space" verständigen, hält an.

– Viele weitere Situationen, von Projektmanagement bis Arbeitsplatzwechsel, von Umschulung bis Kündigung verlangen kombinierte Kommunikationskompetenzen, situativ gelernt.

Fazit: Rasante Veränderungen an den Arbeitsplätzen, auch der Freizeit (Schulze 1992), verlangen diverse Kommunikationskompetenzen. Sie sind je nach Bedarf und Situation verschieden. Für Lehrende der Kommunikation heißt dies: Die Komplexität der zu lehrenden Fähigkeiten verlangt Zusatzkompetenzen, z. B. in Organisationsentwicklung, neuen Medien, Therapie, Gruppendynamik usw. Sie kann man nicht auf einmal erwerben, etwa mittels Erweiterung des Studien-Kanons der Sprechkunde (hier Oberbegriff zu Sprecherziehung und -wissenschaft). Zwar ist eine solide Basisausbildung nötig, die Wissen (Studium) und Können(!) vermittelt. Sie braucht jedoch zwei weitere Qualitäten (Bundesanstalt für Arbeit 1999):

A Ausrichtung auf fachliche Zusatzqualifikationen, die erworben werden durch Aufbau- oder auch Selbststudien.

B Ausrichtung auf persönliche Tiefenqualifikation, die in der zunehmenden Hektik der Veränderungen eine Wert-Mitte entwickelt, die Stabilität, Entschleunigung gibt.

Während A Werkzeuge interdisziplinärer Kommunikationsarbeit (auf der Basis der Disziplin Sprechkunde) fachlich dem Tempo und den Bedürfnissen der Veränderungsprozesse anpasst, liefert B eine ethische Orientierung, die die Identität der Persönlichkeit bewahren hilft, den Zwang zur Anpassung an die äußeren Verhältnisse relativiert, innere Freiheit gibt und damit Offenheit für neue Änderungen. Sie ist Bedingung für Flexibilität, sowohl für Lerner wie auch Lehrende der Kommunikation. Aber: eine solche ethische Mitte hat nur dann Kraft, wenn sie nicht die Selbstverwirklichung (und somit Anpassung an die Umstände) zum Hauptziel hat. Change Management genügt da nicht.

2. Schlaglichter vom Wandel der Sprechkunde nach dem Krieg

Die Sprech-Experten in Deutschland haben selbst seit dem Krieg einen erheblichen Veränderungsprozess erlebt. Er kann hier nur oberflächlich skizziert werden, zumal kompetentere Zeitzeugen dafür leben (u. a. I. Schweinsberg, P. Martens, E.-M. Krech, H. K. Geißner, E. Aderhold, G. Lotzmann, H. Ulbrich, H. Fiukowski, W. Trenschel, E. Stock, G. Meinhold, S. Seggelke, U. Kutter). Entscheidend war sicherlich der Neuanfang nach der Nazizeit (dazu Geißner 1997 als nicht unproblematischen Versuch der Aufarbeitung). Weiter erinnere ich, dass Hellmut K. Geißner mir einmal erzählte, wie der Deutsche Ausschuss für Sprechkunde und Sprecherziehung (DAfSuS) wegen vieler Standes-Gremien fast handlungsunfähig war, bis es ihm gelang, eine funktionsfähige Einheit zu schaffen. Über diese Zeit kann ich selbst nichts sagen.

Meine Erinnerungen setzen 1967 ein, als ich die erste Tagung der DGSS erlebte (damals Homiletiker an der kath. theol. Fakultät in München und Student bei Irmgard Weithase). An wichtigen Weichenstellungen der Sprechkunde sehe ich:

– Entwicklung zur „Sprechwissenschaft". Maßgebend im Westen die Tagung 1967 in Bochum mit interdisziplinärem Zuschnitt (neben unseren Fachleuten Erika Essen, Glinz, Orthmann, Riedel) und Geißners Vortrag: Sprechwissenschaft (Geißner/Höffe 1969, bes. 29–40). Diese wissenschaftliche Orientierung hatte schon im Osten begonnen, u. a. mit Hans Krech: „Einführung in die deutsche Sprechwissenschaft/Sprecherziehung" 1960. In Halle waren ab dieser Zeit akademische Grade (Diplom, Promotion, Habilitation) in Sprechwissenschaft möglich, von 1952–1958 in Jena. Obwohl da die unumgängliche Anpassung an den Staat (wie einst zur Nazizeit) nun unter anderen Vorzeichen mitspielte (nach Krech hier und da überzogen), können die wissenschaftlichen Leistungen jener Zeit nicht geschmälert werden. Durch den Wandel unseres Faches zur Wissenschaft wurde es von anderen Disziplinen ernst genommen. 1979 wurde im Namen der DGSS „Sprechwissenschaft" für „Sprechkunde" eingesetzt. Offen bleibt, ob außer rein wissenschaftlichem Eros nicht auch im Westen der (verständliche) Wunsch nach Anteil am Image von „Wissenschaft" Motor der sozialen Anpassung war, denn:

– Die öffentliche Anerkennung der Prüfung verlangte ja immer neue Bemühung, um im Wertewandel der Gesellschaft ein legitimes „Zertifikat" im Bereich „Studium, Bildung, Aus- und Weiterbildung" vorzuweisen. Das ist auch derzeit noch ein Problem im „Management" der Veränderungsprozesse. Der Osten hatte die akademische Anerkennung, aber nicht der Westen, ausgenommen das Diplom an der Kunsthochschule in Stuttgart. An den West-Universitäten gab es für unser Fach keine Professuren. (Von 1958 bis 1974 nur die von Irmgard Weithase in München, ab 1962 ohne die Venia „Sprechkunde" für Höffe in Dortmund: Deutsche Sprache). Um diese Probleme zu „managen", war die Einrichtung der „Prüfstellen" an West-Universitäten ein wichtiger Schritt. Der Wissenschaftliche Beirat der DGSS verabschiedete etwa Mitte der 80er Jahre ein „Kaskadenmodell". Ziel war es, stufenweise zu akademischen, wenigstens staatlich anerkannten Prüfungen zu kommen. Wo das nicht möglich sei, sollten Prüfstellen subsidiär weiter arbeiten. Das war differenziertes Veränderungs-Management, nicht Radikalisierung zu Gunsten einer einzigen, seltenen Lösung: Universitätsabschluss. Ohne diese Leistung der Prüfstellen hätte das Fach heute ca. 50% weniger fachlich qualifizierten Nachwuchs.

Ein Trainernetzwerk in Deutschland anerkennt an **Ausbildungen u. a.:**

- Gestaltpädagogik
- Gordon-Training
- Gruppendynamik
- Klientenzentrierte Gesprächsführung
- NLP
- Organisationsberatung
- Rollenspiel
- Psychodrama
- Spiel/Erlebnispädagogik
- Suggestopädie
- Transaktionsanalyse

Therapeutische Ansätze

- Autogenes Training
- Bioenergetik
- Feldenkrais-Arbeit
- Focusing
- Körpertherapeutik
- Gestalttherapie
- Hypnose
- Verhaltenstherapie
- Logotherapie
- Progressive Muskelentspannung
- Systematische Familientherapie

Damit sind wir mitten im heutigen Streit: Welche Prüfung ist die richtige? Einige Kollegen, die das Kaskadenmodell einst mit verabschiedeten, vertreten heute offenbar einen Anspruch, die universitären Prüfungen sollten allein gelten. Herrschaftsanspruch? Das in einer Zeit, da eine Unmenge an Teilzertifikaten für Trainings in Kommunikation den Markt finden. Die Verbandsprüfung der DGSS in Sprecherziehung, als Grundlage für Veränderungs-Management sehr geeignet, kommt so in die Gefahr eines Qualitätsverlustes. Warum?

a) Das Studienziel andragogisch-pädagogischer Kompetenz, Menschen zum „Mündig-Werden" zu verhelfen, würde einer „Wissenschaft" als Statussymbol nachgeordnet werden.

b) Anstatt die Teilleistungen der bisherigen Ausbildung mit weiteren Zertifikaten noch glaubwürdiger zu machen, bliebe ein formalistischer Anspruch, „Uni-Studierte" könnten alles. „Allmachtsphantasie" wäre dann berechtigter Vorwurf, neben der Erfahrung, dass bloßes Wissen für Menschenführung nicht reicht. Überanpassung an rationales Wissen wäre der Ersatz für Anpassung an den Staat. Der einzig glaubwürdige Weg dagegen wären differenzierte Studien mit Praxis. Sie sind schon im Berufskundeheft unterscheidbar: Studien mit Menschendienst, z. B. bei der klinischen Sprecherziehung. Anderes ist nur Change Management.

– Die Bemühungen um Qualitätssteigerung der Ausbildung (z. B. einst viele zusätzliche Blockseminare in Heidelberg und andernorts) und zugleich mehr Menschennähe (berufliche Praxis) zeigt sich im Wandel der DGSS: Berufskommission, Landesverbände mit starkem Basisbezug und integrativen Initiativen (vgl. diese Tagung), akademische Abschlüsse jeder Art neben Zusatzstudien oder DGSS-Prüfung. All das wirkt wie Vorwegnahme des Veränderungs–Management der Wissenschafts-/Bildungsministerien: Lehramtsstudien + Praxis, an Universitäten analoge Reform-Wünsche, z. B. in Medizin, Bedeutung der Fachhochschulen. (Es läge nahe, auch dort Prüfstellen der DGSS vorzusehen.) Dahinter Umbruch im Wissenschaftsparadigma der „humanities".

Transformation des Faches zur Kommunikationspädagogik? So der Vorschlag von Geißner (1999), die frühere Ablehnung des Begriffs Pädagogik korrigierend. Heißt das also, die Sprech-Wissenschaft sollte sich in Kommunikationslehren und –methoden (s. Kasten oben) einreihen? Tatsächlich sind Sprech-Experten schon lange Berater für komplexe Kommunikation (Bartsch/Marquart 1999). Soll trotz der weiten Tätigkeit das, was Wissenschaft und Didaktik des Sprechens erarbeiteten, im Gummibegriff „Kommunikation“ untergehen? (Oder in Lehrstühlen der Journalistik?) Solche Forderungen sind nicht hilfreich, wenn sie die Differentia Spezifica unseres Kommunikations-Ansatzes aufgeben: mit anderen und für sich sprechen. Warum Pappkameraden aufbauen mit Killerphrasen: Beschränkt sei, wer „phonozentristisch“ sich „in Mündlichkeit ghettoisiere“ (Geißner 1999, 69)? Als Eindruck bleibt: kaum Respekt vor Bemühungen anderer. Ist das kommunikative Ethik?

3. Helfen Sprech-Kommunikator/-innen beim Change-Management?

Tatsächlich haben die praktisch tätigen Sprech-Expert/-innen längst gehandelt: a) Veränderung zum „freien Beruf“ unter Einbezug aller Kommunikationsmedien und -methoden, aber unter Beibehaltung des Zentrums „sprechen“. Dabei wurden oft (vgl. 1. A) Zusatzqualifikationen in Kommunikation erworben, obwohl nicht von der DGSS angeboten (was fällig wäre). Weiter entstanden b) spezielle Serviceleistungen für Veränderungsprozesse von Personen und Organisationen. Diese aber weniger als „Change Management“, sondern als stabilisierende Tiefenqualifikation. Personen erhalten im verwirrenden Spiel neuer Anforderungen identitätsstiftende Handlungsmöglichkeiten, die zugleich zu leichterer, freier Kooperation mit anderen (Neuen, Fremden) verhelfen (vgl. 1. B). Dies leisten weder kollektivierende Anpassung noch individualistische Selbstverwirklichung, wohl aber die in der Reformpädagogik wurzelnde, letztlich christliche Ethik: Liebe deinen Nächsten wie dich selbst. (Im Kontrast dazu steht das oft anzutreffende Leitbild: eigenes Image.)

Die Nachfrage nach professioneller Sprech-Kommunikation war wohl noch nie so groß wie heute. Marketing dafür haben bisher meistens andere Kommunikationsschulen gemacht, deren primäre Ziele eher Anpassung an den Markt oder Therapie (zu welchem „Heil“?) zu sein scheinen. Damit wir keiner neuen Über-Anpassung (nach der an den Staat und an praxisferne Wissenschaft) erliegen, etwa der an den Geld-Markt, wäre es wichtig, Vertrauensbildung bzw. Kritik am Missbrauch/Verrat von Vertrauen zur Mitte aller professionellen Hilfen bei Veränderungen zu machen. Beispiele solcher Hilfen sind:

Sprechexpert/-innen halfen konkret bei Veränderungsprozessen:

Neue Anforderungen in Berufen
Stadtführer und Reiseleiter; Mediensprecher/-innen; Call Center; Lehrer/-innen (Beratung); Redenschreiber; Logopäden; Schauspieler; Sportler
Entwicklungen des Berufsbildes
Bademeister; Zählerableser im Wasserwerk; Rohrleger; Musical-Akteure; Software-Didaktiker
Persönlichkeitsberatung u. a.
von Führungskräften, Kranken in geschlossener Abteilung, Bankern
Umschulungen bei Outplacement
z. B. Kaufleute u. Techniker der Gute-Hoffnung-Hütte zu Beratern
Organisationsberatung u. a. für Entwicklungspolitiker, Verlage, Friedhofsgärtner und -betreiber;
Werbeagenturen, Projektleiter
Prozessbegleitung in Unternehmen
z. B. Automobilbranche; öffentl. Nahverkehr; Trainingsinstitute
Personalentwicklung
Konzepte u. Mitarbeitergespräche, u. a. Stadt-Verwaltung Dortmund
Moderation von „Change-Meetings"
Betriebsversammlungen; Sitzungen von Gewerkschaften; Parteien
Forschung: Veränderungen im Arzt-Patienten-Verhältnis; in Bewerbung; Medientheorie

Profis der Sprech-Kommunikation entwickelten sich schon lange zu Helfern bei Veränderungsprozessen in Wirtschaft, Weiterbildung, Verwaltung und Wissenschaft – auf der Basis ihrer „Sprech"-Ausbildung und selbst gewählter zusätzlicher Qualifikationen. Es fehlen aber solche Zusatzzertifikate seitens der Hochschulen und der DGSS. Noch mehr fehlt das Bewusstsein, was über formales „Change-Management" hinaus zu leisten ist: Identität bei offener Kommunikation, die personale Bindung nicht emanzipativer Selbstverwirklichung opfert, begonnene Hilfe verantwortlich zu Ende trägt statt Machtzuwachs festzuhalten. Uns allen fehlt dabei noch der Umgang mit Fehlern, Schuld, Wiedergutmachung an Vertrauen.

Literatur

Bartsch, E., Marquart, T. (1999): Grundwissen Kommunikation. Klett, Stuttgart
Bundesanstalt für Arbeit (Hrsg.) (1999): Blätter zur Berufskunde 3-III-E07. Bertelsmann, Bielefeld
Geißner, H. (1997): Wege und Irrwege der Sprecherziehung. Röhrig, St. Ingbert
– (1999): Transformation der Sprech-Erziehung. In: Schlosser, H. D. (Hrsg.): Sprache und Kultur. Peter Lang, Frankfurt a. M., 61–71
–, Höffe, W. (Hrsg.) (1969): Sprechen und Sprache. Henn, Wuppertal
Krech, H. (1960): Einführung in die deutsche Sprechwissenschaft/Sprecherziehung. VEB Deutscher Verlag der Wissenschaften, Berlin
Schulze, G. (1992): Die Erlebnisgesellschaft. 2. Aufl. Campus, Frankfurt a. M.

HELLMUT K. GEISSNER

Jenseits der Face-to-face-Kommunikation

„Wir können nicht einfach so weiter machen wie bisher“, sagte Bundespräsident Rau am 14.07.2000 bei der Eröffnung des Bildungsforums in Berlin. Können „wir“ einfach so weiter machen wie bisher?

Was heißt „bisher“? Die Welt der Kommunikation hat sich in den westlichen Industrieländern schon seit langem verändert, verändert sich immer weiter. Seit über hundertfünfzig Jahren gibt es Telegrafie, seit über hundert Jahren Telefon, Phonograph und Grammofon, seit den 20er Jahren das Radio, seit den 50ern das Fernsehen, seit Anfang der 80er den Personal-Computer, aus dem sich Intra- und Internet entwickelt haben. Es gibt immer mehr Formen zeitunabhängiger, raumübergreifender sozialer Kommunikation, in denen die unmittelbar persönliche Beziehung zwischen Menschen noch mehr verschwindet als in der schriftlichen. Selbst wenn die Möglichkeiten der Maschine-Maschine-Kommunikation hier außer Betracht bleiben, ist zu überlegen, ob und wie die apparativen Entwicklungen unmerklich koevolutionär das Zusammenleben der Menschen beeinflussen. Über „Communication, Technology and Culture“ haben wir vor Jahren im „Internationalen Colloquium“ an der Universität Blacksburg/Virginia diskutiert (Speer/Sewell 1988). Der Bericht eines Kollegen über E-Mail-Unterricht in Alaska wirkte damals exotisch auf uns, und wir brachten ihn in Zusammenhang mit Eiswüsten, Eskimos und Hundeschlitten. Inzwischen gibt es in Zentraleuropa diese Unterrichtsform nicht nur im schulischen Unterricht, sondern in ganzen Studiengängen an „virtuellen Universitäten“.

Diese Veränderungen erzwingen, dass auch „wir“ Kommunikationsleute nicht so weitermachen können wie bisher. Was müssen Lehrende im Felde der mündlichen Kommunikation ändern, wenn sie für die gegenwärtigen gesellschaftlichen Verhältnisse „erziehen“ wollen, erst recht, wenn sie vor allem mit jungen Menschen an Chancen für die Zukunft arbeiten. Was van Riper/Irwin (1958/1970, 9) vor Jahrzehnten feststellten, kann verallgemeinert werden, auch für pädagogische Prozesse: „Wir müssen unsere Hypothesen und die dazugehörigen Forschungsergebnisse ständig überprüfen. Diese Nachprüfung wird häufig desillusionierend sein und vielleicht diejenigen beirren, die sich sicherer fühlen, wenn sie an Stelle der richtigen Frage die falsche Antwort wissen.“ (ähnlich Göttert 1998)

„Bisher“ bezog sich die sprecherzieherische Arbeit vor allem auf Prozesse der *Face-to-face-Kommunikation*. Faßler (1997, 21) hat den Ausdruck sehr anschaulich eingedeutscht zu „angesichtig“. Aber kann jede „angesichtige“ Kommunikation „face-to-face“ genannt werden?

Hier soll es nicht um Definitionen gehen, weder von „Kommunikation“ noch von „face-to-face“. Angemessener ist es, nach „wesentlichen, empirischen Bestimmungsstücken“ zu fragen. Der Sprechwissenschaftler Winkler hält für wesentlich die Partizipation kopräsenter Personen, die mit der Komplexität sämtlicher Mittel kommunizieren (1981, 1). Selbst Teleconferencing und Bildtelefon stürzen nicht den damals vertretenen Standpunkt: „Selektionen durch technische Medien ... sind – da sie nicht die Möglichkeit der kompletten Präsenz bieten – de facto nicht zur face-to-face-Kommunikation gehörig.“ (1981, 2) Um nicht immer „face-to-face“ schreiben zu müssen, wird im Folgenden die „computersprachliche“ Abkürzung verwendet: F2F.

„Die fundamentale Erfahrung des Anderen ist die von Angesicht zu Angesicht.“ Die F2F-Situation „ist der Prototyp aller gesellschaftlichen Interaktion. Jede andere Interaktionsform ist von ihr abgeleitet.“ (Berger/Luckmann 1969, 31) Wenn auch nicht jede Interaktion im strengen Sinne kommunikativ ist, aber jede Kommunikation interaktiv, dann kann die F2F-Situation mit Ungeheuer als Gesprächssituation aufgefasst werden, denn „das Gespräch (Dialog) ist die entwickelte, die ausgebildete Form (die Matrix) aller sprachlichen Kommunikationshandlungen“ (1974/1987, 95). Vergleichbar ist die von mir vertretene Ansicht: „Gespräch, als Prototyp der Kommunikation, ist als mündliche Kommunikation die intentionale, wechselseitige Verständigungshandlung mit dem Ziel, etwas zur gemeinsamen Sache zu machen, bzw. etwas gemeinsam zur Sache zu machen.“ (Geißner 1981, 45; 2000, 64 – 71)

Damit die Kommunizierenden sich oder etwas zu Gemeinsamem machen können, ist „ständige Reziprozität“ erforderlich (Berger/Luckmann 1969, 31); idealisiert heißt dies: die „Vertauschbarkeit der Standpunkte“, eine „völlige Kongruenz der Relevanzsysteme“ und die wechselseitige „Übernahme der Perspektiven“. Derlei theoretische Idealisierungen bedeuten keinen in der „Wirklichkeit“ einlösbaren Scheck. Deshalb gilt es mit Paris zur Vorsicht zu mahnen: „Wechselseitigkeit ist mithin nicht mit sozialer Symmetrie, Komplementarität oder gar Konsens zu verwechseln, wie dies in der interaktionistischen Tradition nicht selten geschieht.“ (1998, 21a8)

Ergäbe sich nämlich aus nichts als „Wechselseitigkeit“ in F2F-Kommunikationen automatisch „soziale Symmetrie, Komplementarität oder gar Konsens“, dann wäre Asymmetrie leichthin aufzuheben, Disjunktion zu vermeiden und Dissens ausgeschlossen. Dann brauchten Kommunizierende sich nicht um Verständigung zu bemühen, sie könnten sich der „laxen Praxis“ überlassen, derzufolge Verstehen sich bei Gleichheit der Sprache und Kombinationsweise „von selbst“ einstellt; sie verweigerten sich den Anstrengungen der „strengen Praxis“ des Verstehens (Schleiermacher 1977, 92). Mag dieses Oberflächen-Verstehen auch alltäglich genügen, „erkennendes Verstehen bedarf der Störung von dahinlebendem Einverständnis, muss gelebtes Leben in gedachtes überführen. Damit wird Störung entgegen unserer Alltagsmeinung zu einem zentralen Faktor des Verstehens.“ (Uhle 1989, 229)

Wenn also verstanden werden soll, was F2F im Kern (sensu strictu) bedeutet, muss das „dahinlebende Einverständnis" gestört werden. Gestört werden kann es nicht kategorisch, sondern durch ein phänomenologisches Aufdecken der „Strukturen der Lebenswelt". Auf diesen Weg hatte sich Alfred Schütz begeben, und Luckmann hat nach dem Tod seines Lehrers dessen Aufzeichnungen weitergeschrieben. Die F2F-Beziehung „ist die einzige soziale Situation, die durch räumliche und zeitliche Unmittelbarkeit gekennzeichnet ist." Sie kommt dadurch zustande, dass „ich meine Aufmerksamkeit dem anderen zuwende." In dieser Du-Einstellung zu meinesgleichen wird der andere zum „Mitmenschen". „Im Fall der wechselseitigen Du-Einstellung konstituiert sich eine soziale Beziehung, die wir mit dem Ausdruck Wir-Beziehung bezeichnen wollen." (Schütz/Luckmann 1979, 91) Von Du- und Wir-Einstellung ist ohne Emphase die Rede; es geht nicht um Innigkeit oder Wir-"Gefühl". Nur solange wir in der Wir-Beziehung leben, bleibt die Unmittelbarkeit erhalten. Wer die unmittelbare Beziehung verlässt und sich „unseren Erfahrungen reflektierend" zuwendet, kann „den Mitmenschen in einen typischen Nebenmenschen verwandeln." (93)

Der Mitmensch aber ist mir „durch ein Maximum an Symptomfülle zugänglich. Da er mir leiblich gegenübersteht, kann ich die Vorgänge in seinem Bewußtsein nicht nur durch das, was er mir vorsätzlich mitteilt, erfassen, sondern auch noch durch Beobachtung und Auslegung seiner Bewegung, seines Gesichtsausdrucks, seiner Gesten, des Rhythmus und der Intonation seiner Rede usw." (95)

Die Symptomfülle auf sämtlichen Ausdrucks- und Eindrucksbahnen ermöglicht eine „wechselseitige Spiegelung"; denn „Ich erfahre mich selbst durch den Mitmenschen, und er erfährt sich durch mich." (96) F2F-Begegnungen sind von grundlegender Bedeutung für die Sozialisation, für die Bildung des Individuums. Aber „der Hauptbereich der Sozialwelt, der nicht unmittelbar erlebt wird, besteht aus Zeitgenossen" (98).

Wir-Beziehung im beschriebenen Verständnis gibt es freilich nicht nur in der Dyade und außerhalb nur „Ihr-Beziehungen", sondern auch in Gruppen, sofern wesentliche Bedingungen erfüllt sind. F2F-Kommunikation findet nur statt

- zwischen realpräsenten Menschen,
- zwischen realpräsenten Menschen, die partizipieren (teilgeben und teilnehmen),
- wechselseitig in uneingeschränkter Symptomfülle,
- bei Präsenz sämtlicher kommunikativer Dimensionen und Modalitäten,
- sowie bei Präsenz der Reziprozität der Perspektiven.

Hier sei noch einmal davor gewarnt, diese Merkmale mit „sozialer Symmetrie, Komplementarität oder gar Konsens zu verwechseln“ (Paris 1998, 21). Die Merkmale sagen nichts aus über Gelingen oder Misslingen der Kommunikation, sie benennen lediglich Bedingungen der Möglichkeit des Gelingens. F2F-Kommunikation gibt es folglich nur in Gruppen, in denen jeder/jede sowohl jeden/jede hören und sehen als auch jede/jeder mit jedem/jeder sprechen kann. Diese Bedingungen sind nur erfüllt, wenn in einer Gruppe nicht mehr als sieben, höchstens neun Personen zusammen sind. Der Prototyp der F2F-Kommunikation ist folglich das Gespräch. Es ist

- angesichtig,
- mündlich,
- wechselseitig,
- (real) kopräsent,
- zeitgleich,
- raumgleich,
- komplex (vgl. die folgende Tabelle).

Wird eine Gruppe größer als zehn Personen, dann ist F2F-Kommunikation nicht mehr möglich, dann ist Gespräch ausgeschlossen. In größeren Gruppen, die nicht durch Rituale oder Zwänge strukturell diszipliniert werden, bilden sich im Allgemeinen sofort Intragruppen zur F2F-Kommunikation; bzw. in der „undisziplinierten“ Großgruppe entstehen „Neben-Kommunikationen“ (Baurmann et al. 1981). Allen Beteuerungen zum Trotz gibt es z. B. in Schulklassen mit mehr als zehn Schüler/-innen kein „Unterrichtsgespräch“, weil es keine F2F-Situation ist (Beck 1994). Im Frontalverfahren sehen zwar die Schüler/-innen die Lehrperson, aber diese nicht gleichzeitig sämtliche Schüler/-innen. Diese können zwar die Lehrenden hören, aber diese nicht gleichzeitig jene. Im Sitzkreis ist die Lage besser, aber nicht prinzipiell anders. Nicht alle können alle hören und sehen, in ihren Regungen erleben. Von der Präsenz der Komplexität der Mittel ganz zu schweigen. Die Situation im Hörsaal oder in anderen „Großgruppen“ ist nicht anders.

Allgemein gilt: Bei mehr als zehn Personen wird trotz „Angesichtigkeit“ die Gesprächs- zur Redesituation. Dann wird aus dem Miteinander im face-to-face ein vis-à-vis, ein Gegenüber. Aus dem Miteinandersprechen wird ein Zu-anderen-Reden. Streng genommen sind dies schon Phänomene „jenseits der F2F-Kommunikation“. Terminologisch ist es allenfalls möglich, die F2F-Situationen zu trennen in: 1) F2F-Kommunikation im strengen Sinn, 2) andere Formen angesichtiger Kommunikation als F2F-Kommunikation im weiteren Sinn. Untauglich ist jedoch der Versuch, eine Unterscheidung mit Hilfe der Kategorien „Mensch“ oder „Maschine“ zu versuchen (anders bei Bartsch/Marquart 1999).

Auch in der F2F-Kommunikation induzieren immer physikalische Trägerinformationen, nämlich Schall- und/oder Lichtwellen, die bedeutungstragenden Symbole, liefern die „beeindruckenden“ Ausdrucksmerkmale. Niemand wird be-

Face-to-face-Kommunikation und ihr Jenseits
(Die Ziffern 1–7 beziehen sich auf die o. a. Kategorien.)

		1	2	3	4	5	6	7
Gespräch		+	+	+	+	+	+	+
Rede		+	+	–	+/–	+	+	–
Brief		–	–	–	–	–	–	–
Telefon		–	+	+	–	+	–	–
	Handy	–	+	+	–	+	–	–
	Anrufbeantw.	–	+	–	–	–	–	–
	Bildtelefon	+	+	+	–	+	–	+/–
	Telekonferenz	–	+	+	+/–	+	–	–
Telefax		–	–	–	–	–	–	–
	Intranet	–	–	–	–	–	–	–
Rundfunk		–	+	–	–	–	–	–
Fernsehen								
	Produzenten	+	+	+	+	+	+	+
	Rezipienten	+/–	+/–	–	–	–	–	–
	Duplex	–	+	+	–	+	–	+/–
	Videokonferenz	+	+	+	–	+	–	+/–
Internet/ Interface	i–Handy/ E–mail	–	–	+	–	+/–	–	–

streiten, dass ein geräte- und stromabhängiges, „unangesichtiges" Telefongespräch soziale Kommunikation ist, oder dass in einer E-Mail-Sequenz sozial mehr „gemeinsam" gemacht werden kann als in mancher F2F-Kommunikation.

Allerdings ist nicht zu übersehen, dass durch die elektronischen Verständigungsmittel einige traditionelle in den Hintergrund treten. Genannt werden folgende:

„die Leitfunktion textkultureller Speicher
die mechanische und schwerindustrielle Kinematik
die Bedeutung des Angesichts und der Augenzeugenschaft für die Wahrhaftigkeit der Aussagen

die materiale, ökonomische und zeitliche Trennung der Medien Buch, Film, Video, Tonträger." (Faßler 1997, 79)

Im Ganzen werden in industrialisierten Gesellschaften, allerdings nur bei denjenigen, die über die technischen Voraussetzungen verfügen, die F2F- von Interface-Situationen zumindest ergänzt, wenn nicht „überlagert". „Handlungen oder Interaktionen sind nicht mehr zwischen (mindestens) zwei Personen beobachtbar. (...) Interaktion findet im analog-digitalen Schnittbereich, dem sogenannten Mensch-Computer-Interface statt." (179) Ob uns das passt oder nicht, es führt kein Weg an der Einsicht vorbei, dass sich die Kommunikationswelt insgesamt und irreversibel verändert hat und weiter verändert. „Wir sind spätestens mit der Computertechnologie in eine Geschichte der anonymen Kommunikation eingetreten, der Handlung mit inhalts- und datenreichen Agenten." (183f)

Was wird aus der F2F-Kommunikation? Was von ihr ist wie zu retten? Nur Maschinenstürmer/-innen könnten glauben, durch Weghören und Wegsehen oder mit „weitermachen wie bisher" ließe sich das Problem beseitigen. Das Problem ist universell, betrifft es doch nicht nur die Mensch:Mensch-, sondern auch die Mensch:Maschine- und die Maschine:Maschine-Kommunikation. Wahrscheinlich werden die Veränderungen in verschiedenen Bereichen (z. B. Medizin, Wissenschaft, Bildungswesen, E-Commerce, Tele-Arbeit) unterschiedlich und verschieden schnell vorangehen (Delphi-Studie 2000).

Die F2F-Kommunikation im weiteren Sinn wird in Notsituationen erhalten bleiben, bei Arztbesuchen (während Ärzte sich längst übers „Web" verständigen), bei Verhandlungen in der Wirtschaft und im Rechtswesen, in Teilbereichen der schulischen und universitären Lehre, der alltäglichen phatischen Kommunikation, in Dienstleistungsberufen (Günther 1999). Die F2F-Kommunikation im strengen Sinn wird auch weiterhin die existenziell wichtigen Gesprächsprozesse des Klärens und Streitens bestimmen, auch die gänzlich personbezogenen (Liebe, Freundschaft, Familie), sie wird vor allem unentbehrlich bleiben für die Fundierung der dialogischen Ethik.

Wenn gefragt wird, was denn „anders als bisher" gemacht werden müsse, dann gibt es eine Hauptrichtung: Es gilt – allerdings eingedenk der Erfahrungen mit dem Scheitern der „kompensatorischen Erziehung" – zu versuchen, auch die „neuen Unmündigen" nicht allein zu lassen.

Galt im Mittelalter als „literat", wer Latein konnte, nach Erfindung des Buchdrucks, wer lesen und schreiben konnte, nach Erfindung des Radios, wer es zu hören verstand, nach Erfindung des Fernsehens, wer damit umgehen kann, sind nach Erfindung des Internets die „Nicht-User" die Illiteraten. Es gibt eben verschiedene Formen des Analphabetismus, die keineswegs immer gekoppelt auftreten. Lesende können nicht schreiben, Hörende nicht lesen, Schreibende nicht fernsehen, viele nicht mit Telefon und PC umgehen. Telefon, Rundfunk, Fernsehen und Internet haben seit langem die mündliche Kommunikation verändert. In der Kompetenzhierarchie nimmt die Medienkompetenz den ersten Platz ein. Hier liegen folglich Aufgaben für die Forschung und für kommunikationspädagogische Veränderungen (Geißner 2000).

In seiner sprachphilosophischen Abhandlung „I see a Voice" kommt Rée (1999, 379) zu der beherzigenswerten Feststellung: „(...) knowledge comes from experience, application and the scientific method, not head-in-air-speculation. Which leaves us looking like forlorn remnants of a discredited sect, perpetuating our obsolete and empty rites merely because we cannot imagine anything else to do."

Literatur

Bartsch, E., Marquart, T. (1999): Grundwissen Kommunikation. Klett, Stuttgart

Baurmann, J., Cherubim, D., Rehbock, H. (1981): Neben-Kommunikationen. Westermann, Braunschweig

Beck, M. (1994): Unterrichtsgespräche. Röhrig, St. Ingbert

Berger, P., Luckmann, T. (1969): Die gesellschaftliche Konstruktion der Wirklichkeit. Fischer, Frankfurt a. M.

Delphi-Studie (06/2000): Der Computer als Medium der Medienintegration. http://www.uni-erfurt.de/kw/deu/forschung/delphi/results_short.htm

Faßler, M. (1997): Was ist Kommunikation? Fink, München

Geißner, H. K. (1981): Spechwissenschaft. Theorie der mündlichen Kommunikation. Scriptor, Frankfurt a. M.

– (2000): Kommunikationspädagogik. Transformationen der „Sprech"-Erziehung. Röhrig, St. Ingbert

Göttert, K. H. (1998): Geschichte der Stimme. Fink, München

Günther, J. (1999): Management neuer Technologien als Herausforderung für die Wirtschaftskommunikation. In: Geißner, H. K. et al. (Hrsg.): Wirtschaftskommunikation in Europa. Attikon, Tostedt, 195–209

Paris, R. (1998): Stachel und Speer. Suhrkamp, Frankfurt a. M.

Rée, J. (1999): „I see a Voice". Harper Colins, London

Riper, J. v., Irwin, C. (1970): Artikulationsstörungen. Marhold, Berlin

Schleiermacher, D. F. (1977): Hermeneutik und Kritik. Hrsg. v. H. Frank, Suhrkamp, Frankfurt a. M.

Schütz, A., Luckmann, T. (1979): Strukturen der Lebenswelt. Suhrkamp, Frankfurt a. M.

Speer, J. H., Sewell, E. H. (Hrsg.) (1988): Communication, Technology and Culture. American Behavioral Scientist. Vol.32/2 (special issue). Sage, Newbury Park

Uhle, R. (1989): Verstehen in pädagogischer Hinsicht. In: Luhmann N., Schnorr, K. E. (Hrsg.): Intransparenz und Verstehen. Suhrkamp, Frankfurt a. M., 219–246

Ungeheuer, G. (1974/1987): Kommunikationstheoretische Schriften I. Hrsg. v. G. Juchem, Alano, Aachen

Winkler, P. (Hrsg.) (1981): Methoden der Analyse von Face-to-Face-Situationen. Metzler, Stuttgart

ALBERT F. HERBIG

Kommunikation lehren mit neuen Medien – computer- und webbased Training als Weg der Vermittlung kommunikativer Kompetenz

Ziel dieses Beitrages ist es, die zunehmende Medialisierung von Aus- und Weiterbildung zu thematisieren und am Beispiel des Lernfeldes Vortrag/Präsentation die Konzeption und Einsatzmöglichkeiten eines CBTs vorzustellen.

1. Lernen mit neuen Medien

Der Begriff „Multimedia" hat seit geraumer Zeit Hochkonjunktur: „Effektivität und Effizienz von Lehr- und Lernprozessen sind Stichworte, die die neuen Medien sowohl aus pädagogisch-didaktischen wie ökonomischen Begründungszusammenhängen heraus besonders interessant erscheinen lassen" (Schulz 1998, 31).

Neben den ständig wachsenden Möglichkeiten der neuen Kommunikationstechnologien haben vor allem der ständig wachsende Kostendruck (Schanda 1995, 30ff) und die damit verbundene Wettbewerbsfähigkeit zu dieser Eigendynamik geführt. Aber auch vor den Hochschulen macht diese Entwicklung nicht Halt. Virtuelle Hochschulen und neue Lehr- und Lernformen treten zunehmend neben die bekannten Formen.

Lernprogramme, egal ob in Form von CBT oder WBT, existieren z. Z. auf vielen Lernbereichen, von denen drei Bereiche den größten Raum einnehmen: der klassische Bereich EDV-Wissen, die fachspezifischen Themen (technisches Wissen, kaufmännisches Wissen) und Fremdsprachen. Daneben treten zunehmend auch die in diesem Zusammenhang besonders interessierenden **verhaltenswissenschaftlichen Themen**. Diese lassen sich einerseits zu Programmen zusammenfassen, die (z. T. bereichsspezifische) *soziale,* **vor allem** *kommunikative Kompetenzen* **vermitteln wie** *Kommunikation, Präsentation, Verkauf, Führung, Telefonieren, Sitzungsleitung, Körpersprache* etc., und anderseits zu Programmen, die eher die *methodische Kompetenz* im Blick haben mit Themen wie *Lern- und Arbeitstechniken, Moderationstechniken, Zeit- und Selbstmanagement, Entscheidungstechniken, Kreativtechniken, Projektmanagement* etc. (zur Unterscheidung der drei Kompetenzbereiche Fach-, Sozial- und Methodenkompetenz: Arnold 1996, 20).

Die euphorische Betrachtung der letzten Jahre sah zunächst nur die Vorteile der neuen Lerntools: hohe Wirtschaftlichkeit durch Einsparung von Trainingskosten, Ermöglichung von individuell bestimmbarem Lernen, flächendeckende Schulungsmöglichkeiten mit einem Lernprogramm an jedem denkbaren Ort.

Die Nachteile treten inzwischen aber immer offensichtlicher zu Tage: Lernprogramme, die mehr gängeln als individuelles Lernen fördern, bislang kaum entwickelte Didaktiken der verschiedenen Lernfelder (z. B. affektives, soziales Lernen), sehr aufwendige Entwicklungen und hohe Entwicklungskosten sowie hohe Abbrecherquoten bei unbegleiteten Lernangeboten auf Grund mangelnder sozialer Kontakte und mangelndem Austausches zwischen Lernenden und Lehrenden (Meier 1995, 103f). Anders als bei den vielen „Moden" auf dem Gebiet des Kommunikationstrainings wird diese Entwicklung aber nicht vorübergehen. Bildungsverantwortliche werden zukünftig jedes Lernfeld sehr genau daraufhin analysieren, welche Aspekte in Seminarform und welche mit Unterstützung von Lernprogrammen bearbeitet werden können. Außerdem werden Bildungsbudgets zunehmend in technikintegrierende Lernkonzepte fließen. Die Regel wird die Kombination, der methodische Mix vieler verschiedener Lehr- und Lernformen sein. Man kann diese Entwicklung beklagen, man wird in keinem Fall darum herumkommen, sich mit ihr auseinander zu setzen und sie im Rahmen der Möglichkeiten mitzugestalten.

Für die Weiterbildungsexperten auf den Gebieten „Kommunikation/Soziale Kompetenz" wird sich durch diese Entwicklungen darüber hinaus auch die eigene Rolle deutlich verändern: *weg vom Trainer*, hin zum *Lernbegleiter* und *Projektmanager* (Hollstein 2000, 24ff). Fachspezifische Medienkompetenz hinsichtlich gängiger Lernsoftware wie auch deren didaktische Einsatzmöglichkeiten in umfassenden Bildungsmaßnahmen werden deshalb zukünftig neu dazukommen müssen.

2. „Präsentieren" lernen mit CBT

2.1 „Kommunikation" lernen am Computer?

„Reden lernt man nur durch Reden" – so zumindest lautet eine kommunikationspädagogische Grundannahme, die sich sowohl durch kommunikationswissenschaftliche Arbeiten wie auch durch praxisorientierte Ratgeber zum Thema „Kommunikation" zieht. Will man also kommunikative Kompetenz als Teil sozialer Kompetenz (Nothdurft 1999/2000) mit neuen Medien computergestützt vermitteln, muss man sich deshalb zunächst mit dieser Grundannahme auseinander setzen.

Präsenzlernen im Bereich Kommunikation bietet sicherlich uneingeschränkt **die** Möglichkeit, kommunikationspraktische Lernerfahrungen in sozialen Gruppen zu sammeln. Für viele Lerninhalte und -ziele ist dies auch der einzige Weg. Für viele Lernaspekte oder Lernteilbereiche ist die Gruppe als Lernort aber entweder gar nicht notwendig, nicht besonders geeignet oder sogar hinderlich. Wenn beispielsweise ein Teilnehmer im Rahmen eines anderen Seminars bereits gelernt hat, sinnvolle Stichwortkonzepte für seine Präsentation zu erstellen, oder sich bereits mit argumentativen Strukturierungsmöglichkeiten beschäftigt hat, dann ist es für ihn nicht einsehbar, warum er dies in einer neuerlichen Präsenzveranstaltung nochmals tun sollte. Oder warum sollte ich mich mit Fragen der Visualisierung von Inhalten beschäftigen, wenn meine Kommunikationspraxis dies gar nicht von mir fordert? Umgekehrt muss derjenige, der hier sehr profunde Kenntnisse benötigt, auch die Möglichkeit haben, sich entsprechend mit diesem Aspekt zu beschäftigen.

Ausgehend von der klassischen Unterscheidung in die Lernzielbereiche kognitiv, psychomotorisch und affektiv macht deshalb Schanda (1995, 21ff) deutlich, dass es vor allem darauf ankommt, die Lernsoftware auf die Besonderheiten des jeweiligen Lernzielbereiches auszurichten. Nicht das Medium ist per se geeignet oder ungeeignet, sondern nur die jeweils spezifische Umsetzung von Lerninhalten und -zielen in ein entsprechendes Lernprogramm. Allerdings schränkt Schanda auch kritisch ein, dass soziales Lernen in seiner Komplexität durch Lernen am Computer allein nicht geleistet werden kann (Schanda 1995, 27).

Bei näherem Hinsehen lässt sich also der scheinbare Widerspruch auflösen, dann nämlich, wenn neue Medien traditionelle Kompetenzaneignungsprozesse in Form von Präsenzveranstaltungen *nicht ersetzen wollen*, sondern *komplementär* zu diesen, diese vor- oder nachbereiten. Das CBT kann sich auf die Darstellung und Vermittlung von Inhalten, Methoden und Teilfertigkeiten konzentrieren, die im Rahmen komplexer Kommunikationsprozesse wie Präsentationen wichtig werden. Vor- und Nachteile von Einzel- und Gruppenarbeit im Lernfeld „kommunikative Kompetenz“ können also mit einem *komplementären Lernkonzept* bzw. einem Mix aus Selbst- und Präsenzlernen in Gruppen, in das ein entsprechendes computer- oder webbasiertes Lernprogramm integriert ist, ausgebaut bzw. reduziert werden. Darüber hinaus bietet der Einsatz von entsprechender Lernsoftware gegenüber klassischen textbasierten Formen des Selbstlernens mit Büchern oder schriftlichen Arbeitsunterlagen die Möglichkeit, „die Komplexität wie auch Suggestivität des kommunikativen Geschehens anschaulich darzustellen“ (Nothdurft 1999/2000, 60).

2.2 Das CBT „Präsentationstechniken“

Das Lernfeld *Vortrag/Präsentation*, um das es im CBT „Präsentationstechniken“ geht, wird heute zu den so genannten *Schlüsselqualifikationen* gerechnet, also zu den nicht fachspezifischen, aber grundlegenden Fähigkeiten, die man für die meisten Berufe mitbringen sollte. Die vielfältigen Praxisanforderungen auf diesem Gebiet, die vielfältigen Erscheinungsformen von Kommunikation „zu anderen“ (Geißner 2000, 135ff) sowie die vielfältigen zu erlernenden methodischen Aspekte machen den Reiz einer multimedialen Aufbereitung des Lernfeldes *Vortrag/Präsentation* aus.

Das im Weiteren vorgestellte CBT „Präsentationstechniken“ wird z. Z. im

Rahmen eines Bund-Länder-Fernstudiengangprojektes an der Fachhochschule Kaiserslautern entwickelt und produziert und zunächst in den Fachhochschul-Fernstudiengängen „Vertriebsingenieur" und „Sozialkompetenz" eingesetzt werden (Herbig 2000). Die Studierenden sollen mit Hilfe des Programmes die Thematik medial aufbereitet erarbeiten und das erworbene Wissen im Rahmen von begleitenden Präsenzveranstaltungen auf eigene Präsentationen anwenden können. Mit einer geplanten Bearbeitungszeit von ca. 20 Stunden geht das CBT „Präsentationstechniken" weit über die derzeit auf dem Markt erhältlichen Lernprogramme hinaus und ermöglicht eine intensive und wissenschaftlich fundierte Beschäftigung mit der Thematik.

Grundlage der Produktion bildet ein 300-seitiges Drehbuch, das sowohl sämtliche Lehrinhalte wie auch Gesamtkonzeption, Dramaturgie der einzelnen Kapitel, Interaktionsmöglichkeiten, filmische Rahmenhandlungen und Beispiele enthält (Herbig 1998). Das CBT wird mit der Autorensoftware Asymmetrix Toolbook 7.1. erstellt und voraussichtlich 1.000 programmierte Seiten enthalten. Ca. 460 Grafiken und Animationen und ca. 20 Minuten Videosequenzen visualisieren die Lerninhalte.

2.3 Konzeptionelle Grundlagen

2.3.1 Wissenschaftliche Bezugspunkte

Die Konzeption des Lernprogrammes „Präsentationstechniken" hat seine Bezugspunkte in den kommunikationswissenschaftlichen Grundlagen und Konzeptualisierungen, wie sie u. a. in der Sprechwissenschaft, der Sozialpsychologie und der Linguistik entwickelt wurden, sowie in den medienwissenschaftlichen Arbeiten zur Visualisierung und zu Text-Bild-Zusammenhängen. Außerdem berücksichtigt es erwachsenenpädagogische und lernpsychologische Ergebnisse zum Komplex „Lehren und Lernen mit neuen Medien".

2.3.2 Inhalte

Das CBT „Präsentationstechniken" umfasst folgende Aspekte des Vortragens und Präsentierens:

1. Präsentationsanlässe und Rahmenbedingungen,
2. die Vorbereitung von Präsentationen,
3. medienpsychologische Aspekte,
4. Präsentationsmedien und -technik,
5. Techniken des Visualisierens,
6. computergestützte Präsentationen,
7. die Präsentationsdurchführung.

2.3.3 Multimediale Umsetzung

Die Inhalte und Lernziele werden mit einer Rahmenhandlung umgesetzt: Einer der Hauptakteure, Herr Hendrik Insch, ein Maschinenbauingenieur, wird in Kürze in den Vertrieb wechseln. Vor diesem Hintergrund wird er in nächster Zeit an einigen verhaltensorientierten Trainingsseminaren teilnehmen. Zusammen mit dem Benutzer des Lernprogramms nimmt er zunächst an einem Seminar zum Thema „Präsentationstechniken“ teil.

Die Konzeption des Lernprogramms „Präsentationstechniken“ sieht verschiedene Lern- und Informationsebenen vor, denen jeweils ein Screendesign mit entsprechenden Möglichkeiten bzw. Restriktionen in der Navigation zugeordnet wird.

3. Ausblick

Wie gezeigt werden konnte, ist der Einsatz des CBTs „Präsentationstechniken“ gekoppelt an Präsenzlernen. Er ermöglicht dadurch den Lernern im Rahmen der Vor- und Nachbereitung einer Präsenzveranstaltung, viele Lernschritte im jeweils individuellen Lerntempo selbst zu gehen, um sie dann in der Präsenzphase praktisch zu erproben und zu überprüfen. Zunächst wird das CBT im Rahmen der beiden Fachhochschul-Fernstudiengänge „Vertriebsingenieur“ und „Sozialkompetenz“ eingesetzt und jeweils mit einer Präsenzphase kombiniert werden. Der Einsatz wird dabei von einer Evaluation begleitet werden, die vor allem Aufschluss über den Lernerfolg geben soll. Darüber hinaus ist geplant, die Lehrveranstaltung in den grundständigen Studiengängen mit dem Lernprogramm zu begleiten oder zu ergänzen.

Literatur

Arnold, R. (1996): Weiterbildung: ermöglichungsdidaktische Grundlagen. Vahlen Verlag, München

Geißner, H. K. (2000): Kommunikationspädagogik. Transformationen der „Sprech“-Erziehung. Röhrig, St. Ingbert

Herbig, A. F. (1998): Präsentationstechniken. Drehbuch und Gesamtkonzeption. Unveröffentlicht, Zweibrücken

– (2000): CBT Präsentationstechniken. http://www.bw.fh-kl.de/team/herbig/cbt.html

Hollstein, J. (2000): Vom Trainer zum virtuellen Tutor. management & training 1, 24–27

Meier, H. (1995): Handwörterbuch der Aus- und Weiterbildung. Luchterhand Verlag, Neuwied/Berlin

Nothdurft, W. (1999/2000): Sozialkompetenz als Weiterbildungsaufgabe: Vorstellung des Verbundstudiengangs „Sozialkompetenz“. sprechen, 54–68

Schanda, F. (1995): Computer-Lernprogramme: wie damit gelernt wird; wie sie entwickelt werden; was sie im Unternehmen leisten. Beltz Verlag, Weinheim/Basel

Schulz, M. (1998): Multimedia – Aktuelle Literatur im Überblick. GdWZ 9, 31–33

Zentralstelle für Fernstudien an Fachhochschulen (ZFH): http://www.zfh.de

BALDUR NEUBER

Zwischen Schall, Zeichen und Rauch? Gedanken über die Profilierung der Sprechwissenschaft und ihrer Anwendungen

1. Wesentliche historische Entstehungs- und Entwicklungslinien für die Sprechwissenschaft in ihrer veränderten Gegenwartsperspektive

Drei wesentliche Gründe für die Entstehung des Fachs bildeten

- die Reichsgründung 1871 mit dem Funktionswandel der deutschen Universitäten (Stock 1981, 3),
- die Hypertrophierung der Schriftsprachenvermittlung an den Schulen (Drach 1953, 1–7) sowie
- die Notwendigkeit der Realisierung eines stimm- und sprachheilkundlichen Versorgungsauftrages mit Impulsen aus der HNO-Heilkunde bzw. der Phoniatrie.

Im Vergleich zur bis ins ausgehende 19. Jahrhundert vorherrschenden Idee von den „reinen Wissenschaften" haben die anwendungsorientierten Fachdisziplinen quantitativ erheblich expandiert und konnten ihren Status an den Universitäten stabilisieren, dennoch sind bis heute Perseverationstendenzen zu beobachten. Als Beispiel sei die Angewandte Linguistik genannt, die sich erst seit den vergangenen Jahrzehnten auf Grund des massiven Erkenntnisbedarfs der gesellschaftlichen Praxis unter gleichzeitigen Widerständen aus der „klassischen" Sprachwissenschaft an zahlreichen Lehr- und Forschungseinrichtungen schrittweise etabliert.

Das deutsche Schulsystem ist inzwischen so differenziert, dass der (in modifizierter Form immer wieder zu lesende) Globalvorwurf Drachs von der „Überschätzung des Schriftworts (...) fast in jeder Klasse jeder Schulgattung" (1953, 1) pauschal nicht mehr haltbar ist. Dafür sprechen auch die Ergebnisse der Studie Wagners (1997, 103–114). Geblieben ist die Tatsache, dass die Lehramtsanwärter an der überwiegenden Zahl der Universitäten sprecherzieherisch wie auch rhetorisch unzureichend oder gar nicht ausgebildet werden, sodass sie die in den Lehrplänen geforderten sprechkommunikativen Fähigkeiten erst durch das „Trial-and-Error-Prinzip" der Berufspraxis mehr oder weniger erwerben.

Der einstige therapeutische Versorgungsauftrag der Sprechwissenschaft ist inzwischen ein Versorgungsauftrag eines Pulks konkurrierender Heilberufe mit z. T. vielfach personenstärkeren Berufsgruppen, wie beispielsweise der Logopäden.

Zu den bisher skizzierten Veränderungen der gesellschaftlichen Rahmenbedingungen kommt die Bilanz der getrennten deutsch-deutschen Entwicklungswege zwischen 1945 und 1990. Resultate dieser Etappe sind insbesondere

- Parallelbestand unterschiedlicher Fachdefinitionen,
- Sonderstatus der Phonetik:
  a) als Teildisziplin der Sprechwissenschaft,
  b) als separat institutionalisierte Lehr- und Forschungsdisziplin und
  c) als linguistisches Teilgebiet,
- verschiedenartige Qualifikationsstufen und Ausbildungsstandards.

Gravierend verändert haben sich auch die relevanten Faktoren für die Wissenschaftsentwicklung. Lag eine Hauptaufgabe bis in die 80er Jahre hinein in der Sammlung von Daten, so ist gegenwärtig – insbesondere durch die elektronische Globalisierung des menschlichen Wissens – eine regelrechte Datenflut zu verzeichnen, in der Auswahl und Retrieval zu Problemen werden. Dies zieht den Zwang zur wissenschaftlichen Spezialisierung bei gleichzeitiger Erhaltung der gesamten Breite der Anwendungen nach sich. Gab es früher noch Sprechwissenschaftler, die den Forschungsstand nahezu aller Fachteile mitbestimmten, so kann diese Universalität heute wohl niemand mehr guten Gewissens vertreten. Transdisziplinarität in der wissenschaftlichen Vorgehensweise ist somit unumgänglich, sie führt jedoch auch zur Überschneidung fachlicher Kompetenzbereiche und zu einem partiellen Verlust der autochthonen Originärität in der sprechwissenschaftlichen Forschung, sodass inzwischen zahlreiche (und keineswegs nur benachbarte) Disziplinen z. T. sehr erfolgreich an „typischen" sprechwissenschaftlichen Fragestellungen arbeiten.

Längst ist mit dem beschriebenen Splitting-Prozess eine Auffächerung der sprechwissenschaftlichen Anwendungsfelder einhergegangen. So einigt den (ursprünglich sprechwissenschaftlich ausgebildeten) Phonetiker, der Computer-Erkennungsprogramme für gesprochene Äußerungen entwickelt und die (ebenfalls ursprünglich sprechwissenschaftlich ausgebildete) Therapeutin, die die Effizienz der postoperativen Behandlungsmethoden nach Cochlea-Implantaten testet, fachlich nur noch die Tatsache, dass sich beide mit Sprechprozessen „im weiteren Sinn" befassen. Über diesen kleinsten gemeinsamen Nenner verfügen jedoch auch die Informatikerin und der Phoniater, die jeweils parallel mit den identischen Fragestellungen befasst sind (oder es zumindest jederzeit sein können).

2. Gedanken zu fachstrategischen Reaktionsmöglichkeiten

Die Wege zur dringend erforderlichen Erneuerung der Fachstruktur sind vielfältig, sodass im Folgenden nur einige Möglichkeiten genannt werden können.

Zunächst sollten tradierte klassische Domänen, wie z. B. die Hallesche Orthoepie-Forschung erhalten und ausgebaut werden, weil hier umfangreiche Datenbasen und Erfahrungen vorhanden sind und zudem wissenschaftliche wie auch didaktische „Marktlücken" (oder zumindest Bereiche mit konkurrenzfähigen Potenzen) besetzt werden können. Des Weiteren muss der autochthone fachliche Kernbereich ausgebaut werden. Die Bündelung der Kräfte ist in einem Fach mit geringer Forschungskapazität von zentraler Bedeutung. Die Verständigung über originäre Wissensbestände und ihr Handling muss mit dem Bemühen um einen Bestand klar definierter Fachtermini einhergehen, die die (historisch begründbaren, aber gegenwärtig wissenschaftlich nicht mehr zu haltenden) diffusen metaphorischen „Individualnomenklaturen" zumindest überall dort ablösen sollten, wo standardisierte Operationalisierungen der zu beschreibenden Phänomene längst möglich wären. Dem interpretativen Paradigma (auch in den Geisteswissenschaften) wird m. E. nur dort noch Glauben geschenkt, wo der datengestützte Zugang verschlossen ist. So werden z. B. für therapeutische Behandlungen zunehmend „messbare Erfolge" gefordert, damit Krankenkassen Kosten übernehmen, von deren Liquidierung letztendlich das wirtschaftliche Überleben niedergelassener klinischer Sprechwissenschaftler abhängt. Eingelöst werden können solche Forderungen jedoch nur, wenn die Forschung entsprechende Verfahren bereitstellt. Dass in derartigen Prozessen fachunkundige Entscheidungsträger oftmals weit über das Ziel hinausschießen und „Objektivierung" auch dort haben wollen, wo eher Erfahrung und Intuition gefragt sind, ist richtig und zugleich beklagenswert, es ändert aber nichts an der Realität. Äquivalente Tendenzen gelten auch für die anderen fachlichen Einsatzgebiete: Renommierte Wirtschaftsunternehmen begnügen sich nicht mehr mit allgemein gehaltenen rhetorischen Schulungen, sondern erwarten Analysen ihrer spezifischen internen und externen kommunikativen Problemstellungen mit anschließenden Lösungsvorschlägen, die sich nach Möglichkeit in Gewinnzuwächsen, mindestens aber in erkennbarer Leistungssteigerung niederschlagen sollen.

Das Streben der Institutionen und Individuen nach Belegbarkeit und Begründbarkeit beruflicher Handlungen beschränkt sich keineswegs auf den materiellen Bereich, es ist dort nur besonders offensichtlich. Jeder praxiserfahrene Sprechwissenschaftler/-erzieher kann beobachten, dass auf Grund der erheblich gestiegenen Informationsmöglichkeiten und eines von Mündigkeit und Demokratie geprägten Handlungsverständnisses vieler Menschen zunehmend kritischer dort Begründungen eingefordert werden, wo noch vor wenigen Jahrzehnten das Vertrauen an eine sprecherzieherisch-rhetorische „Meisterlehre" überwog. Diese Tatsache ist als positive Herausforderung an unsere Forschung und Methodik zu verstehen, die wir annehmen sollten. Das Fach kann jedoch nicht alle wissenschaftlichen Vorleistungen für seine praktischen Anwendungsfelder selbst erbringen. Im Unterschied zu vielen anderen Disziplinen ist die Fachspezifik der Sprechwissenschaft (u. a. entwicklungsgeschichtlich bedingt) geprägt durch

- Ganzheitlichkeit in der Betrachtung der physischen, psychischen und sozialen Komponenten der Sprechkommunikation,
- theoretischen wie auch empirischen Zugang,
- Anwendungsorientiertheit in Forschung und Lehre und
- Fokussierung auf den (bzw. die) Menschen als Betrachtungsmittelpunkt.

Genau hier liegen auch mögliche Stärken, die wesentlich intensiver als bisher genutzt werden sollten. So wäre es bedauerlich, wenn neben den zahllosen Informatikern auch noch eine Handvoll Sprechwissenschaftler ihr Potenzial der Konstruktion der nächsten Generation des volldigitalen europäischen Taschen-Translators widmen würden, wie dies an den Phonetischen Instituten längst zu beobachten ist. Zwar ist der Sinn solcher Entwicklungen unbestreitbar, sie führen jedoch zu erheblichen Forschungslücken ehemals zentraler Bereiche der „Human"phonetik, die gerade durch unsere Erfahrungen und Möglichkeiten geschlossen werden könnten. Diese befinden sich beispielsweise

- im Grenzbereich zwischen Rhetorik und Phonetik (Welche nachweislichen rhetorischen Möglichkeiten bieten Stimme, Artikulation und Prosodik usw.?),
- an den Schnittstellen zwischen Kognition, Sprechen und Körpermotorik (Welche Verfahren – z. B. aus der aktuellen Trainingslehre – sind für sprechbildnerische Zwecke transformierbar usw.?) oder auch
- in den psychosozialen Aspekten der elektronischen Medien (Warum geben immer mehr Menschen auch ohne zwingende technische oder räumliche Gründe der schriftlichen Kommunikation in einem virtuellen Chat-Raum den Vorzug gegenüber dem unmittelbaren Gespräch oder dem Telefonat?).

So oder ähnlich könnten typische sprechwissenschaftliche Fragestellungen der Gegenwart aussehen, die sich im Übrigen auch deutlich von linguistischen Fragestellungen (Stichworte: „Computerlinguistik", „Computerkommunikation", „Text- und Hypertextanalyse" etc.) unterscheiden würden.

Zur Fachstrategie gehört außerdem der gezielte Strukturausbau innerhalb der bestehenden Hierarchien. Damit ist insbesondere die Differenzierung zwischen dem Ausbau der wissenschaftlichen (insbesondere universitären) und der kommerziellen Linien der Sprechwissenschaft und ihrer Anwendungen gemeint: In den marktwirtschaftlichen Anwendungen kommt es insbesondere auf eine – selbstverständlich fachlich seriöse aber zugleich verkaufsorientierte – Corporate Identity des Faches an.

In den klassischen Professorenuniversitäten führt die fachliche Etablierung nach wie vor über die Besetzung von Lehrstühlen und den Auf- bzw. Ausbau regulärer akademischer Studiengänge, deren Abschlüsse wiederum die Grundvoraussetzungen der Absolventen für höhere Graduierungen im eigenen Fachgebiet bilden. Glücklicherweise bietet das Fach beide Perspektiven, die jedoch mit unterschiedlichen Vorgehensweisen realisiert werden müssen.

3. Konsequenzen für die Axiome eines aktuellen Selbstverständnisses des Faches

Schlussfolgernd ergeben sich folgende axiomatische Thesen für ein mögliches perspektivreiches Selbstverständnis unseres Faches:

I) Die Sprechwissenschaft sollte als eine der Disziplinen aufgefasst werden, die sich unter geistes- wie auch naturwissenschaftlichem Aspekt mit der (zwischen)-menschlichen Sprechkommunikation befasst. Eine Besonderheit besteht in der gesamtheitlichen und transdisziplinären Lehr- und Forschungsmethodik.

II) Die Sprechwissenschaft sollte als theoretisch-empirische Disziplin ausgebaut werden, wobei der datengestützten Analyse immer der Vorzug zu gewähren ist, wenn die jeweilige Fragestellung dies gestattet.

III) Die sprechwissenschaftliche Erkenntnissuche sollte sich (nach wie vor) primär an praxisrelevanten Gegenständen bzw. am gesellschaftlichen Versorgungsauftrag orientieren, wobei selbstverständlich auch Grundlagenforschung mit zeitgemäßen Untersuchungsdesigns diesem Kriterium genügen kann.

IV) Einen Fokus des Faches könnte die Untersuchung der Bedingungen, Komponenten, Ebenen und Funktionen des Sprech(denk)ens und Hörverstehens, insbesondere im Bezug zu den interpersonellen Handlungskonsequenzen wie auch zur Akzeptanz der form- und inhaltsseitigen Merkmale sprechkommunikativer Äußerungen bilden.

V) In den sprechwissenschaftlichen Anwendungsfeldern sollte die Arbeit am Aufbau, an der Professionalisierung bzw. an der Wiederherstellung interpersoneller sprechkommunikativer Handlungskompetenz im Zentrum der Bemühungen stehen, wobei – insbesondere in Therapie und Bildung von Erwachsenen – der (aus heutiger Perspektive) apologetisch-missionarisch anmutende *Erziehungs*ansatz durch einen menschlich paritätisch orientierten und inhaltlich datengestützten *Entwicklungs*- und *Beratungs*ansatz zu ersetzen ist.

VI) Zur Erhaltung und zum Ausbau eines personell kleinen aber zugleich in Kernbereichen autonomischen Systems sollte die professionelle transdisziplinäre Kooperation (und Wissensaufnahme) mit der gezielten Erarbeitung eigener fachlicher Domänen einhergehen. Dabei muss die in der Vergangenheit fachtypische *Einzel*leistung – zumindest in der Tendenz – von der *Kooperations*leistung abgelöst werden, um den in anderen Gebieten üblichen Standards entsprechen zu können.

Die Gedanken dieses Artikels skizzieren nur einen der möglichen Wege unseres Faches, um zur Reprofessionalisierung im Umgang mit dem Schall, der uns Menschen Zeichen vermittelt, zu gelangen. Sicher ist jedoch, dass ein neuer Weg eingeschlagen werden muss, der uns aus der Orientierungsschwäche im Rauch einer zu Ende gegangenen Wirtschafts- und Wissenschaftsepoche in eine klare und perspektivreiche Position im Gebiet führt.

Literatur

Drach, E. (1953): Sprecherziehung. Diesterweg, Frankfurt a. M./Berlin/Bonn, 1–7

Stock, E. (1981): Die Entwicklung der Disziplin Sprechwissenschaft an der Universität Halle. In: Krech, E.-M., Richter, G., Suttner, J., Stock, E. (Hrsg.): Hallesche Standpunkte zur gesprochenen Sprache. Ihre Grundlegung und ihr Werden. Wiss. Beitr. der Martin-Luther-Univ. Halle-Wittenberg 40 (F 31), 3

Wagner, R. W. (1997): Zur Sprecherziehung im Deutschunterricht Baden-Württembergs. In: Pabst-Weinschenk, M., Wagner, R. W., Naumann, C. L. (Hrsg.): Sprecherziehung im Unterricht. Sprache und Sprechen Bd 33. Ernst Reinhardt, München/Basel, 103–114

EBERHARD STOCK

Sprech- und sprachwissenschaftliche Ansätze zur Erklärung der Artikulationsabläufe

1. Problemstellung

Den sprecherzieherischen Lehrmeinungen und Lehrmaterialien zur Artikulationsschulung lag lange Zeit die Vorstellung zu Grunde, dass die Artikulation ein peripherer, mechanischer, der Äußerungsgenerierung lose angehängter, einfacher (pejorativ ausgedrückt: primitiver), selbst einem Unerfahrenen bekannter Vorgang ist, über den jeder reden kann und der sich mit mechanischem Drill (z. B. der „Papageienmethode") in eine gewünschte Form bringen lässt. Die Artikulation wäre dann die zufällig vorhandene beliebige Unterlage, auf der das „Eigentliche" dargereicht wird. Eine solche Vorstellung behindert nicht nur – vor allem, wenn sie, wie geschehen, zum Dogma erhoben wird – das Nachdenken über Artikulationsvorgänge und ihre Vermittlung, viel schlimmer: sie verhindert die Auseinandersetzung mit gegenstandsbezogenen Theorien in den Nachbardisziplinen, die empirische Überprüfung solcher Theorien mit geeigneten sprechwissenschaftlichen Analysen und damit die auch für unsere Disziplin lebensnotwendige interdisziplinäre Verflechtung. Alle Beobachtungen im Artikulationsunterricht belegen, dass vereinfachende Modelle, wonach etwa größere Einheiten schrittweise durch die Kombination elementarer Einheiten entstehen, inadäquat und damit zwangsläufig pädagogisch uneffektiv sind. Für die Vermittlung von sprach- und stilspezifischen Artikulationen muss vom Lehrenden vor allem verstanden werden:

- der psychische Prozess der Generierung des Gesprochenen,
- das Problem der Einheiten als keineswegs geklärte Frage,
- die mit der Sprachspezifik des Deutschen zusammenhängenden Probleme.

Hierfür gibt es in der Phonetik und Sprachwissenschaft, in der Sprachpsychologie und Neurologie unterschiedliche Ansätze, zu denen Sprechwissenschaft und Sprecherziehung Position beziehen müssen. Im Folgenden werden beispielhaft nur einige dieser Ansätze skizziert.

2. Sprechwissenschaftliche Untersuchungen – die Prosodische Phonologie von Firth (1890–1960)

Untersuchungen, die von der halleschen Sprechwissenschaft seit 1960 mit wechselnder Intensität zu einer Neukodifizierung der deutschländischen Standardaussprache durchgeführt wurden, zeigten im Gegensatz zur Beschreibung im

„Siebs“ (bis zur 18. Auflage von 1961; erst die 19. Auflage, de Boor et al. 1969 bietet Realisationsvarianten für die Phoneme an), dass für jedes Phonem unterschiedliche Allophone, für manche Phoneme sogar regelrechte Allophonreihen auftreten können, dass zahlreiche Lautreduktionen und -assimilationen zu Allomorphen und Veränderungen der Silbenstruktur auf der Wortebene führen, und dass diese, wohlgemerkt im Aussprachestandard beobachtbare Variation, vor allem von drei Faktorengruppen bestimmt wird:

1) vom intentions- und situationsabhängig gewählten Sprechstil,
2) von der Akzentposition im einfachen oder zusammengesetzten Wort sowie in der Äußerung,
3) von der Lautposition, der Lautklasse und der Lautumgebung (Krech et al. 1964; Meinhold/Stock 1980).

Einen Erklärungsansatz für einige dieser Dependenzen bietet die so genannte Prosodische Phonologie von Firth (Palmer 1968), deren Bedeutung, international gesehen, bis heute nur unzureichend erkannt wurde, und die auch bei uns keine Resonanz fand, obwohl Pheby sie in der DDR bereits 1975 als Grundlage der von ihm vertretenen Sprachtheorie von M. A. K. Halliday vorgestellt hatte. Im gleichen Jahr übrigens hatte auch die bekannte Kopenhagener Phonetikerin Eli Fischer-Jørgensen in ihrer historischen Einführung zu den phonologischen Theorien auf die Prosodie von Firth verwiesen und deren Valenz für das Verstehen der Assimilationen und Reduktionen, generell der Variation von „Normalformen“ herausgearbeitet. Der weit reichende firthsche Begriff der Prosodie umfasst danach:

1) die Phonemkombinationen (Konsonantenkombinationen, Silbenstruktur, Wortstruktur),
2) die Grenzsignale (z. B. die wortinitiale Aspiration, das silbeninitiale [h] im Deutschen, wortdelimitierende Akzente usw.),
3) alles, was sich in der phonetischen Realisierung über Einheiten erstreckt, die größer als ein Phonem sind (Töne, Wortakzent, satzdifferenzierende Mittel, rhythmisch-melodische Eigenschaften). In den USA heißen diese Mittel Suprasegmentalia, dies sind nach Pike alle quantitativen Charakteristiken, die Laute modifizieren, ohne dass sich deren Qualität verändert.

Auch wenn sich heute nach der Weiterführung der Diskussion manches anders darstellt – die Konstruktion von Firth führt weg von linearer Betrachtung und hin zu Mehrebenen-Modellen und muß deshalb von uns geprüft werden.

3. Die phonologische Komponente innerhalb der Generativen Grammatik (GG)

Die Grammatikkompetenz-Modelle der GG mit ihrer modularen und hierarchischen Gliederung der kognitiven menschlichen Fähigkeiten zur Sprachproduktion (Lexikon, Syntax, phonologische Komponente, semantische Komponente) können und wollen bekanntlich nicht den psychischen Prozess der Sprechproduktion abbilden. Dennoch rekurrieren sie auf psycholinguistische Erkenntnisse, z. B. mit der Annahme, dass die von einem Individuum häufig gebrauchten Wörter mit ihrer Akzentstruktur fest abgespeichert sind, wohingegen Wörter mit geringer usueller Frequenz mit Hilfe von lexikalisch-prosodischen Bildungsregeln aus Morphemen und Akzentmustern nach Bedarf erzeugt werden. Mit Sprachpsychologen wie Herrmann (1985; Herrmann/Hoppe-Graff 1989) stimmen die Protagonisten der GG auch darin überein, dass die Satzgebilde, die in der phonologischen Komponente mittels Interpretation der durch die Syntax erzeugten abstrakten, aber akzentuell schon vorgeprägten Strukturen eine (zunächst nur im inneren Sprechen realisierbare) lautliche Gestalt erhalten, bereits rhythmisch-melodisch mit Satzakzenten und Gliederungseinschnitten versehen sind. Wiese (1996), der eine neue Version der generativen Phonologie zum Deutschen vorgelegt hat, hat sich vor allem mit der prosodischen Struktur befasst und vorgeführt, welchen Einfluss die Prosodie auf die Morphologie hat und welche Wirkungen das Operieren der Akzentregeln auf den verschiedenen Ebenen erzielt.

Im Übrigen organisiert die phonologische Komponente auch jene phonologischen Prozesse, die meist akzentabhängig bei der Verknüpfung von Phonemen zu Phonemsequenzen auftreten und in der Realisierungsphase als Reduktionen und Assimilationen, als Dissimilationen, Epenthesen und Metathesen in Erscheinung treten. Nach diesen Vorstellungen ist also vor der Muskelaktivität bereits in vorgeschalteten Generierungsphasen über die Gestaltmerkmale der akustischen Form entschieden worden. Für eine sprechwissenschaftliche Erklärung der Artikulation sind dies interessante hypothetische Konstrukte, die mit geeigneten Tests verifiziert oder falsifiziert werden müssen. Die Sprecherziehung aber sollte sich in jedem Fall von der These verabschieden, dass die Artikulation eine nebensächliche Zutat zur kommunikativ wirksamen Aussage ist. Aus sprechwissenschaftlicher Sicht muss in diesem Zusammenhang hinzugefügt werden, dass weder die generative Phonologie noch die Psycholinguisten auf den Problemkomplex eingehen, wie die Artikulation als Mittel des emotionalen Ausdrucks fungiert, wie sie ihre sozialpsychische, ihre Sprechwirkungsdimension erhält (hierzu P. Winkler in: Krech et al. 1991, 79ff) und wie individuelle phonostilistische Entscheidungen, die die Regelhaftigkeit von Assimilationen, Reduktionen usw. partiell aufheben können, zustande kommen. Nach den Ergebnissen unserer empirischen Untersuchungen müssen diese Probleme mit einer für uns adäquaten Artikulationstheorie abgedeckt werden.

4. Einheiten der Produktion und Perzeption

Leont'ev (1975, 8ff; russische Ausgabe 1969) hat in den 60er Jahren in der Auseinandersetzung mit Noam Chomsky die internationale psycholinguistische Literatur zum Problem der psychischen Einheiten in der Sprachproduktion und -perzeption aufgearbeitet und dabei die Bedeutung der „operativen Einheit", der aufgabenbezogenen Verarbeitung des Wahrgenommenen hervorgehoben. Nach seiner Vorstellung operieren nicht die statischen Korrelate dieser oder jener Textsegmente als kleinste Einheiten im Spracherzeugungsmechanismus, sondern elementare Handlungen, die als elementare Zellen der Sprachtätigkeit mit allen Merkmalen der Tätigkeit ausgestattet sind. Die allgemein gängige und nur in der Generativen Phonologie mit dem Rückgriff auf die distinktiven Merkmale aufgehobene Vorstellung von der Repräsentation der Zeichenkörper durch die Aneinanderreihung von Phonemen als den kleinsten Einheiten wird durch die Buchstabenschrift betoniert, ist aber hinsichtlich der psychischen Prozesse offensichtlich inadäquat. Erinnerungsleistungen und Versprecher zeigen, dass Silben und höhere Einheiten viel stärker frequentiert werden als Phoneme und folglich Silben (auch Wörter und Phrasen) als elementare Handlungen, als Einheiten der Rede im Sinne Leont'evs anzusehen sind. Dies gilt, obwohl die Grenzen der Silbe phonematisch und graphisch vielfach nicht gekennzeichnet werden können, wie die Beispiele ['mama·] und ['zako·] zeigen. Beide Wörter haben zwei Silben, auch wenn die Silbengrenze innerhalb des medialen, also ambisilbischen Konsonanten liegt.

Folglich fungieren distinktiv normalerweise vermutlich nicht Phoneme, sondern Syllabeme. Sie sind für das Russische (Kretov/Popova 1996) und Deutsche (Popova/Veličkova 1998) in ein System gebracht worden und zwingen dazu, uns kritisch mit unseren bisherigen Lehrmaterialien auseinander zu setzen.

5. Sprachtypologisch-rhythmische Untersuchungen nach Pike (1945) und Abercrombie (1967)

Vielfältige Untersuchungen zum Sprechrhythmus und zur so genannten Isochroniehypothese hatten eine Sprachtypologie zum Ergebnis, die auch für die Erklärung der uns hier interessierenden Artikulationsvariation potent ist. Nach den Beobachtungen bzw. Vermutungen von Pike und Abercrombie haben alle Sprachen einen isochronen Rhythmus, und zwar entweder (1) eine Isochronie der Takte oder (2) eine Isochronie der Silben. Abercrombies Aussagen zufolge arbeitet der Rhythmusgeber der jeweiligen Sprachen im Fall (1) „stress-timed" (dies sind so genannte akzentzählende Sprachen), im Fall (2) „syllable-timed" (dies sind silbenzählende Sprachen). Daraus folgt für den Fall (1), der uns wegen der Wirkung auf die Artikulation besonders interessiert: Die Isochronie der Takte führt in den akzentzählenden Sprachen bei zunehmender Silbenzahl pro Takt zu einer zunehmenden Kompression vor allem akzentloser Silben durch Reduzierung. Für den Fall (2) bedeutet dies: In den silbenzählenden Sprachen hat die Isochronie der Silben zur Folge, dass die Takte in Abhängigkeit von der Silbenzahl an Dauer zunehmen.

Die wichtigsten mit dem Rhythmus verbundenen und für die Unterscheidung beider Typen tauglichen phonologischen Elemente sind nach Völtz (1991)

- der perzeptive Eindruck einer Isochronie der Silben oder einer Isochronie der Akzente,
- die Silbenstrukturen und deren lexikalische Frequenz,
- die Konsonanten-Cluster,
- die Silbenlänge,
- die Reduzierbarkeit akzentloser Silben.

Diese Merkmale sollen die relationale Einordnung einer Sprache auf einer Skala zwischen den Extrempunkten silbenzählend und akzentzählend ermöglichen. Sie gestatten es, das Deutsche insbesondere wegen der komplizierten Konsonantenstrukturen, des damit zusammenhängenden Auftretens von Silben großer Länge und der unüberhörbaren Reduktion akzentloser Silben als eine stark akzentzählende Sprache zu bewerten.

Unabhängig davon, wie man den Rhythmusbegriff im Einzelnen fasst, und ob man der Isochroniehypothese, gegen die manches Kritische vorzubringen ist, folgt (Stock 2000) – die rhythmische Strukturierung ist ein subjektives Grundbedürfnis; es löst in der Regel Mitbewegungen (Stampfen, Klopfen, Klatschen, Dirigierbewegungen u. Ä.) aus, die die Dynamisierung und Agogik beim Sprechen stimulieren und deshalb ein bewährtes Mittel für Akzentuierungs- und Reduzierungsübungen sind. Die Auseinandersetzung auch mit dieser Theorie ist daher für Sprecherzieher zwingend, zumal das Fremde in der Artikulation Deutschlernender offenbar weit gehend ein Rhythmusproblem ist.

Literatur

Abercrombie, D. (1967): Elements of General Phonetics. Edinburgh University Press, Edinburgh

Boor, H. de, Diels, P. (Hrsg.) (1958): Siebs – Deutsche Hochsprache – Bühnenaussprache. 17. Aufl. de Gruyter, Berlin

Boor, H. de, Moser, H. und Winkler, Chr. (Hrsg.) (1969): Siebs – Deutsche Aussprache – Reine und gemäßigte Hochlautung mit Aussprachewörterbuch. 19. umgearbeitete Aufl. de Gruyter, Berlin

Fischer-Jørgensen, E. (1975): Trends in Phonological Theory. Akademisk Forlag, Copenhagen

Herrmann, T. (1985): Allgemeine Sprachpsychologie. Urban & Schwarzenberg, München/Wien/Baltimore

–, Hoppe-Graff, S. (1989): Textproduktion. In: Antos, G., Krings, H. P. (Hrsg.): Textproduktion. Niemeyer, Tübingen, 146–164

Krech, E.-M. et al. (1982): Großes Wörterbuch der deutschen Aussprache. Verlag Enzyklopädie, Leipzig
–, Richter, G., Stock, E., Suttner, J. (1991): Sprechwirkung – Grundfragen, Methoden und Ergebnisse ihrer Erforschung. Akademie-Verlag, Berlin
Kretov, A. A., Popova, S. D. (1996): Slogovaja priroda russkoj fonemy. In: Filologičeskije zapiski VGU. Voronesh, vyp 7, 98–118
Leont'ev, A. A. (1975): Psycholinguistische Einheiten und die Erzeugung sprachlicher Äußerungen. Akademie-Verlag, Berlin
Meinhold, G., Stock, E. (1980): Phonologie der deutschen Gegenwartssprache. Bibliographisches Institut, Leipzig
Palmer, F. R. (Hrsg.) (1968): Selected Papers of J. R. Firth 1952–59. Harlow, London
Pike, K. L. (1945): The Intonation of American English. University of Michigan Press, Ann Arbor
Pheby, J. (1975): Intonation und Grammatik im Deutschen. Akademie-Verlag, Berlin
Popova, S. D., Veličkova, L. V. (1998): Systemy sillabofonem russkogo i nemeckogo jazykov v kontrastivnom osveščenii. Voronesh (unveröff. Ms.)
Stock, E. (2000): Zur Untersuchung und Beschreibung des Sprechrhythmus im Deutschen. Zeitschrift für angewandte Linguistik 32, 3–18
Völtz, M. (1994): Das Rhythmusphänomen. Zeitschrift für Sprachwissenschaft 10, 284–296
Wiese, R. (1996): The Phonology of German. Clarendon Press, Oxford

INES BOSE

Prosodieforschung in der linguistisch orientierten Gesprächsanalyse – Ansätze für die Sprechwissenschaft

Eine unserer Nachbardisziplinen, die linguistisch geprägte Gesprächsforschung, richtet ihre Aufmerksamkeit derzeit verstärkt auf Intonation und Sprechausdruck als wesentliche Gestaltungsmittel mündlicher Kommunikation. Es setzt sich die Erkenntnis durch, dass Gesprächsäußerungen nicht hinreichend vollständig analysierbar sind, wenn sie nur als sprachliche Handlungen betrachtet werden, und dass demzufolge die traditionellen Untersuchungsgegenstände der Linguistik für die Gesprächsforschung erweitert werden müssen. Hierbei können sich linguistische und sprechwissenschaftliche Herangehensweisen inhaltlich und methodisch ergänzen, sodass eine umfassendere Beschreibung des komplexen Gegenstands „Gespräch" möglich wird.

Zu Intonation und Sprechausdruck ist in der Sprechwissenschaft kontinuierlich gearbeitet worden, und es liegen methodische Erfahrungen und Forschungsergebnisse vor (Stock 1996):

- Intonation (bzw. Prosodie) ist ein von vielen Faktoren bestimmbares, begrenzt autonomes multifunktionales System, das in Kookkurenz mit anderen Kommunikationsmitteln fungiert. Wahrgenommen und interpretiert werden Intonationsphänomene als Gestalten. Wichtig dafür sind demzufolge nicht so sehr die einzelnen Komponenten der Komplexphänomene, sondern vor allem deren Relationen.
- Es ist grundsätzlich von polyrelationalen Form-Funktions-Verhältnissen auszugehen, d.h. es gibt keine konstanten Merkmalskombinationen für bestimmte Funktionen. Die Abhängigkeitsverhältnisse zwischen auditiven Bewertungen und metrisch erfassbaren Daten sind kompliziert und wechselnd.
- Intonation ist nicht allein Satzbildungsmittel und Mittel der Signalisierung von Akzenten, Satzarten und Satzmodi, sondern variiert auch intentions- bzw. situationsbezogen und wird zur Erreichung kommunikativ-pragmatischer Ziele genutzt.
- Die situations- und stimmungsadäquate, individuell ausgeführte Konventionalität sprecherischen Ausdrucks wird als *Sprechausdruck* bezeichnet. Zum Sprechausdruck gehören nach Krech et al. phonische Merkmale des Sprechens wie Stimmhöhe, Lautheit, Stimmklang, Sprechgeschwindigkeit, Artikulation (und ihre jeweiligen Veränderungen), Merkmalskomplexe wie Akzentuierung, Gliederung, Rhythmus, Sprechspannung u.a. Im Gegensatz zum angeborenen stimmlichen Ausdrucksverhalten (in Basisemotionen wie z.B. Wut, Angst) ist der situations- und stimmungsabhängige, (intendiert) gestaltete Sprechausdruck „nicht vorrangig biologisch, sondern sozial determiniert. Er wird im Sprachlernprozess erworben, ist historisch bedingt, mit der kulturellen Tradition eng verbunden, leicht wandlungsfähig und territorial differenziert." (1991, 81)

Untersuchungsmaterial für Forschungen zu Intonation und Sprechausdruck bildeten meist reproduzierte Sätze oder Texte aus authentischen Situationen, z. B. vorgelesene Medientexte, Manuskriptreden oder Sprechkunstwerke (Meinhold 1968, Krech et al. 1991, Henke 1993), oder eigens für die Untersuchung erzeugte bzw. konstruierte reproduzierte oder frei produzierte (u. U. systematisch manipulierbare) Äußerungen (Stock 1980). Das hat den Vorteil, dass ein Zugriff auf das komplexe Ursachen-Wirkungsgefüge relativ gut möglich ist, weil Auslösefaktoren und dadurch erzeugte Wirkungen kontrolliert werden können. Das hat jedoch auch den Nachteil, dass so keine Erkenntnis über die Funktionsweise der beobachteten Zusammenhänge im Kommunikationsprozess und die Relevanz für die Kommunikationsbeteiligten zu gewinnen ist. Gerade die o. a. Forschungserkenntnisse machen aber deutlich, dass Intonations- und Sprechausdrucksgestaltung von situations-, emotions- und individualtypischen Verwendungsbedingungen abhängen. Das bedeutet für die Forschung, dass frei formulierte Äußerungen in authentischen Kommunikationsprozessen zu analysieren sind. Allerdings haben solche Untersuchungen, die ja immer nur (u. U. rein zufällige) Ausschnitte aus der Kommunikationswirklichkeit bearbeiten können, den Nachteil, dass individuell und situativ bedingte Wirkungsgefüge nicht ohne weiteres voneinander zu unterscheiden sind.

Im Projekt „Sprach- und sprechwissenschaftliche Studien zur gesprochenen Sprache" hat sich eine Forschungsgruppe des halleschen Instituts in den 80er Jahren mit Form-Funktions-Beziehungen im Bereich der Intonation in frei produzierter Sprache gegenüber reproduzierter Sprache beschäftigt (Stock 1988, Vladimirova 1986, Bose 1994).

Anhand von repräsentativ ausgewähltem Untersuchungsmaterial wurden bestimmte Bereiche der Gesprächsintonation bearbeitet (z. B. die Form finaler Melodieverläufe bei intonatorisch als abgeschlossen bewerteten Äußerungen in informellen Zweiergesprächen: Vladimirova; Pausen- und Geschwindigkeitscharakteristika in Redebeiträgen aus akademischen Zweier- und Gruppengesprächen: Bose). Die auditiv-akustischen phonetischen Analysen erfolgten von einer externen Analysatoren-Position aus. Transkription und Interpretation, die ja methodenabhängig sind, wurden transparent und reliabel gemacht, die sorgfältig gewonnenen und vorsichtig gewerteten Ergebnisse sind kontrollierbar. Es zeigten sich eine im Vergleich zu reproduzierten Texten viel größere Variationsbreite der untersuchten Intonationsparameter und eine situationsabhängige Gestaltung der Sprechweise (zusammenfassend Stock 1996). Mit der vorwiegend quantitativen Untersuchungsmethodik konnten die Arbeiten allerdings über die Interpretation der beobachteten Phänomene durch die Beteiligten im Kommunikationsprozess und ihre Relevanz für die gemeinsame Gesprächskonstitution nichts aussagen. Stock (1991) schlussfolgert denn auch, dass das Situationsverständnis der Beteiligten subjektiv und damit nicht ausschließlich extern zu bestimmen, sondern nur begrenzt rekonstruierbar sei, z. B. durch Interpretationen metakommunikativer Äußerungen im Kommunikationsereignis, Befragungen der Komunikationspartner, Schlussfolgerungen von Inhalt und Form des Gesagten auf die subjektive Situationsdefinition.

Trotz des großen sprechwissenschaftlichen Interesses für die Erforschung von Gesprächen auch außerhalb der halleschen Gruppe liegen nach m. W. kaum neuere Forschungen zur Gestaltung von Intonation und Sprechausdruck im Gespräch mit breiter empirischer Basis vor.

Gerade die Prozesshaftigkeit von Gesprächen nimmt die linguistisch orientierte, von Soziologie und Anthropologie beeinflusste Gesprächsanalyse in den Blick (Deppermann 1999). Ihr Interesse gilt den Prinzipien und Ressourcen, mit denen Menschen ihren kommunikativen Austausch gestalten. Dabei gilt die zentrale Grundannahme, dass Gesprächsprozesse regelhaft sind: Die Kommunizierenden konstituieren die Gesprächswirklichkeit und vollziehen ihre Gespräche als geordnete Prozesse gemeinsamen Tuns, d. h. sie organisieren den Gesprächsverlauf und stellen Sinn her, indem sie wahrnehmbare systematische und meist routinisierte Gesprächspraktiken verwenden. Diese allen Angehörigen einer sozialen Gruppe bekannten Methoden, Verfahren oder Strategien sind die Voraussetzung dafür, dass überhaupt Gespräche als kollektive Aktivität zustande kommen können. Die (vor allem ethnomethodologisch vorgehende) Gesprächsanalyse versucht, Gesprächsordnung und -praktiken in den Aufzeichnungen authentischer Kommunikationsereignisse zu rekonstruieren. Dabei geht es nicht um die Ordnung, die ein externer Gesprächsbeobachter zu erkennen glaubt, sondern um eine Ordnung, an der sich die Gesprächsteilnehmer selbst orientieren. Folgende Methoden werden im Wesentlichen übereinstimmend angewandt:

- strenge Empirieorientierung: konkrete Gesprächsdetails sind Ausgangspunkt und Prüfkriterium für gewonnene Erkenntnisse,
- interpretative bzw. qualitative Sozialforschung: d. h. Ablehnung von vorher festgelegten Hypothesen und ihre Überprüfung mit quantifizierten Daten und statistischen Verfahren,
- stattdessen rekonstruktives Erkenntnisinteresse am Form-Funktions-Zusammenhang im Gespräch: Rekonstruktion von Teilnehmer-Kategorien durch sequenzielle Analyse des Gesprächsverlaufs; Suche nach systematischen Verwendungen von Gesprächspraktiken – Thematisierungen, Kommentaren, Reparaturen, Partnerreaktionen.

Die Gesprächsanalyse geht zwar über traditionelle linguistische Untersuchungsgegenstände hinaus, aber Vorgehensweise und Untersuchungsfokus sind oft nicht losgelöst von der linguistischen Tradition zu sehen (z. B. zu Beginn Konzentration auf verbale Praktiken, meist Ausschluss paraverbaler und nonverbaler Gesprächsebenen). Zunehmend erkennen einige Forschergruppen allerdings auch die Relevanz von Prosodie und Sprechausdruck (dieser vor allem unter dem Begriff „Stimme“ bzw. „Stimmen“) für die verbale Interaktion (Auer/Couper-Kuhlen 1994, Selting 1995, Couper-Kuhlen/Selting 1996, Meise 1996, Selting/Sandig 1997) und fragen danach, wie Gesprächsteilnehmer prosodische Kategorien als Ressourcen der Gesprächsorganisation nutzen. Die interaktive und interpretative Relevanz der beobachteten prosodischen Prozesse wollen die genannten Autoren an der Gesprächsrealität nachweisen. Die Intonation wird gemäß einer angelsächsischen Forschungstradition (z. B. Gibbon/Richter 1984) überwiegend als autonomes, von der Grammatik unabhängiges Signalisierungssystem verstanden. Forschungen aus Phonetik/Phonologie und Sprechwissenschaft mit anderer Intonationsauffassung (u. a. Stock) werden ignoriert, obwohl sie wichtige theoretische und methodische Anregungen liefern könnten. Insbesondere das differenzierte Methodeninventar zur Analyse von Mikrostrukturen im Gespräch ist für einschlägige sprechwissenschaftliche Forschungsvorhaben sehr anregend. Allerdings werden die oben zusammengefassten methodischen Prinzipien (ausführlich Deppermann 1999) nach meiner Auffassung nicht immer durchgängig auf die intonatorischen Gesprächsforschungen angewendet:

- Trotz des Empirie-Anspruchs erscheint jemandem wie mir, die aus einer bisher eher quantitativ arbeitenden Richtung kommt, der Umgang mit den Untersuchungskorpora eher illustrativ. Für die Regelhaftigkeit bestimmter intonatorischer Gestaltungen werden zwar durchaus Gesprächsausschnitte als Gewähr angeführt, aber ohne einen Überblick über durchschnittliche, minimale, maximale Merkmalsausprägung, Vorkommenshäufigkeit im Gesamtkorpus. Damit entsteht gelegentlich der Eindruck, dass vorrangig solche Gesprächspassagen ausgewählt wurden, die die These bestätigen.
- Die diskutierten Teilnehmer-Kategorien und Intonationscharakteristika sind mitunter nicht sicher aus dem Material zu identifizieren, sondern scheinen ausschließlich auf der Interpretationsleistung der Autoren zu beruhen. Damit ist die Gefahr der Subjektivität auditiver Urteile gegeben.
- Bei der gelegentlichen Hinzuziehung akustischer Analyseverfahren werden Diskrepanzen zwischen auditiven und akustischen Ergebnissen nicht systematisch diskutiert. Der Interdependenz einzelner intonatorischer Parameter und der komplizierten Beziehung zwischen auditiven und akustischen Beurteilungsverfahren wird zu wenig Aufmerksamkeit geschenkt, obwohl auch gerade hier Interpretationsmöglichkeiten gegeben sind.

Hinsichtlich dieser Desiderata könnte die Gesprächsforschung u. a. an sprechwissenschaftliche Forschungserfahrungen anknüpfen und systematisch verschiedene Verfahren zur Datenauswertung und -interpretation nutzen, z. B. hinsichtlich:

- *Perspektivenwechsel:*
  - Verbindung quantitativer Analysen (Erhebung von Ausprägungen und Verteilungen bestimmter intonatorischer Parameter im Gesamtkorpus – externe Analysatorenperspektive) mit qualitativ-interpretierenden Verfahren (Rekonstruktion von Form-Funktions-Beziehungen aus der Teilnehmerperspektive);
  - Verbindung holistischer Interpretationen (z. B. Identifizierung von Sprechausdrucksmustern) mit analytisch-auditiven Merkmalsbeschreibungen (relevante Merkmalskombinationen im Sprechausdrucksmuster);
- *Intersubjektivierung:*
  - Validierung auditiver Beurteilungen durch Arbeit mit Hörergruppen; sowohl Akzeptanztests als auch Expertenbefragungen (z. B. als Gruppendiskussion, Konsensdeskription; Krech et al. 1991, Vieregge 1996) und

- Validierung auditiver Beurteilungen durch (exemplarische) instrumentalphonetische Analysen mit ausführlicher Diskussion der jeweiligen Interdependenzen.

In der Erforschung von Gesprächsintonation sollte naturwissenschaftlich messend-quantifizierendes Herangehen (Phonetik) verbunden werden mit sozialwissenschaftlich rekonstruktiv-qualifizierendem Herangehen (Gesprächsanalyse). Die (einander nur auf den ersten Blick ausschließenden) methodischen Verfahren sollten dabei nicht eklektizistisch aneinander gereiht, sondern im Einzelnen begründet und ausführlich erläutert werden. Dann können die jeweils nach einer Methode möglichen Interpretationen aufeinander bezogen und wechselseitig validiert werden.

Die so entwickelten Forschungskonzepte können die traditionellen Methoden- und Disziplingrenzen schneiden und dadurch den Blickwinkel auf sprecherische Belange der mündlichen Kommunikation erweitern (Transdisziplinarität). Der durch solches Vorgehen erhöhte Untersuchungsaufwand dürfte gerechtfertigt werden durch die Solidität der Ergebnisse; er dürfte ermöglicht werden, wenn Vertreter aus verschiedenen Disziplinen an den gleichen Gegenständen ergänzend forschen. Nach meiner Auffassung ist es an der Zeit, dass die Sprechwissenschaft, die ja das Gespräch als wesentlichen Gegenstand definiert, repräsentative empirische Studien zur Gesprächs-Phonetik in Angriff nimmt und die Zusammenarbeit mit der linguistischen Gesprächsanalyse sucht (so u.a. auch Gutenberg/Herbig 1992, Lepschy 1995, Bose 1999, Neuber/Baldauf 1999). Hier liegt durchaus ein Anwendungsaspekt innerhalb des Fachs: Die überwiegend auf didaktischen Erfahrungen beruhenden sprecherzieherischen Normvorstellungen und Handlungsanweisungen zur Kommunikationsbewältigung müssen auf empirisch fundierte Untersuchungsergebnisse mit soliden Datenbasen gestützt werden.

Literatur

Auer, P., Couper-Kuhlen, E. (1994): Rhythmus und Tempo konversationeller Alltagssprache. Zeitschrift für Literaturwissenschaft und Linguistik 96, Vanderhoeck und Ruprecht, Göttingen, 78–106

Bose, I. (1994): Zur temporalen Struktur frei gesprochener Texte. Forum Phoneticum 58, Hector, Frankfurt a. M.

– (1999): Sprechausdruck und Kinderkommunikation. Konzeptionelle Überlegungen zu einer sprechwissenschaftlichen Langzeitstudie. In: Veličkova, L. (Hrsg.): Klangsprache im Fremdsprachenunterricht (II) – Forschung und Praxis. Istoki, Voronesh, 100–120

Couper-Kuhlen, E., Selting, M. (Hrsg.) (1996): Prosody in conversation: interactional studies. Cambridge University Press

Deppermann, A. (1999): Gespräche analysieren. Eine Einführung in konversationsanalytische Methoden. Leske + Budrich, Opladen

Gibbon, D., Richter, H. (Hrsg.) (1984): Intonation, accent and rhythm: Studies in discourse phonology. de Gruyter, Berlin

Gutenberg, N., Herbig, A. (1992): Kommunikationspädagogische Konzepte in Sprechwissenschaft und Sprecherziehung. In: Fiehler, R., Sucharowski, W. (Hrsg.): Kommunikationsberatung und Kommunikationstraining. Westdeutscher Verlag, Opladen, 370–390

Henke, S. (1993): Formen der Satzakzentuierung und ihr Beitrag zur Satzbedeutung in deutschen Aussagesätzen. Wissenschaftlicher Verlag Trier, Trier

Krech, E.-M., Richter, G., Stock, E., Suttner, J. (1991): Sprechwirkung. Grundfragen, Methoden und Ergebnisse ihrer Erforschung. Akademie-Verlag, Berlin

Lepschy, A. (1995): Zum Verhältnis von Sprechwissenschaft und linguistischer Gesprächsforschung. Sprechen. Zeitschrift für Sprechwissenschaft, Sprechpädagogik, Sprechtherapie, Sprechkunst 1. Bayerischer Verlag für Sprechwissenschaft, Regensburg, 4–23

Meinhold, G. (1968): Untersuchung über den zeitlichen Verlauf gesprochener deutscher Texte. Unveröff. Diss. (B), Jena

Meise, K. (1996): Une forte absence: Schweigen in alltagsweltlicher und literarischer Kommunikation. Narr, Tübingen

Neuber, B., Baldauf, H. (1999): Das Besondere im Alltäglichen – Möglichkeiten der ethnomethodologischen Konversationsanalyse für die Sprechwissenschaft. In: Krech, E.-M., Stock, E. (Hrsg.): Sprechwissenschaft: zu Geschichte und Gegenwart. Festschrift zum 90-jährigen Bestehen von Sprechwissenschaft/Sprecherziehung an der Universität Halle. Peter Lang, Frankfurt a. M., 261-274

Selting, M. (1995): Prosodie im Gespräch: Aspekte einer interaktionalen Phonologie der Konversation. Niemeyer, Tübingen

–, Sandig, B. (Hrsg.) (1997): Sprech- und Gesprächsstile. de Gruyter, Berlin/New York

Stock, E. (1980): Untersuchungen zu Form, Bedeutung und Funktion der Intonation im Deutschen. Akademie-Verlag, Berlin

– (1988): Konzeption zum Forschungsprojekt „Sprechwissenschaftliche Studien zur gesprochenen Sprache". In: Höhle, T., Krech, E.-M., Richter, G., Sommer, D. (Hrsg.): Hallesche Studien zur Wirkung von Sprache und Literatur 16. Wiss. Beiträge der Martin-Luther-Universität Halle-Wittenberg, 43-69

– (1991): Sprechsituation und phonostilistische Variation. In: Ternes, E., Wodarz, H. W. (Hrsg.): Theoretische und praktische Phonetik. Forum Phoneticum 47, Buske, Hamburg, 151-167

– (1996): Text und Intonation. In: Bergmann, R., Eroms, H.-W., Glaser, E., Vennemann, T. (Hrsg.): Sprachwissenschaft. Bd. 21. Universitätsverlag C. Winter, Heidelberg, 211-240

Vieregge, W. H. (unter Mitarbeit von Pahn, J., Schutte, H. K.) (1996): Patho-Symbolphonetik: auditive Deskription pathologischer Sprache. Zeitschrift für Dialektologie und Linguistik/Beihefte 100, Steiner, Stuttgart

Vladimirova, T. (1986): Konfrontative Untersuchung zur bulgarischen und deutschen Intonation in frei produzierten Gesprächen. Unveröff. Diss. (A), Halle (Saale)

HEINRICH LENHART, STEFAN WACHTEL

Zu sieben Prozent kommt es auf den Inhalt an

Wie ein Mythos entsteht und was er anrichtet

1. Varianten eines Mythos

Jeder Mythos hat etwas von einem E-Mail-Computervirus der neuen Generation. Einmal losgelassen, vervielfältigt er sich von selber und ist in der Lage, aus sich selber heraus neue Varianten zu erfinden. Unser Virus/Mythos hat jede Menge Zeit gehabt. Er hat die Kommunikationstrainings-Branche in all ihren Facetten durchwandert. Wir finden ihn in klassischen Rhetorikkursen, NLP-Fortbildungen, Mediationsworkshops und Medienrhetorikkursen, ja sogar in einem Leitfaden für Basketballschiedsrichter. Weitererzählt wird der Mythos in Fachartikeln, Zeitungen, Büchern und im Internet. Aber nicht einmal die Alltags-Einsicht hatte die Kraft, sich gegen den Mythos durchzusetzen (zur Kritik: Wachtel 2000b). Inzwischen ist er auch in sprechwissenschaftlichen Publikationen zu finden.

Beispiele:

„(...), daß nur etwa 30% der Wirkung einer Sprecherin oder eines Sprechers durch Wörter oder Sätze, also verbal, ausgelöst werden. Die restlichen 70% werden durch das WIE des Sprechens ausgelöst – also paraverbal und extraverbal." (Slembek 1995, 110)

„Nur sieben Prozent aller Informationen, die wir aus einem Gespräch gewinnen, holen wir aus den Worten, 38 Prozent beziehen wir aus dem Klang der Stimme und 55 Prozent aus der Körpersprache (...)" (Flensburger Tageblatt, 4.5.91, zitiert nach Eckert/Laver 1994, 158).

„Jeder Mensch vermittelt zuerst 55 Prozent seiner Botschaften über sein äußeres Erscheinungsbild, 38 Prozent über seine Stimme und 7 Prozent über sein Wissen." (Ankündigung für einen Kurs von einer Sprechwissenschaftlerin; http://www.hu-berlin.de/studium/berweit/v03.htm)

„(...), daß 55 Prozent der Wirkung eines Vortrages von Haltung, Gestik und Blickkontakt des Referenten abhängen, 38 Prozent von der Klangfarbe und dem Tonfall der Stimme und nur 7 Prozent vom Redeinhalt." (Gelb 1989, 100)

„(...) ist die Aufmerksamkeit des Publikums mit etwa 55% auf visuelle und nonverbale Eindrücke gerichtet, die Stimme wird mit ca. 38% belegt und nur mit 7% wird der Inhalt bedacht." (Prosser/Blaes 1997, 327)

„Der Einfluß der Stimme bei Geschäftsverhandlungen wiegt mit 38 Prozent ungleich schwerer als das verbale Argument mit 7 Prozent." (Mertz 1999, 128)

„Für das Verstehen einer Nachricht ist ihre verbale Komponente, ihr Wortlaut, nur zu 9% ausschlaggebend. Viel wichtiger ist da schon die Art, in der etwas gesagt wird. Der Tonfall schlägt mit 37% zu Buche. Entscheidend aber für den Empfänger ist der visuelle Teil der Nachricht (54%)." (Huth 2000, 173)

Ohne Zweifel, Körperausdruck, stimmlicher Klang und Wortinhalt bestimmen die Wirkung mit, wenngleich es im Sprechvollzug eher um „Beziehungen“ als um „Bedeutungen“ geht (Geißner 2000, 92ff). Darüber hinaus scheint bislang nur eines sicher: Der emotionale Einfluss auf die Stimme kann als „eindrucksvoll untermauert“ (Suslow 1995, 28) gelten. Das klingt vorsichtig und das ist auch gut so. Und es ist Gemeinplatz, schon seit Aristoteles (Scherer/Wallbott 1990, 347). Sind aber die weltweiten stündlichen milliardenfachen Kommunikationssituationen in eine simple 7-38-55 Rechnung zu bringen?

2. Zitierungen würden den Mythos nur stören

Mythen stehen in einer mündlichen Tradition. Man hört sie und erzählt sie weiter. Der Erfinder des Mythos oder die „Quelle“ verschwindet im Dunkel der Ratgeber (Bremerich-Vos 1991, 11f; Wachtel 1999b) der Scientific Community. Mit der Zitierung erst wird nachvollziehbar, woraus der Autor seine Aussagen gewinnt. Bei unseren „7%“ ist die Ursprungsquelle in Vergessenheit geraten. Wenn überhaupt zitiert wird, dann selten die Ursprungsstudie, sondern allenfalls spätere Derivate wie Mehrabian/Epstein (1972):

> „Psychologische Studien belegen“ (http://www.hu-berlin.de/studium/berweit/v03.htm). „Nach einer Studie der University of Columbia“ (Prosser/Blaes 1997, 327). „Studie der University of Columbia“ (Ziegler 1998, 113). „Nach einem klassischen, viel zitierten Experiment aus dem Jahre 1972“ (http://www.berlinx.de/ego/1198/art9.htm).

Selbst wo Quellen angegeben werden, läuft die Zitierung ins Leere.

> So zitiert Thea M. Mertz (1999, 128) einen Artikel der „SZ am Wochenende“ von Bernadette Calonego. Dieser findet sich auch im Internet (Bernadette Calonego: http://www.kultur-netz.de/hdk/toene.htm). Dort steht als Verweis lediglich „(...) zeigt eine andere US-Studie“. Zur angeführten Literatur „(Weikl, 1998)“ wurden wir bei Bernd Weikl fündig. Aber nichts außer: „(...) ergaben amerikanische Studien“ (1998, 47). Weikl allerdings hatte seine Einsichten aus der „Neuen Züricher Zeitung“.

Es ist Zeit, das Geheimnis zu lüften. Der Mythos stammt von Albert Mehrabian, einem amerikanischen Psychologieprofessor (Homepage: http://www.ablecom.netusers/kaaj/psych/home.html). Die Zitierungen sind über die Jahre vage geworden, zum Beispiel „A. Mehrabian, Psychology Today, September 1968, S. 52–55“ oder „Mehrabian, A. (1971): Silent messages“ (2. Aufl. 1981). Dort werden nicht die Originalstudien referiert, sondern nur die Ergebnisse vorgestellt. Eine Internetsite schließlich (Suzette Haden Elgin: http://www.linguistlist.org/issues/9/9-230.htm) verweist auf zwei exakt zitierte Artikel von Albert Mehrabian und Co-Autoren aus dem Jahr 1967 mit den Ergebnissen eines Experimentes. Beide „Studien“ sind die Quelle des Mythos.

3. Experiment 1 (Mehrabian/Wiener 1967b)

Die Studie interessiert sich für so genannte „widersprüchliche Kommunikation" (inconsistent communication). Beispiel: Jemand sagt: „Mir geht's prima" mit einer „erschöpften Grabesstimme". Die Vorgehensweise: Student/-innen (insgesamt 45) ermitteln in einem Auswahl- und Bewertungsverfahren Ein-Wort-Sätze. Ergebnis: Positive Wortbedeutung: honey, thanks, dear. Neutrale Wortbedeutung: maybe, really, oh. Negative Wortbedeutung: don`t, brute, terrible. Diese neun Wörter wurden von zwei Sprecherinnen in jeweils drei Versionen gesprochen. Die Vorgabe lautete: „Stellen sie sich vor, sie sagen die Worte einem imaginären Gegenüber in je einer positiven, neutralen und negativen Haltung (attitude)." Das ergab 54 Varianten von Ein-Wort-Sätzen, die auf Tonband aufgenommen wurden. 30 Student/-innen wurden in drei Gruppen eingeteilt (jeweils zehn). Jeder Gruppe wurden die Ein-Wort-Sätze in zufälliger Reihenfolge vorgespielt. Jede/r Student/-in hatte dieselbe Aufgabe. „Was glauben Sie: Welche ‚Einstellung'/‚Haltung' hat die ‚Tonbandperson' zu einer imaginären Person X?" Bei ihrem Urteil sollte jede Gruppe auf etwas anderes achten. Eine Gruppe sollte ihr Urteil nur an der „Wortbedeutung" festmachen. Die zweite Gruppe sollte ihr Urteil nur am „Ton der Stimme" festmachen. Die dritte Gruppe sollte auf beides achten. Die Student/-innen sollten die vermutete Haltung auf einer Skala von –3 bis +3 eintragen (–3 bedeutet: „Tonbandperson" mag X nicht; +3 bedeutet: „Tonbandperson" mag X sehr).

Das Ergebnis: Die tonale/stimmliche Komponente hat einen unverhältnismäßig größeren Einfluss auf die Interpretation der gesamten Botschaft als die rein inhaltliche Komponente. Mehrabian und Wiener benutzten das Ergebnis, um bei einer speziellen Wissenschaftsfrage (double-bind hypothesis of schizophrenia) mitzudiskutieren. Im Artikel von Mehrabian/Wiener (1967b) taucht in keiner Form eine „7%-Angabe" auf.

4. Experiment 2 (Mehrabian/Ferris 1967a)

25 Studentinnen beteiligten sich an einem Auswahlverfahren für ein „neutrales" Wort. Das gewählte Wort war maybe. Sprecherinnen sprachen maybe jeweils in drei „Haltungen" (positiv, neutral, negativ). Das heißt, sie sollten sich ein „imaginäres Gegenüber" vorstellen, das sie mögen, nicht mögen oder demgegenüber sie neutral eingestellt sind. Jede Sprecherin wiederholte jede „Haltung" zweimal. Von Studentinnen wurden Porträtfotos angefertigt. Jede sollte je zweimal drei unterschiedliche „Haltungen" zu einer „imaginären Person" darstellen (positiv, neutral, negativ). So entstanden Schwarz-weiß-Fotografien (8,9 x 11,4 cm) vor einem neutralen Hintergrund. 17 Studentinnen wählten in einem Testverfahren die Aufnahmen von zwei Sprecherinnen und die Fotos von zwei Models für das eigentliche Experiment aus. Jetzt wurde jede Sprechhaltung mit jedem Foto ver-

koppelt. So entstanden „Maybe-Tonaufnahmen“, gekoppelt mit Gesichtsfotografien. Die Testsequenzen wurden in zufälliger Reihenfolge 20 Studentinnen vorgestellt. Diese sollten mit Hilfe einer Skala (+3 bis -3) entscheiden, welche „Einstellung“/„Haltung“ die „Fotoperson + Stimme“ zu einer imaginären Person X hat. Das Ergebnis: Bei der Beurteilung soll das Gesicht eineinhalbmal mehr Einfluss haben als der stimmliche Anteil.

Solche Experimente waren keineswegs neu. Schon 1935 veröffentlichte Maria Bonaventura im Archiv für die gesamte Psychologie Ergebnisse der nämlichen Versuchsanordnung: Von mehreren Personen verschiedenen Alters machte sie Stimmaufnahmen und Fotos, und die Aufgabe war es hier schon, sie zuzuordnen. Die Anzahl der Lösungen, in denen die Stimme eines Sprechers dem richtigen Foto zugeordnet wurde, ging über eine bloße Wahrscheinlichkeitsverteilung hinaus (zitiert nach Dessoir 1948, 110). Hier allerdings blieben die Schlussfolgerungen mit der Kirche im Dorf. Zuordnung heißt: die Stimme spielt eine Rolle beim Erkennen physiognomischer Merkmale, nicht mehr.

5. Was vom Mythos übrig bleibt

Die Gültigkeit der Experimente ist beschränkt auf den amerikanischen Kulturkreis und Ein-Wort-Sätze. Beachtenswert ist zudem die unbestimmte kommunikative Situation der beurteilten Testsituation. Folgerichtig beschränken Mehrabian/Wiener (1967b) ihre Ergebnisse auch nur auf Kommunikationssituationen, in denen keine weiteren Informationen über die Kommunikationsteilnehmer vorliegen. Es werden Extremgrade von emotionalen Einstellungen getestet. Zudem stellen wir uns die Frage, ob es möglich ist, Sprechausdruck bzw. „Ton der Stimme“ unabhängig vom Wortinhalt zu hören. Mit anderen Worten: Ist das WAS experimentell vom WIE zu trennen? Sind 30 amerikanische Student/-innen repräsentativ für den gesamten westlichen Kulturkreis? Außerdem werden hier Wertungen ermittelt, die aus einer beobachteten Labor-Situation heraus entstehen und nicht aus einer direkten Face-to-face-Situation. Die „Signifikanz“ der Urteile von jeweils zehn Student(inn)en ist sicher verwegen (Beck-Bornholdt/Dubben 1998).

Mehrabian/Ferris (1967a) stellen die Ergebnisse beider Experimente in einen Zusammenhang und ziehen sie zusammen. Sie regen an/schlagen vor oder sagen, es ist nahe liegend, dass die gemeinsame Wirkung von gleichzeitigem verbalen, stimmlichen und Gesichtsausdruck die Summe ihrer unabhängigen Wirkungen ist, in Prozentzahlen ausgedrückt: 7%, 38% und 55% („It is suggested that the combined effect of simultaneous verbal, vocal, and facial attitude communications is a weighted sum of their independent effects – with their coefficients of .07, .38 and .55, respectively“, 252). Da ist er: Der Ursprungs unseres Mythos. Wie das unschuldige Kind in Andersens Märchen „Des Kaisers neue Kleider“ möchte man rufen: „Aber er hat ja gar nichts an.“

Unsere Bedenken gegen die 7-38-55 Prozentzahlen sind nicht neu. Hinweise finden sich z. B. in Eckert/Laver (1994, 158f), bei Häusermann (1995, 38) und im Internet (Bob Case: http://www.d26toastmasters.org/sage/page3.htm).

Die Konsequenzen des Mythos von den sieben Prozent Inhalt sind für die Sprecherziehung nicht ungefährlich (Geißner 2000), vor allem für die Prioritäten des Trainings: Atem und Stimmfülle vor Sprechausdruck, Stimmklang vor Sprechdenkfähigkeit, (Aus-)Sprechen vor Schreiben. Damit schließlich würde die noch junge Beschäftigung mit der Textproduktion (Wachtel 1999a, 2000a/b) sinnlos. Vorsichtig mit Zitierungen umgehen, sich kritisch mit Forschungsergebnissen auseinander setzen und die Fähigkeit bewahren, sich zu wundern und auch, mit einem langen Atem zu prüfen. Was sollte Sprechwissenschaftler/-innen sonst gegenüber anderen Redelehrer/-innen auszeichnen als ein seriöser Umgang mit wissenschaftlichen Ergebnissen?

Literatur

Beck-Bornholdt, H.-P., Dubben, H.-H. (1998): Der Hund der Eier legt. Rowohlt, Reinbek bei Hamburg

Bremerich-Vos, A. (1991): Populäre rhetorische Ratgeber. Niemeyer, Tübingen

Calonego, B.: http://www.kultur-netz.de/hdk/toene.htm

Case, B.: http://www.d26toastmasters.org/sage/page3.htm

Dessoir, M. (1948): Die Rede als Kunst. Erasmus, München

Eckert, H., Laver, J. (1994): Menschen und ihre Stimmen. Beltz, Weinheim/Basel

Elgin, S. H.: http://www.linguistlist.org/issues/9/9-230.htm

Geißner, H. (2000): Kommunikationspädagogik. Röhrig, St. Ingbert

Gelb, M. J. (1989): Überzeugend reden, sicher auftreten. Synchron, Berlin

Häusermann, J. (1995): Medienrhetorik. In: Dyck, J., Hilgendorff, W., Jens, W., Ueding, G. (Hrsg.): Rhetorik. Ein internationales Jahrbuch. Niemeyer, Tübingen, 30-39

http://www.berlinx.de/ego/1198/art9.htm

http://www.hu-berlin.de/studium/berweit/v03.htm

Huth, S. A. (Hrsg.) (2000): Duden. Reden gut und richtig halten! Dudenverlag, Mannheim/Leipzig/Wien/Zürich

Mehrabian, A.: http://www.ablecom.netusers/kaaj/psych/home.html

– (1981): Silent messages: Implicit Communication of Emotions and Attitudes. 2. Aufl. Wadswoth, Belmont

–, Ferris, S. R. (1967a): Inferences of attidudes from nonverbal communication in two channels. Journal of Consulting Psychology 31, 248–252

–, Wiener, M. (1967b): Decoding of inconsistent communications. Journal of Personality and Social Psychology 6, 109–114

–, Epstein, N. (1972): A measure of emotional empathy. Journal of Personality 40, 525–543

Mertz, T. M. (1999): Stimmarbeit in der Rhetorik – notwendig und machbar? In: Mönnich, A. (Hrsg.): Rhetorik zwischen Tradition und Innovation. Ernst Reinhardt, München/Basel, 128–136

Prosser, S., Blaes, R. (1997): Präsentation und Ansage. In öffentlicher Einsamkeit. In: Blaes, R., Heussen, G. A. (Hrsg.): ABC des Fernsehens. UVK Medien, Konstanz, 325–329

Scherer, K. R., Wallbott, H. G. (1990): Ausdruck von Emotionen. In: Scherer, K. R. (Hrsg.): Psychologie der Emotionen. Enzyklopädie der Psychologie Bd. 3. Hogrefe, Göttingen, 345–422

Slembek, E. (1995): Frauenstimmen in den Medien. In: Heilmann, C. M. (Hrsg.): Frauensprechen – Männersprechen. Ernst Reinhardt, München/Basel, 107–119

Stock, E., Suttner, J. (1991): Wirkungen des Stimm- und Sprechausdrucks. In: Krech, E.-M., Richter, G., Stock, E., Suttner, J.,: Sprechwirkung: Grundfragen, Methoden und Ergebnisse ihrer Erforschung. Akademie, Berlin, 59–142

Suslow, T. (1995): Der Einfluß von Emotionen auf die Sprachproduktion. Sprache & Kognition 14/1, 27–38

Wachtel, S. (1999a): Überzeugen vor Mikrofon und Kamera. Campus, Frankfurt a. M./New York

– (1999b): „Antworten Sie immer sofort!“ Populäre Ratgeber zu Statements und Interviews in Hörfunk und Fernsehen. In: Gutenberg, N. (Hrsg.): Rhetorik der Wirtschaft – Wirtschaft der Rhetorik. Attikon, Tostedt, 89–105

– (2000a): Schreiben fürs Hören. 2. Aufl. UVK Medien Konstanz

– (2000b): Sprechen und Moderieren in Hörfunk und Fernsehen. 4. Aufl. UVK Medien, Konstanz

Weikl, B. (1998): Vom Singen und von anderen Dingen. K & S, Wien

Ziegler, S. (1998): Die Macht der Medien richtig nutzen! Edition Tau & Tau Type, Bad Sauerbrunn

III. Sprechwissenschaftliche Praxisfelder – Anforderungen und Qualifikationen

SIEGRUN LEMKE

Die Abteilung Sprechwissenschaft/Sprecherziehung der Universität Leipzig

1. Struktur und Entwicklung seit 1994

Während 1994 noch fünf Mitarbeiter (mit 76 Stunden Lehrverpflichtung) beschäftigt waren, verfügt die Abteilung Sprechwissenschaft/Sprecherziehung derzeit über zwei und eine viertel Stelle (mit 38 Stunden Lehrverpflichtung). Somit wurde seit 1994 in meiner Abteilung die Stellenzahl bei unveränderten Aufgaben um über 50% gekürzt. Die daraus resultierenden unhaltbaren Zustände korrigierte man auf sehr einfache Weise: Reduzierung der Lehrveranstaltung „Sprecherziehung für Lehramtsanwärter" von zwei Semesterwochenstunden auf eine – also ebenfalls um 50%.

Die Situation von Fachkollegen anderer Struktureinheiten der Universität ist ähnlich, so u. a. in der Abteilung Phoniatrie/Pädaudiologie, in der Rehabilitationspädagogik, im Herder-Institut, im Institut für Kommunikations- und Medienwissenschaften sowie im Institut für Sportwissenschaft. In allen genannten Bereichen ist die Stellensituation unbefriedigend. Einer enormen, ständig wachsenden Nachfrage steht die geringe, ebenso stetig sinkende Stellenzahl gegenüber. Gegenseitige Unterstützung (z. B. durch befristete Übernahme bestimmter Aufgaben für den jeweils anderen Bereich, wie in zurückliegenden Jahren häufig nutzbringend praktiziert) ist nahezu unmöglich geworden. Die zwangsläufige Folge: eine deutliche Verschlechterung der Ausbildungssituation – zunehmende Einschränkung sowohl der Lehrangebote als auch der Lehrinhalte.

Darüber hinaus ist seitens der Universität beabsichtigt, die bisher vorhandene Kapazität für wissenschaftliche Arbeit zu streichen. Eine Kollegin arbeitete z. B. bis zum vergangenen Jahr erfolgreich an einem gemeinsamen Forschungsprojekt von Sprechwissenschaftlern der Universitäten Jena, Halle und Leipzig mit. Seit den 70er Jahren bin ich selbst wissenschaftlich tätig (u. a. eigenständige Bearbeitung von Teilthemen größerer Forschungsprojekte, umfangreiche empirische Untersuchungen, konzeptionelle Arbeit). Diese wissenschaftlichen Aktivitäten würden mit den beabsichtigten Veränderungen zumindest empfindlich beschnitten, wenn nicht unmöglich gemacht.

Es gibt jedoch auch durchaus Positives zu berichten. Wir verfügen über ein modernes Sprachlabor. Alle unsere Unterrichtsräume sind inzwischen mit Videotechnik ausgerüstet. Wir erhielten Mittel (sechs bis zehn Wochenstunden pro Semester) für studentische Hilfskräfte, die wir vorrangig für die Betreuung und Kontrolle Studierender mit deutlichen artikulatorischen und intonatorischen

Auffälligkeiten während individueller Übungen an programmiertem Lehrmaterial in der Sprachlehranlage einsetzen. In Vorbereitung auf diese Aufgaben erhalten unsere Hilfskräfte eine gezielte fachliche und methodische Anleitung, da sie keine Studierenden der Sprechwissenschaft sind. Außerdem übernehmen sie technisch-organisatorische Aufgaben in der Abteilung.

Seit zwei Semestern steht uns ein Lehrauftrag über zehn Stunden zur Verfügung. So können wir die Stellenreduzierung zumindest zum Teil kompensieren.

2. Lehrangebote

2.1. Vorbemerkungen

Insbesondere angehende Theologen, Juristen und Wirtschaftswissenschaftler sind an der Ausbildung ihrer stimmlichen und sprecherischen Fähigkeiten stark interessiert. Für Studierende dieser Fächer besteht laut jeweiliger Studien- bzw. Prüfungsordnung nicht die Verpflichtung, einen Kurs in unserer Abteilung zu belegen. Im Rahmen der Studienberatung wird ihnen jedoch empfohlen, entsprechende Lehrveranstaltungen zu besuchen. Der Antrag der Theologischen Fakultät, Sprecherziehung wieder als Pflichtfach in die Studienordnung aufzunehmen, wurde wohl aus finanziellen Gründen abgelehnt. Auch Studierende des Instituts für Kommunikations- und Medienwissenschaften müssen keine Pflichtscheine für Sprecherziehung vorlegen. Die Ausbildung in unserem Bereich ist jedoch für zahlreiche obligatorische Veranstaltungen notwendige Voraussetzung und wird in der Studienberatung dringend empfohlen. Aus diesem Grund fragen Studierende des Instituts für KMW in hoher Zahl in unserer Abteilung nach. In zunehmendem Maße melden sich darüber hinaus zukünftige Psychologen, Mediziner, Soziologen Politikwissenschaftler und Gasthörer. Leider müssen wir seit zwei Semestern der übergroßen Mehrheit absagen. Für fakultative Angebote wird uns keine Kapazität zugestanden. Lediglich einige wenige in den obligatorischen Veranstaltungen frei bleibende Plätze können wir an diese Interessenten vergeben. Ausnahmen bilden die Blockveranstaltung „Sprechgestaltung für Journalisten“ und Individual- bzw. Kleingruppenübungen, die wir bei gravierenden stimmlichen und sprecherischen Auffälligkeiten über unser Stundenlimit hinaus durchführen.

2.2. Obligatorische Lehrveranstaltungen

2.2.1. Lehramtsanwärter

Der Grundkurs Sprecherziehung für Lehramtsanwärter umfasst eine Semesterwochenstunde. Er ist für *alle* Lehramtsanwärter obligatorisch. Die Lehrveranstaltungen schlossen bisher mit einem mündlichen Testat ab. Das Testat diente sowohl dem Nachweis der stimmlich-sprecherischen Leistungsentwicklung als auch der Sicherung theoretischer Grundkenntnisse, um das eigene stimmlich-sprecherische Verhalten bewusst kontrollieren und die sprecherzieherische Verpflichtung des Lehrers wahrnehmen zu können. Kürzlich trat eine neue Lehramtsprüfungsordnung in Kraft, die nur noch einen Teilnahmenachweis vorschreibt.

Eine Anfangsaufnahme (Videomitschnitt) und deren Analyse nach sprechwissenschaftlichen Beurteilungskriterien bildet die Grundlage für konkrete individuelle Übungsaufgaben, für die Festlegung evtl. notwendiger Einzelbetreuung bzw. für eine Überweisung zur phoniatrischen Untersuchung und für die Planung inhaltlicher und methodischer Schwerpunkte in der Gruppe. Sie bahnt gleichzeitig die Entwicklung des kritischen und selbstkritischen Hörens und Beurteilens als Voraussetzung für das Erkennen stimmlich-sprecherischer Auffälligkeiten an. Ein kurzer Überblick über

- den Zusammenhang von Körperhaltung, Atmung, Stimmerzeugung und Artikulation,
- Grundsätze der Stimmhygiene,
- ausgewählte Stimm-, Sprach- und Sprechstörungen, mit denen Lehrer häufig konfrontiert werden,
- Form und Funktion sprecherischer Gestaltungsmittel (Intonation bzw. Prosodie) sowie
- stilistische Varianten des Aussprachestandards (u. a. Assimilationen und Reduktionen) bildet die Grundlage der Übungsarbeit.

Kontinuierliches Stimmtraining zielt darauf, die Stimme so zu kräftigen, dass berufsspezifische Belastungen funktionsgerecht bewältigt werden und funktionellen Stimmstörungen vorgebeugt werden kann. Dazu gehören u. a. Übungen:

- zur Haltungskorrektur,
- zum Empfinden unterschiedlicher körperlicher Spannungsgrade,
- zum Steuern der Sprechatmung,
- zur körperlichen und stimmlichen Lockerung,
- zum Finden und Einpendeln der Indifferenzlage,
- zur Stimmklangverbesserung,
- zum Stimmgebrauch in verschiedenen Spannungsstufen.

Selbstständige Übungen an programmiertem Lehrmaterial in der Sprachlehranlage dienen der Korrektur deutlicher regionaler und individueller Abweichungen vom Aussprachestandard. Die Anleitung und Einschätzung erfolgt in Abhängigkeit vom anfänglichen Leistungsstand in der Gruppe.

Einen weiteren Schwerpunkt bildet die Entwicklung der Fähigkeit zum textadäquaten und hörergerichteten Vorlesen mit dem Ziel, Gehalt und emotionalen Ausdruck eines Textes entsprechend der Wirkungsabsicht über die

Schallform verständlich zu machen. Bei der sprecherischen Erarbeitung je eines fachbezogenen Sachtextes und eines emotionalen Textes setzen sich die Studierenden mit der aktuellen Sprechsituation und der Sprechsituation des Textes auseinander und werden zu bewusstem Hörerbezug geführt. Eine Einschätzung der Leistungsentwicklung sowohl in der Gruppe als auch der einzelnen Studierenden und Hinweise zur selbstständigen Weiterarbeit schließen die Lehrveranstaltung ab.

2.2.2. Magister mit dem Hauptfach Germanistik

Magister mit dem Hauptfach Germanistik belegen obligatorisch eine zweistündige Lehrveranstaltung. Sie können wählen zwischen Sprecherziehung, Phonetik der deutschen Sprache, Ästhetischer oder Rhetorischer Kommunikation.

In *Sprecherziehung* ist die Vorgehensweise ähnlich wie oben beschrieben. Einige Themen nehmen breiteren Raum ein, so z. B. Lautphonetik und Intonation, stilistische Varianten der Standardaussprache und regionale Varianten, verbale und nonverbale Ausdrucksgestaltung, während andere weniger ausführlich behandelt werden, wie z. B. häufige Stimm- und Sprachstörungen. Gruppenspezifisches Leistungsniveau, individuelle Bedürfnisse und berufliche Zielvorstellungen bestimmen Ablauf und Schwerpunkte des Stimmtrainings. Die Lehrveranstaltung wird ergänzt durch Rede- und Gesprächsübungen.

Die Lehrveranstaltung *Phonetik der deutschen Sprache* besuchen Nichtmuttersprachler. Im Mittelpunkt der Übungen steht die gezielte systematische Befähigung der Teilnehmer zur Überwindung individueller artikulatorischer und intonatorischer Fehlleistungen sowie zu bewusster Kontrolle, insbesondere zum funktionellen Hören. Folgende inhaltliche Schwerpunkte werden bearbeitet:

- Normen der deutschen Standardaussprache,
- Übungen zur Intonation (Wort- und Satzakzent, Gliederung, Rhythmus, Melodie),
- Übungen zur Artikulation (Vokale und Vokalverbindungen, Konsonanten, Koartikulation und Assimilation).

Prinzipien der methodischen Gestaltung sind die weitgehend kommunikative Gestaltung der phonetischen Übungen, die Kopplung phonetischer mit grammatischen Aspekten und das Arbeiten mit einem hohen Grad an Bewusstheit (u. a. Phonem-Graphem-Beziehungen, konfrontativer Aspekt).

Ästhetische Kommunikation: In der Auseinandersetzung mit künstlerischen Texten (epische Kurzformen, Lyrik, Dramatik) erwerben die Studierenden Kenntnisse und Erfahrungen über den Erarbeitungsprozess des Dichtungsvortrags. Wirkungspotenzen und Funktionsweisen sprecherischer Gestaltungsmittel werden in der praktischen Übungsarbeit – in Versuch und Gegenversuch – veranschaulicht. Die Studierenden arbeiten an der Erweiterung ihrer individuellen stimmlich-sprecherischen Ausdrucksfähigkeit, an ihrem Vermögen, verschiedene Grundhaltungen gegenüber dem Hörer eindeutig umzusetzen sowie an der Weiterentwicklung ihrer Vorstellungskraft, ihres Einfühlungsvermögens und ihrer ästhetischen Urteilskraft. Schwerpunkte bilden

- Ausdrucksübungen zum bewussten Gebrauch stimmlich-sprecherischer Gestaltungsmittel,
- methodische Wege zur Erarbeitung sprechkünstlerischer Interpretationen,
- die Analyse der situativen Merkmale des Textes,
- Übungen zum Ersprechen und zum Vortrag literarischer Texte.

Das Ziel der Lehrveranstaltung *Rhetorische Kommunikation* besteht in der Befähigung zu sach- und sozialbezogener Gesprächs- und Rederhetorik für die wirksame didaktisch-methodische Gestaltung unterschiedlichster Kommunikationsprozesse sowie in der Erhöhung der individuellen sprachlichen und sprecherischen Wirksamkeit und Ausdrucksfähigkeit unter berufspraktischem Aspekt. Gezielte individuelle Hinweise für die Arbeit im Semester und die spätere berufliche Praxis werden wiederum auf der Grundlage einer Anfangsaufnahme, ihrer differenzierten Analyse und Auswertung formuliert. Thematische Schwerpunkte der Übungen sind

- Hörer- und Situationsbezug,
- Kommunikationsstrategie, Zwecksatz,
- Merkmale und Anwendungsgebiete verschiedener Formen monologischer und dialogischer Redearten,
- Strukturen logischer Gliederungsprinzipien und Möglichkeiten zu deren Prüfung,
- Funktion, Inhalt und Form des Stichwortkonzepts,
- angemessene hörer-, situations- und gegenstandsbezogene Anwendung sprachlicher und sprecherischer Gestaltungsmittel,
- außersprachliche Wirkungskomponenten (z. B. Körpersprache),
- freie Rede: Sachvortrag, Meinungs-/Überzeugungsrede,
- Klärungs- und Streitgespräch, Diskussion,
- Leitung von Gesprächen und Diskussionen.

Videomitschnitte aller Rede- und Gesprächsübungen unterstützen die anschließende Selbst- und Fremdbeurteilung.

2.2.3. Dolmetscher

Das Anliegen der Lehrveranstaltung *Sprechgestaltung für Dolmetscher* (zwei Semesterwochenstunden) besteht in der Entwicklung berufsspezifischer kommunikativer Fähigkeiten und Fertigkeiten wie

- situativ angemessener stimmlicher Leistungsfähigkeit,
- der Fähigkeit zu differenzierter Verwendung der deutschen Standardaussprache,
- situationsadäquater Rede- und Gesprächsfähigkeit.

Prinzipien des Stimmtrainings wurden bereits ausführlich beschrieben. Von besonderer Bedeutung für künftige Dolmetscher ist die Arbeit am Stimmgebrauch in unterschiedlichen Spannungs- bzw. Lautheitsgraden (z. B. auch Einhalten der Indifferenzlage beim Sprechen unter deutlichem Störschall). Das Artikulationstraining erfolgt nach individueller Anleitung hauptsächlich in der Sprachlehranlage. In den Übungen zur rhetorischen Kommunikation nehmen insbesondere solche zum Sprechdenken, zur Reproduktion (einschließlich der Notation) gehörter Texte und zum Wechsel zwischen Rede- und Schriftsprache breiten Raum ein.

2.3. Fakultative Angebote

Den Schwerpunkt des Seminars *Sprechgestaltung für Journalisten* bildet die Arbeit an der angemessenen hörverständlichen sprecherischen Gestaltung verschiedener journalistischer Darstellungsformen in Hör- und Bildfunk. In Vorbereitung auf die Blockveranstaltung reichen die Teilnehmer Eigentexte ein, die hinsichtlich ihrer Verständlichkeit und Sprechbarkeit analysiert und gegebenenfalls verändert werden. Den praktischen Übungen geht eine kurze Zusammenfassung theoretischer Vorkenntnisse voraus:

- Charakter, Merkmale und Ziele tatsachen- und meinungsbetonter journalistischer Darstellungsformen,
- Formen und Funktionen sprecherischer Gestaltungsmittel,
- Besonderheiten des Sprechvorgangs in den Medien.

Die Videomitschnitte sämtlicher Sprechversuche werden detailliert ausgewertet. Gezielte Hinweise zur individuellen Weiterarbeit schließen das Seminar ab.

Individual- und Kleingruppenunterricht erhalten lediglich Studierende mit gravierenden stimmlichen oder sprecherischen Auffälligkeiten, die die Berufsfähigkeit einschränken können. Im *Sprechstimm-Training* erlernen die Teilnehmer Entspannungs- und Konditionierungsübungen zum Abbau stimmlicher Fehlfunktionen. Das *Artikulations-Intonations-Training* hat die Korrektur auffälliger artikulatorischer Fehlleistungen zum Ziel.

2.4. Leitlinien

Unabhängig vom jeweiligen Spezialthema steht immer die komplexe kommunikative Befähigung der Studierenden im Mittelpunkt der Arbeit. In ausnahmslos allen Kursen wird, bezogen auf die inhaltlichen Schwerpunkte der entsprechenden Veranstaltung, gezielt an der Ausbildung berufsadäquater stimmlicher Leistungsfähigkeit, ungestörter Sprach- und Sprechfunktion sowie an der Fähigkeit zum bewussten Zuhören gearbeitet. Die Möglichkeiten der verschiedenen Teildisziplinen unseres Faches nutzen wir übergreifend für die Arbeit in den jeweils anderen. So wird z. B. anhand stilistischer Varianten der deutschen Standardaussprache, anhand klanglicher Veränderungen von Vokalen die Bedeutung der Artikulation als sprecherisches Gestaltungsmittel im sprechkünstlerischen Bereich veranschaulicht und umgekehrt werden künstlerische Texte für die Arbeit an den Formstufen herangezogen. So werden einige theoretische Schwerpunkte in Sprecherziehung in Form von Kurzreden vorbereitet, gehalten und nach rhetorischen Gesichtspunkten ausgewertet. In Rhetorik wiederum arbeiten wir an der Erweiterung des Sprechausdrucks auch mit Hilfe künstlerischer Texte, nutzen journalistische Texte für die Erarbeitung hörverständlicher Redesprache oder Entspannungs-, Atem- und Stimmübungen u. a. für die Verminderung von Redehemmungen und Lampenfieber. In den verschiedenen Veranstaltungen dient die Analyse von Seminargesprächen der Darstellung von Merkmalen unterschiedlicher Gesprächsformen und -arten. Anhand von Videomitschnitten ausgewählter Passagen demonstrieren wir darüber hinaus kommunikationshemmende Verhaltensweisen am praktischen Beispiel.

3. Fazit

Die Beispiele wären beliebig fortzusetzen. Eines wurde gewiss deutlich: Voraussetzung für diese, unsere Teildisziplinen verbindende und deren Potenzen nutzende Arbeitsweise – fernab von allem Schubkastendenken – ist eine umfassende, alle Gebiete unseres Faches einbeziehende Qualifikation von Sprechwissenschaftlern und Sprecherziehern. Diese umfassende Qualifikation auf dem Gebiet der sprechsprachlichen Kommunikation stellt gleichzeitig einen großen Vorteil dar. Unsere differenzierte Kenntnis stimmlich-sprecherischer Grundlagen und Zusammenhänge (z. B. physiologische, phonetische, ästhetische, rhetorische usw.) und die gezielte Beschäftigung damit gibt uns einen unschätzbaren Vorsprung gegenüber allen anderen „Kommunikationstrainern" verschiedenster Couleur. Wir können u. U. aus diesem Wissen heraus Ursachen und Begründungen für bestimmte Kommunikationswirkungen und Verhaltensweisen finden, die ohne diese übergreifenden Kenntnisse verborgen und damit nicht beeinflussbar bleiben. Letztendlich würden wir uns auch unserer didaktisch-methodischen Vielfalt berauben. Aus diesen Gründen muss ich allen Bestrebungen, das Studium bzw. die Ausbildung in unserem Fach zu vereinseitigen, mehrere schmale Qualifikationslinien zu schaffen, entschieden entgegentreten. Gewiss ist Spezialisierung empfehlenswert und nötig, auch spezielle Zusatzqualifikationen mit fest umrissenen Abschlüssen. Diese sollten jedoch auf dem Fundament einer soliden, das Gesamtfach einschließenden Grundausbildung stehen. Ein weiteres Argument gegen inhaltliche Einengung und vorzeitige Spezialisierung liefert die Situation auf dem Arbeitsmarkt. Breite Ausbildung eröffnet vielfältige Einsatzmöglichkeiten. Im universitären Bereich, und wir sollten alles daransetzen, ihn zu stärken, ihn auszubauen, bestünde mit nur einer Spezialausbildung (z. B. in Rhetorik oder Dichtungssprechen) und ohne akademischen Abschluss keine Chance, eine Stelle zu erhalten.

Wir sollten gemeinsam über sinnvolle, weil zukunftsorientierte Zusatzausbildungen nachdenken, und wir sollten unter Leitung der Berufskommission eine berufspolitische Runde einrichten, die jährlich einmal, beispielsweise als eine Veranstaltung unserer Tagungen, stattfinden könnte. Gerade für unseren Nachwuchs könnte das sehr hilfreich sein. Es müssen nicht alle immer von neuem für das Gleiche Lehrgeld zahlen, und es sollte keiner gute Erfahrungen und bewährte Strategien für sich behalten. Das setzt voraus – wir gönnen einander Erfolge, und wir würden einander gern vor Misserfolgen bewahren. Diese Einstellung dürfte für uns als „Kommunikationsexperten", als Verfechter des Sich-Verständigens ohnehin Maxime sein.

BÄRBEL MIETHE, SUSANNE THIEL, SUSANNE ZIMMERMANN

Die Klinische Sprechwissenschaft im Ensemble des sprechwissenschaftlichen Spektrums

Anliegen

Die folgenden Ausführungen spiegeln Gedanken, Erfahrungen und Ideen wider, die sich aus der Sicht von Klinischen Sprechwissenschaftlern (DBKS e. V.) im Hinblick auf das Studium und die berufliche Eignung von Diplom-Sprechwissenschaftlern* sowie deren Tätigkeit als Klinische Sprechwissenschaftler ergeben. Wichtig erscheint uns dabei, dass die Absolventen später nicht nur rhetorische, sprechkünstlerische und/oder sprecherzieherische Kompetenzen benötigen, sondern ebenso für den Einsatz als Sprech-, Stimm-, Sprach- und Schlucktherapeuten befähigt sein müssen.

Darüber hinaus reflektieren die folgenden Überlegungen auch Erfahrungen, die wir nach der Vereinigung beider deutscher Staaten durch die Entwicklung und Erweiterung der Therapielandschaft unter den Bedingungen westdeutscher Krankenkassen- und Berufspolitik gesammelt haben.

So wird z. B. im Rahmen der Qualitätssicherung in der Therapeutenausbildung seitens der Krankenkassen gefordert, bezüglich der praktischen Ausbildung eine hohe Stundenzahl abzuleisten. Qualitative Kriterien werden dabei aber nicht erfasst. Wir meinen jedoch, dass die Qualität der Therapie weniger von quantitativen als vielmehr von qualitativen Inhalten der praktischen Ausbildung abhängt. In diesem Kontext müssen auch formale Vorgaben der Krankenkassen zu Behandlungsdauer und -intervallen betrachtet werden, die zudem eines wissenschaftlichen Beweises der so genannten Qualitätssicherung des Therapieprozesses entbehren. Auch deshalb wollen wir unsere Vorstellungen dazu publik machen.

Zum anderen haben sich für die Ausbildungseinrichtungen im Kontext von gegenseitiger Beeinflussung der Hoch- (z. B. Diplom-Sprechwissenschaft) und Fachschulberufe (z. B. Logopädie) Entwicklungen ergeben, auf die wir als Klinische Sprechwissenschaftler reagieren müssen. Dies betrifft sowohl die Bestrebungen zur Harmonisierung der Ausbildungsinhalte als auch die Initiative, ein deutsches Therapeutengesetz zu etablieren. Es gilt hier ebenfalls, dass diejenige Therapeutengruppe, die Standards formuliert, den Weg der o. g. Bestrebungen mitbestimmt.

* Die maskuline Form schließt die feminine jeweils ein.

Klinische Sprechwissenschaft

Zunächst soll eine Begriffsbestimmung der Klinischen Sprechwissenschaft vorgenommen werden. Das Fach Sprechwissenschaft (hier der Martin-Luther-Universität Halle-Wittenberg) reiht sich in ein Ensemble gesellschaftswissenschaftlicher Fächer innerhalb der Philosophischen Fakultät ein und stellt eine Symbiose von theoretisch-wissenschaftlichem und praktisch-pädagogischem Forschungs-, Lehr- und Handlungsgegenstand dar. „Die Sprechwissenschaft ist auf den komplexen Gegenstand der sprechsprachlichen Kommunikation gerichtet.“ (Anders/Stock 1998, 177) Damit ist die Sprechwissenschaft eine fachübergreifende akademische Disziplin, die sowohl Wissen zu vermitteln als auch besondere Fähigkeiten und Fertigkeiten kompetent zu entwickeln hat. Hallenser Lektoren wie E. Geißler, R. Wittsack, H. Krech, E. Kurka und J. Suttner stehen dabei einerseits für die Entwicklung des Faches Sprechwissenschaft in seiner Gesamtheit und andererseits für die „Seele“ der Sprechwissenschaft, die Betrachtung und Erforschung von Physiologie und Pathologie des Sprechaktes und der sprechsprachlichen Kommunikation als untrennbare Einheit. So sind auch die ersten „therapeutischen“ Arbeiten der Sprechwissenschaftler der „ersten Stunde“ (1906) zu sehen (Suttner/Greifenhahn-Kell 2000). Es entwickelte sich parallel zu den anderen Teilgebieten der klinisch orientierte Zweig der Sprechwissenschaft, das Teilgebiet „Sprach-, Sprech- und Stimmstörungen“ im Diplom-Studiengang – zugleich Lehrgebiet und Forschungsgegenstand. Nicht nur die Historie, sondern auch die Einsicht, dass notwendigerweise die phonetische, sprecherzieherische, rhetorische, sprechkünstlerische sowie kommunikationstheoretische Lehre und Forschung am „Unphysiologischen“ die Gesetzmäßigkeiten sowie Erklärungsansätze für die Norm ableitet und deren Abweichungen untersucht, bilden die Basis für die klinisch orientierte Ausbildung innerhalb der Sprechwissenschaft. Andererseits ermöglicht die „enge Einbindung des Lehrgebietes der Störungen in das Ensemble der übrigen sprechwissenschaftlichen Arbeitsfelder (...) , aktuelle Forschungsergebnisse der anderen Fachdisziplinen direkt für die therapeutische Arbeit nutzbar zu machen“ (Anders/Stock 1998, 177). Das Studium zeichnet sich vor allem durch die konsequente Verbindung von theoretischer Wissensvermittlung auf Hochschulniveau mit stringenter Fähigkeitsentwicklung und Fertigkeitsausbildung aus. Die Verbindung der praxisbezogenen Lehrsequenzen und der während des Studiums zu absolvierenden Praktika übersteigt sowohl inhaltlich als auch quantitativ die praktische Ausbildung manch anderer in der Stimm-, Sprech-, Sprach- und Schlucktherapie tätigen akademischen Berufsgruppen. Noch immer werden jedoch diese praktischen Anteile in der Hochschulausbildung von den Krankenkassen für die Absolventen nicht in vollem Maße anerkannt. Eine so hochspezialisierte akademische Ausbildung an den Stundenvorgaben des Curriculums eines Fachschulberufes zu orientieren, ist für die Klinischen Sprechwissenschaftler, welche die Postgraduierung (zwei Jahre klinische Tätigkeit unter

Supervision) für die Diplom-Sprechwissenschaftler organisieren, ein unerträglicher Zustand. Die Lösung solcher Probleme ist eine wesentliche Aufgabe des Deutschen Bundesverbandes der Klinischen Sprechwissenschaftler e. V. Nicht zuletzt sind die berufspolitischen Entwicklungen auf europäischer Ebene bei der Ausbildung und Etablierung von Klinischen Sprechwissenschaftlern zu berücksichtigen, wenn es um Überlegungen zu Struktur, Inhalt und Organisation des Studiums der Diplom-Sprechwissenschaft geht.

Eignungsprüfung

Für die Zulassung zum Studium der Sprechwissenschaft und Phonetik gelten strenge Rahmenbedingungen. Dies betrifft vor allem die unabdingbare Eignungsprüfung (vier Schritte). Stimmlich gesunde und artikulatorisch unauffällige Bewerber haben die größten Chancen, im Studium Fähigkeiten optimal zu entwickeln und maximale Fertigkeiten störungsfrei zu erlangen. Davon zu trennen sind solche artikulatorischen und stimmlichen Normabweichungen, die keinen Krankheitswert besitzen, z. B. Stimmqualitäten wie R: 0-1, B: 0-1, H: 0-1, physiologische Abweichungen von der S-Norm oder minimale dialektale Auffälligkeiten. Sicher mag der selbst durchlebte Prozess einer Stimm- und Sprechtherapie zum Verständnis des Therapieprozesses und der Patienten in der späteren Tätigkeit förderlich sein, für den Studienverlauf selbst stellt er sich jedoch als hinderlich dar, abgesehen von den möglicherweise erneut auftretenden Stimmproblemen während der ausgesprochen sprechintensiven beruflichen Tätigkeit (mind. acht Stunden sprech- und stimmintensivste Arbeitszeit). Bei der Diskussion um die Tauglichkeit darf dieser praktische Umstand nicht vergessen werden!

Die erfolgreiche Absolvierung der Tauglichkeitsuntersuchung (1. Schritt) ist dabei die notwendige Voraussetzung und beinhaltet eine kritische phoniatrische Untersuchung (HNO-Befund, Kehlkopf- und Stimmlippenanatomie und -morphologie, Stroboskopie auf mindestens drei Frequenzen: Amplituden, Glottisschluss, Irregularitäten, Randkantenverschiebung, sowie audiologische Untersuchung), einen ausführlichen Stimmbefund (RBH-Beurteilung auf verschiedenen Tonhöhen, mittlere Sprechstimmlage in verschiedenen Situationen, physiologischer und musikalischer Stimmumfang, Dynamikbreite, Sprech- und Rufstimmvergleich, Schwelltonfähigkeit, Stimmsitz, Stimmeinsatz, Vokaleinsatz, Resonanzverhältnisse, Singstimme, Artikulation, Atmung, Haltung, Spannung), die Stimmfeldmessung und ggf. einen Stimmbelastungstest mit Stimmbeurteilung vor und nach Belastung. HNO- und phoniatrische Untersuchung sowie Stimmbefundung sollten in speziell ausgewiesenen Einrichtungen durchgeführt werden, vorzugsweise von Fachärzten für Phoniatrie/Pädaudiologie und Klinischen Sprechwissenschaftlern, da diese anerkannte Experten für die immerhin entscheidende Stimmbegutachtung sind. Der weiterführende Eignungstest (2. Schritt) umfasst die Beurteilung des Tonhöhendifferenzierungsvermögens und der Musikalität. Letztere sind wesentliche Fähigkeiten für das Erlernen des funktionellen Hörens und die Durchführung der Stimmdiagnostik. Die für die sprechkünstlerische sowie rhetorische Ausbildung geforderten Fähigkeiten wie variabler Sprechausdruck und Gesprächsfähigkeit spielen für die zukünftige sprech- und sprachtherapeutische Tätigkeit eine große Rolle und sollten daher ebenso (3. Schritt) erfasst werden wie auch die Motivation für das Studium der Sprechwissenschaft (4. Schritt), um Enttäuschungen und Fehlzulassungen vorzubeugen. Unstrittig ist außerdem, dass bestimmte Persönlichkeitsvariablen (Willensstärke, Durchsetzungsvermögen, Frusttoleranz, Stressbewältigung, Geduld und Überzeugungskraft) nicht erlernbar sind, sondern als potenzielle Fähigkeiten bei der Eignungsprüfung (evtl. Freiburger Persönlichkeitsinventar) berücksichtigt werden sollten.

Studium

Diese durch den Eignungstest erfassten grundlegenden Fähigkeiten gilt es im Studium weiterzuentwickeln und zu konditionieren. Dabei stellen für uns die Entwicklung von Fähigkeiten und die Vermittlung von Fertigkeiten keine Beschäftigung zur Selbstfindung allein dar, sondern einen Prozess, der vor allem wesentliches therapeutisches praxis-orientiertes Rüstzeug vermitteln und trainieren soll. Die dabei einsetzende, immer aber zu reflektierende Selbsterfahrung bildet eine außerordentlich wichtige Grundlage für erfolgreiches therapeutisches Handeln und darf keinesfalls unterschätzt werden. Es ist von unbestreitbarem Vorteil, selbst den Prozess der stimmlichen, sprachlichen oder sprecherischen Verhaltensbeeinflussung (Aufbrechen alter automatisierter Muster, Erlernen neuer oder besserer Muster und Automatisierung dieser funktionellen Abläufe) erfahren zu haben. Dies vermitteln während des Studiums u. a. das Stimmtraining, die Sprecherziehung, das Körper-Stimmtraining, die Entspannungsübungen.

Für die Festlegung des bestmöglichen Therapiezieles, für ein erfolgreiches Patientengespräch und den optimalen, missverständnisfreien Therapieverlauf ist das Verständnis für gesprächstheoretische Zusammenhänge und Vorgehensweisen (Gesprächsführung, argumentatorische Techniken, Rede- und Widerrede, Sprechausdruck) entscheidend. Wesentliche Fertigkeiten und Fähigkeiten sind zusammengefasst: stimmliche Konditioniertheit, artikulatorische Geschicklichkeit, die zugleich Vorbildwirkung besitzt, funktionelles Hören, Überzeugungskraft, Beherrschung von Argumentationstechniken und Gesprächsstrategien, Verständnis psychologischer Zusammenhänge, Fähigkeiten und Fertigkeiten zur adäquaten Durchführung entspannender Verfahren in angemessener stimmlicher und artikulatorischer Form. Dabei gehen wir auf Grund von Erfahrung durch eigene Lehrtätigkeit und durch jahrelange Eigenerfahrung davon aus, dass es sich hier auch um systematisierbare, lehr- und erlernbare Fertigkeiten handelt, mit denen man sich gezielt auseinander setzen muss, die adäquat gelehrt und trainiert werden müssen.

Es sei hier betont: im Zentrum unserer Arbeit steht der Patient mit seiner Kommunikationsstörung. Ziel der Hochschulausbildung ist, die zukünftigen therapeutisch tätigen Absolventen zu befähigen, einen sowohl effektiven als auch langanhaltenden Therapieerfolg beim Patienten herbeizuführen. Es kann also u. E. bei einer solchen Ausbildung nicht allein um Vermittlung klinisch-theoretischen Wissens und therapeutisch-handwerklichen Methodenrepertoires gehen, sondern auch um rhetorische, psychologische und sprechkünstlerische Fähigkeiten, die für eine ganzheitliche Behandlung der Patienten entscheidend sind. Diese Fähigkeiten spielen nicht nur bei den häufig relativ sicher behandelbaren Sprech-, Stimm- und Sprachstörungen eine wesentliche Rolle in der Diagnostik, der Therapieplanung, der Vermittlung therapeutischer Übungen sowie dem Transfer der erlernten Verhaltensweisen aus der Übungssituation in die Alltagssprache. Sie kommen vor allem zum Tragen bei der Behandlung solch „spezieller“ Patienten wie Schauspieler, Sänger, Lehrer oder bei solchen Krankheitsbildern wie psychogen bedingten Stimm-, Sprech-, Sprach- und Schluckstörungen.

Auf weitere inhaltliche Aspekte, die für eine ganzheitliche Therapie notwendig sind, wurde von Klinischen Sprechwissenschaftlern bereits an anderer Stelle eingegangen (Miethe et al. 1998).

Forschung

Intrinsischen Charakter trägt für die Klinischen Sprechwissenschaftler die Therapieforschung. Dies betrifft die Erarbeitung diagnostischer Verfahren, deren Validitätsprüfung in der Praxis, aber auch die Ausarbeitung von neuen Behandlungsverfahren. Bedeutsam sind in diesem Zusammenhang ebenso Forschungen zu Grundlagen der Physiologie und Pathologie von Stimm-, Sprech-, Sprach- und Schluckstörungen. Basis dafür ist die Hochschulausbildung. Sie vermittelt die Fähigkeit für das eigenständige wissenschaftliche Arbeiten (Hypothesenaufstellung, statistische Verfahrensweisen, Ergebnisdiskussion, Thesenbildung) sowie den Transfer von wissenschaftlichen Ergebnissen in die therapeutische Praxis. Somit sieht sich die Klinische Sprechwissenschaft als innovative, immer das therapeutische Handeln hinterfragende Berufsgruppe. Dies ist ein nicht unwesentlicher Beitrag zur Qualitätssicherung.

Die Diplomarbeit als Abschluss des Studiums und als Nachweis der Befähigung zum wissenschaftlichen Arbeiten sollte für Absolventen, die den Wunsch hegen, therapeutisch tätig zu sein, eine klinisch orientierte Thematik zum Gegenstand haben. Außerdem legen die Klinischen Sprechwissenschaftler diesen Studenten nahe, zusätzliche Veranstaltungen zu belegen, die der späteren klinisch-sprechwissenschaftlichen Tätigkeit entgegenkommen, so z. B. therapeutische Fort- und Weiterbildungen, Seminare und Vorlesungen in den Fächern Psychologie, Linguistik, Patholinguistik, Musiktheorie, Sprachheilpädagogik und Medizin.

Ausblick

Sicherlich gäbe es noch weitere Bemerkungen zu Studieninhalten, grundsätzlichen Studienleitlinien und Kriterien für Studienbewerber zu machen. Inwieweit die dargestellten Eignungsprüfungs- und Studieninhalte vom finanziellen, organisatorischen und personellen Aufwand her beibehalten und weiterentwickelt werden können, hängt nicht nur von der Ausbildungseinrichtung der Diplom-Sprechwissenschaftler, dem Institut für Sprechwissenschaft und Phonetik der Martin-Luther-Universität Halle-Wittenberg ab, sondern auch von der Initiative, die die Klinischen Sprechwissenschaftler diesbezüglich auf berufs- und hochschulpolitischer Ebene ergreifen. Als Beitrag dazu versteht sich dieser Artikel.

Literatur

Anders, L. Chr., Stock, E. (1998): Sprechwissenschaftliche Grundpositionen zu Diagnose und Übungstherapie von Sprach-, Sprech- und Stimmstörungen. Sprache, Stimme, Gehör 22, 176–179

Miethe, B., Thiel, S., Zimmermann, S. (1998): Positionen zur Praxis der Klinischen Sprechwissenschaft. Sprache, Stimme, Gehör 22, 180–183

Suttner, J., Greifenhahn-Kell, L. (2000): Entwicklung und Ausbildungsinhalte des Teilgebietes Sprach-, Sprech- und Stimmstörungen im Diplomstudiengang Sprechwissenschaft und Phonetik an der Martin-Luther-Universität Halle-Wittenberg. Sprache, Stimme, Gehör 24, 80–84

YVONNE ADLER

Sprechwissenschaft und Sprachbehindertenpädagogik

Einleitung

Sprechwissenschaftliche Kompetenzen sind in vielfältigen Handlungsfeldern nutzbar. Die Breite der Ausbildung scheint zu Ungunsten einer Spezialisierung zu gehen, dem muss eindeutig widersprochen werden. Gerade in der heutigen Zeit gilt es, flexibel auf sich verändernde berufliche Anforderungen reagieren zu können. Im Bereich der Sprachbehindertenpädagogik hat sich das berufliche Bild ebenfalls gewandelt, so werden nicht allein therapeutische und didaktische Fähigkeiten gefordert, sondern immer mehr kommunikative Kompetenzen.

Schule, Ausbildung oder Studium sollen auf die Zukunft, auf eine erfolgreiche berufliche Laufbahn vorbereiten. Wie kann das realisiert werden, wenn zum Zeitpunkt der Erstellung der Lehrpläne noch keiner weiß, wie diese Zukunft aussieht, welche Anforderungen an die Menschen gestellt werden? Demzufolge ist es notwendig, Lehre so zu konzipieren, dass sie entsprechendes Basiswissen und Schlüsselqualifikationen beinhaltet. Die Fähigkeiten zum selbstständigen Wissenserwerb sowie Kenntnisse und Fähigkeiten zu entsprechenden Möglichkeiten rücken immer mehr in den Mittelpunkt der Ausbildung.

Die Forschungen auf den Gebieten der Kommunikation und der Grundlagen von Sprache und Sprechen werden immer detaillierter, sodass es notwendig ist, neue Erkenntnisse stets in die Arbeit einzubeziehen. Ebenso ändern sich die Arbeits- und Lebensbedingungen. Neue Medien sind wie selbstverständlich im täglichen Leben und im Berufsleben eingezogen, erhalten immer mehr Bedeutung und stellen neue Anforderungen. Methoden, die vor kurzem noch selbstverständlich waren, müssen sich einer kritischen Überprüfung unterziehen. Altes und Neues muss sinnvoll miteinander verknüpft werden. Dazu ist es notwendig, Flexibilität im Denken und Handeln zu entwickeln und vor allem Offenheit gegenüber neuen Erkenntnissen und Methoden. Betrachten wir die sich in den letzten Jahren und Jahrzehnten ständig gewandelten Anforderungen im Berufsleben, dann können Ziele einer Ausbildung, eines Studiums sein

- grundlegende Kenntnisse im Fachgebiet,
- „Gewusst wo" – Kenntnisse und Verfahren der Wissenserweiterung,
- Kenntnisse über Lerntechniken und die Fähigkeit zur selbstständigen Wissensaneignung,
- Kenntnisse und Fähigkeiten zur Nutzung von Medien,
- Flexibilität im Denken und Handeln usw. zu erwerben.

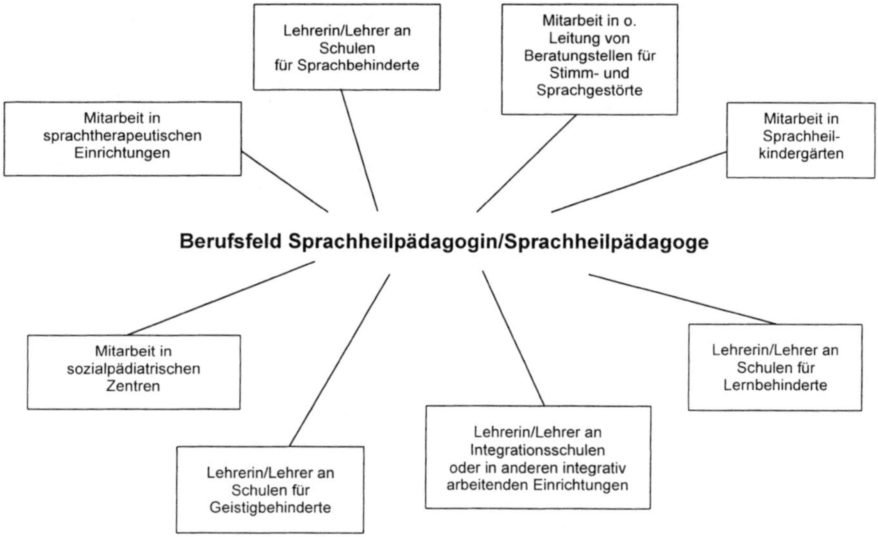

Abbildung 1: Berufsfeld Sprachheilpädagogin/Sprachheilpädagoge

Auf der Basis der konkreten Anforderungen an die auszuübende Tätigkeit kann und muss eine Spezialisierung im direkten Arbeitsprozess erfolgen. Dies setzt Menschen voraus, die willens und in der Lage sind, sich zeitlebens weiterzubilden.

Charakterisierung des Berufsbildes Sprachbehindertenpädagogin/-pädagoge

Sprachbehindertenpädagoginnen und -pädagogen werden in vielfältigen Bereichen eingesetzt. So arbeiten sie z. B. an Sprachheilschulen, in Beratungsstellen für Stimm- und Sprachgestörte, in integrativen Einrichtungen, in therapeutischen Einrichtungen und anderen Bereichen. Der größte Teil von ihnen arbeitet mit Schulkindern, ein weiterer mit Vorschulkindern und einige auch mit Erwachsenen. Das Spektrum ist sehr breit, vielfältig und offen, wie aus Abb. 1 zu erkennen ist.

Neben pädagogischen Kompetenzen erfordert dies ein umfangreiches Wissen. So bilden Kenntnisse über physiologische und neurologische Grundlagen der Sprache und des Sprechens, wie sie z. B. im Studium der Sprechwissenschaften vermittelt werden, eine wesentliche Grundlage der Arbeit als Sprachheilpädagoge. Daneben sind selbstverständlich vertiefende Studien über Modelle des normalen und gestörten Spracherwerbs Voraussetzung für eine erfolgreiche Arbeit mit Kindern. Sowohl für die Arbeit mit Kindern als auch in der Therapie Erwachsener (hier vor allem von Aphasiepatienten) ist die Kenntnis von Modellen der Sprachverarbeitung und -produktion unabdingbar. Neben den bereits aufgeführten Grundlagen sind es Kenntnisse im Bereich Phonetik und allgemeine Sprachwissenschaft, die die Grundlage für eine solide Arbeit bilden. Methodenkenntnisse und besonders Fähigkeiten auf diesem Gebiet, wie die Anwendung und Durchführung bestimmter Methoden (hier vor allem auch im Bereich Stimmbildung) sowie das funktionelle Hören, zählen zu den Basisqualifikationen, die ein Studium mit entsprechenden Praktika bieten sollte.

Sprechwissenschaft und Sprachheilpädagogik

Inwieweit Basiswissen aus dem Studium der Sprechwissenschaft für Sprachheilpädagogen nutzbar gemacht werden kann, zeigt die folgende Tabelle. Es ergeben sich recht enge Verknüpfungsmöglichkeiten beider Fachgebiete (siehe Tab. 1).

Darüber hinaus bieten Kompetenzen, die durch das Studium der Sprechwissenschaft erworben wurden, eine gute Grundlage für allgemeine Anforderungen an einen Beruf, in dem es notwendig ist, mit anderen zu sprechen, sie zu beraten und in der Lehre und/oder Therapie tätig zu sein.

Rhetorische Fähigkeiten, Wissen im Bereich der Gesprächsführung und die Fähigkeit zur Anwendung entsprechender Methoden sind ein Fundament erfolgreicher beruflicher Tätigkeit für Menschen, die stets mit anderen in Kommunikation stehen, die diese Grundlagen der Kommunikation leben und weitervermitteln müssen und die schließlich auch beratend tätig sind.

Für die eigene erfolgreiche berufliche Tätigkeit sind auch die Qualitäten bezüglich der Nutzung der eigenen Stimme, das Wissen über stimmhygienische Maßnahmen und über Methoden zur Stimmbildung und -therapie von hohem Nutzen. Selbstverständlich kann dies nicht nur für die Gesunderhaltung der *eigenen* Stimme genutzt werden, sondern auch für Kinder und Erwachsene, die neben sprachlichen Problemen auch solche im stimmlichen Bereich aufweisen. An dieser Stelle geht das Studium der Sprechwissenschaft meist über das der Sprachheilpädagogik hinaus. Eine Ausnahme bilden einige Studieneinrichtungen, die eine Ausbildung über einige Grundlagen zur Physiologie der Stimme hinaus anbieten und dieses Gebiet somit vertiefen können. Gerade im Bereich Stimme können Sprechwissenschaftler [Ausbildung in Halle(Saale)] auf fundiertes Wissen und Können zurückgreifen.

Von besonderer Bedeutung für einen Beruf, in dem es um das Sprechen und die Sprache und dabei auftretende Probleme geht, ist die Entwicklung der Fähigkeit des genauen, des funktionellen Hörens. Auch in diesem Bereich treffen sich die Kompetenzen, die im Studium der Sprechwissenschaft vermittelt werden mit den Anforderungen, die der Beruf der Sprachheilpädagogin/des Sprachheilpädagogen stellt. Dies trifft sowohl auf das Erkennen artikulatorischer und stimmlicher Fehlleistung zu als auch auf die Fähigkeiten des Zuhörens im Gespräch.

Tabelle 1: Sprechwissenschaftliche Kompetenzen und Sprachheilpädagogik

Sprechwissenschaftliche Kompetenzen (Auswahl)	**Grundlage für die Arbeit im sprachheilpädagogischen Handlungsfeld**
Physiologische Grundlagen der Sprache, der Stimme und des Sprechens	Im Zusammenhang mit vertiefenden Studien der physiologischen und neurologischen Grundlagen sowie linguistischer Modelle – ein Teil der **theoretischen Basis** der Sprachbehindertenpädagogik
Phonetik	Basis der Arbeit im Bereich der Ausspracheströrungen
Methoden der Artikulationsschulung/ Konstrastive Phonetik	Basis der Arbeit im Bereich der Aussprachestörungen Basis für die Arbeit mit ausländischen Kindern
Stimm-, Sprach- und Sprechstörungen (Theoretische Grundlagen)	Theoretisches Grundwissen zu den einzelnen Störungsbildern → therapeutische und förderpädagogische Arbeit
Stimm-, Sprach- und Sprechstörungen (Methoden)	Methodeninventar zur therapeutischen und förderpädagogischen Arbeit
Grundlagen der Kommunikation	Anwendung in jeglicher Therapie- und/oder Fördersituation Grundlage für die beratende Tätigkeit
Gesprächsführung	Anwendung in Beratungssituationen

Resümee

Das Studium der Sprechwissenschaft in Halle lehrte mich nicht nur fachwissenschaftliches Wissen, sondern insbesondere, wie man dieses Wissen erwirbt und erweitert und wie vom wissenschaftlichen Standpunkt an die Lösung von Problemen herangegangen wird. Es vermittelte mir grundlegende Kompetenzen, die mir letztendlich ermöglichten, mich auf dem Gebiet, auf dem ich jetzt arbeite, zu spezialisieren.

ANDREA BRUNNER

Die Rolle der Sprechwissenschaft und Sprecherziehung an Schulen für Logopädie

Quo vadis? Diese Frage stellte sich auch Grohnfeldt (2000, 8) in Bezug auf die Bildungspolitik der Sprachheilpädagogen. In dieser Abhandlung beschränken wir uns auf die Ausbildung der Logopäden und die der Sprechwissenschaftler/-innen und Sprecherzieher/-innen (SWSE). Hierbei handelt es sich um Disziplinen, die ihre Kompetenzen auf den Prüfstand stellen und die dabei nicht müde werden, über den Tellerrand zu schauen. Vielleicht geben Gemeinsamkeiten eine Antwort auf obige Frage: Beide befassen sich u.a. mit Sprech-, Sprach- und Stimmstörungen. Weitere Berufsgruppen mit ähnlichen Aufgaben sind Sprachheilpädagogen, Atem-, Sprech- und Stimmlehrer, Klinische Linguisten und Klinische Sprechwissenschaftler.

In letzter Zeit werden parallel ethische Fragestellungen bei Logopäden und SWSE aufgeworfen. Dies sind u. a. die NS-Geschichte des Faches, die Diskussion über Spezialisierung vs. Ganzheitlichkeit, Qualitätskontrolle und Evaluation der Lehre. Letztgenanntes behandelt Ergebnisse der Lehrqualität einer Schule für Logopädie (Kohler/Rindermann 2000, 164–171). Zur Optimierung der Lehre, der Forschung und des praktischen Tätigkeitsfelds stellen sich beide Disziplinen die Frage nach Eignung und Qualifikation, offen bleibt der Einfluss wirtschaftlicher Faktoren. Das Existenzgerangel auf dem freien Markt ist in beiden Berufsgruppen nicht zu übersehen und gemeinsam werden die gleichen Fachzeitschriften konsultiert und dienen als Forum für wissenschaftliche Publikationen.

Weitere Parallelen sind die verschiedenen Ausbildungsmöglichkeiten, verbunden mit unterschiedlichsten Qualitäten. Logopäden sind staatlich geprüft, jedoch scheint es einen beträchtlichen Unterschied der Ausbildungsqualität zwischen staatlichen und privaten Schulen zu geben. Die Ausbildung der Logopäden ist durch die LogAPrO (Fachtagung der Lehrlogopäden 1993) festgelegt, im Gegensatz zum SWSE, der sich zwischen sechs verschiedenen Ausbildungswegen entscheiden muss oder kann (Bundesanstalt für Arbeit 1999). Daneben besteht die Konkurrenz der o. g. Berufsgruppen. Daraus ergibt sich der Diskussionsgegenstand über

- Akademisierung der Logopädieausbildung,
- Eignung und Qualifikation von SWSE,
- traditionelle und zukünftige Zusammenarbeit der SWSE mit Logopäden.

Akademisierung der Logopädieausbildung

Nicht nur die Reformwilligkeit der Disziplinen, sondern auch die EU „an sich" motiviert zum Umdenken. Dies geht aus einem „Entwurf eines europäischen Berufsprofils Orthophoniste/Logopäde" hervor (Forum des Zentralverbandes für Logopädie 1990, 14). Im Zuge der Europäisierung werden die Ausbildungskonzepte der Logopädie mit denen anderer europäischer Staaten verglichen, deshalb gibt es Bestrebungen, dem Logopäden einen akademischen Abschluss zu gewährleisten (Motsch 1999, 198f).

Dies ist bereits möglich an der RWTH Aachen als Diplomstudiengang Lehr- und Forschungslogopädie. Die Fachhochschule Hildesheim/Holzminden/Göttingen baut einen Bachelor-Studiengang für Medizinalfachberufe auf. Geplant sind Kooperationsvereinbarungen mit der Logopädenlehranstalt im Bereich Humanmedizin der Universität Göttingen. Laut Auskunft der Schule für Logopädie in Darmstadt – Europa Fachhochschule Fresenius – startete am 4.9.2000 in Idstein/Taunus eine Schule nach holländischem Vorbild mit einem EU-weit anerkannten Abschluss.

Anforderungen und Qualifikation der im logopädischen Bereich ausbildenden SWSE

Traditionell unterrichten SWSE das gleichnamige Fach an Schulen für Logopädie. Dies geht u.a. auch aus Veröffentlichungen unserer Fachvertreter hervor (Brunner, im Druck). Einige Kolleginnen unterrichten dort auch Phonetik und/oder Linguistik. Ein Blick auf die DGSS-Prüfungsordnung (1990) verdeutlicht die inhaltliche Affinität der beiden Fachrichtungen und zeigt dabei auf, wie wichtig die Grundpfeiler der Sprecherziehung für die Logopädie sind.

Das Fach Linguistik taucht explizit in der DGSS-Prüfungsordnung nicht auf, jedoch der synonyme Begriff Sprachwissenschaft. Weshalb Sprecherzieher befähigt sein können, Linguistik an Schulen für Logopädie zu unterrichten, ergibt sich daraus, dass die Linguistik sich ebenso wie Sprecherziehung mit Sprechen im wissenschaftlichen Sinne beschäftigt.

Einzelne Teilbereiche der Linguistik ließen sich wie folgt den Prüfungsgegenständen zuordnen:

SW/SE → Linguistische Teilbereiche
§ 14
1. Sprechwissenschaftliche Grundlagen → Allgemeine Sprachwissenschaft
2. Sprechbildung → Phonetik
   d) Sprechausdruck → Soziolinguistik und/oder Psycholinguistik
   e) Grundformen des mündlichen Sprachgebrauchs → Soziolinguistik, Pragmatik
3. Sprechtherapie → klinische Linguistik, Pragmatik

4. Rhetorische Kommunikation
   a) ... Grundkenntnisse der Kommunikations- ... theorien ➔ Psycholinguistik, Pragmatik
5. Sprechkunst (Ästhetische Kommunikation) ➔ Textlinguistik und Stilistik

Die Verwandtschaft und Nähe zur Linguistik zeigt sich auch daran, dass die Sprechwissenschaft als eigene Sektion oder im Zusammenschluss mit anderen Sektionen bei den Fachtagungen der GAL vertreten ist. Linguistische Kenntnisse ergeben sich außerdem durch das Studium einer oder mehrerer Philologien. Eine Befragung erbrachte die in Abb. 1 und 2 dargestellten Ergebnisse.

Von 47 Rückantworten hielten 41 angehende Logopäden und Logopädinnen das Fach Phonetik für sehr sinnvoll, 6 für sinnvoll. Zur Linguistik äußerten sich die Befragten wie folgt: 31 für sehr sinnvoll, 14 für sinnvoll, 2 für weniger sinnvoll. Die 1999 von der Verfasserin erhobenen Daten dienen nur zur Illustration, da die Anzahl der Befragten zu gering ist (Brunner, im Druck). Ableiten lassen sich die Hypothesen, dass

- sprechwissenschaftliche Fächer einen hohen Stellenwert in der Logopädie bei Auszubildenden und Lehrenden haben,
- der Wunsch nach Akademisierung weiterhin besteht,
- auch zukünftig die fruchtbare Zusammenarbeit mit Logopäden angestrebt wird.

Um einen Einblick in die Arbeit mit angehenden Logopäden und Logopädinnen zu ermöglichen, wird versucht, aufzuzeigen, wie theoretische Inhalte der Phonetik/Linguistik mit Beispielen aus praktischen Übungen der Sprecherziehung verknüpfbar sind. Die Auflistung der Phonetik/Linguistik ist dem Curriculum (Fachtagung der Lehrlogopäden 1993) entnommen.

Phonetik/Linguistik: Sprecherziehung
1. Artikulatorische Phonetik: Fremd- und Eigenwahrnehmung der Artikulation und des mundmotorischen Verhaltens, Übungen zu bestimmten Lauten (je nach Region): [s], [z], [ç]
2. Transkriptionsübungen: Erlernen des funktionellen Hörens, Sensibilisieren für Qualitäts- und Quantitätsunterschiede der Laute, Diakritika
3. Akustische Phonetik: Stimmansatz vorne, Indifferenzlage, Korkensprechen, Modulation der Stimme, Kopf- und Brustregister, Schonstimme vs. Kraftstimme
4. Psycholinguistische Grundlagen
   4.1. Phonologie: Vertiefung und Transfer von 1., regionale/dialektale Einflüsse, S-Bildung – dorsal/apikal
   4.2. Semantik: Wortspiele, „Teekesselchen“, „Tabu“, Formulierungsübungen, Redebeiträge, Überprüfen auf Verständlichkeit beeinflusst von der Semantik
   Morphologie: Wortketten bilden
   Syntax: Formulierungsübungen, Redebeiträge, Überprüfen auf Verständlichkeit beeinflusst durch die Syntax, einfacher vs. elaborierter Stil
   Pragmatik: Übungen zur Gesprächsrhetorik, Schulz v. Thun, „Stille Post“
   4.3. Spracherwerb: Mundmotorische Übungen, Kaumethode, spielerischer Umgang mit Sprache und Sprechen

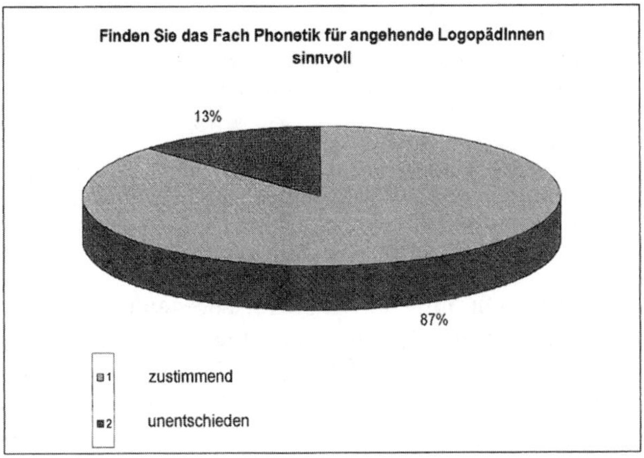

Abbildung 1: Einschätzung der Relevanz des Faches Phonetik

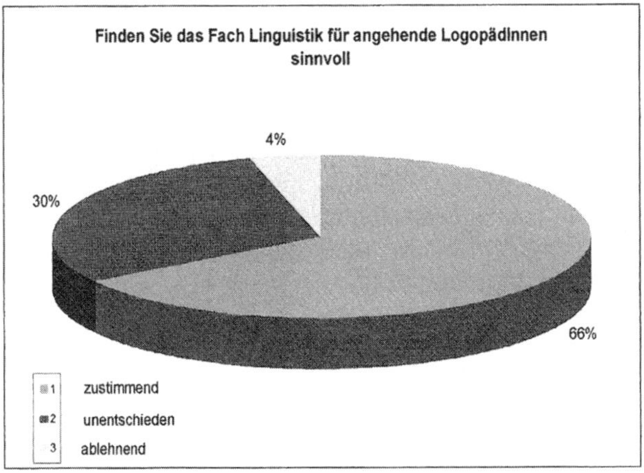

Abbildung 2: Einschätzung der Relevanz des Faches Linguistik

Da SWSE auf Grund ihrer Ausbildung mit der Ätiologie, Diagnose und Therapie von Sprech-, Sprach-, Stimm- und Kommunikationsstörungen vertraut sein sollten, lässt sich zu den in der Logopädie behandelten Störungsbildern eine Brücke schlagen.

Eine auf die LogAPrO abgestimmte Aufstellung der Fächer Phonetik/Linguistik unter Berücksichtigung der Verknüpfung mit den logopädischen Fächern sähe wie folgt aus:

Phonetik/Linguistik: Logopädische Fächer

1. Artikulatorische Phonetik: Dyslalie
2. Transkriptionsübungen: Dyslalie, Dysphonie, Stottern
3. Akustische Phonetik: Pädaudiologie, Audiometrie
4. Psycholinguistische Grundlagen
   4.1. Phonologie: Kindersprache, Stottern
   4.2. Semantik: Aphasie, Kindersprache; Morphologie: Sprachentwicklungsverzögerung bzw. -störung (SEV/SES); Syntax: SEV/SES; Pragmatik: Kommunikationsstörungen, Aphasie
   4.3. Spracherwerb: Kindersprache SEV/SES

Diese Kopplung soll nicht nur rein theoretischer Natur sein, sondern kann ebenso durch rederhetorische Übungen mit obigen Inhalten durchgeführt werden. Diese methodisch-didaktischen Überlegungen, sprechwissenschaftliche Inhalte – einschließlich Linguistik – mit logopädischen Inhalten zu verbinden, ließe sich auch dann gewährleisten, wenn sich die Logopädie als Studiengang etabliert. Eine weitere Herausforderung der Sprecherzieher käme hinzu, nämlich Einführungen in wissenschaftliches Arbeiten zu geben, sodass Forschungen über Sprachstörungen auch hierzulande vorangetrieben werden.

Spezialisierung

Damit zukünftig die Zusammenarbeit mit den Logopäden fortbesteht, sollte der SWSE auch den Fokus auf das Fach Linguistik legen. Die o. g. Teilgebiete der Sprechwissenschaft und Sprecherziehung müssen in der Ausbildung zum Sprecherzieher beachtet und die interdisziplinäre Forschung und Lehre darf in unserem Fach nicht vernachlässigt werden. Spezialisierungsmöglichkeiten sollten jedoch im Hauptstudium wahrgenommen werden können.

Literatur

Bundesanstalt für Arbeit (Hrsg.) (1999): Blätter zur Berufskunde. Sprecherzieher/-in, Sprechwissenschaftler/-in. 3-III E 07

Brunner, A. (im Druck): Hören – Denken – Sprechen: Zur Bedeutung von Sprecherziehung, Phonetik und Linguistik in der Logopädinnenausbildung. In: Allhoff, D.-W. (Hrsg.): Sprache und Sprechen Bd. 38. Ernst Reinhardt, München/Basel

Deutsche Gesellschaft für Sprechwissenschaft und Sprecherziehung e. V. (DGSS): Prüfungsordnung für Sprecherzieher (DGSS)/Sprecherzieherinnen (DGSS). Gültig ab 01.12.1990

Fachtagung der Lehrlogopäden (1993): Curriculum für die Ausbildung des Logopäden. Nach der Ausbildungs- und Prüfungsordnung für Logopäden in der Bundesrepublik Deutschland (LogAPrO) vom 1. Oktober 1980. 2., überarb. u. erw. Aufl. RGV, Berlin

Forum des Zentralverbandes für Logopädie e. V. (1990): Entwurf eines europäischen Berufsprofils „Orthophoniste/Logopäde“. Sprache, Stimme, Gehör V, 14, Georg Thieme, Stuttgart/New York

Grohnfeldt, M. (2000): Strukturwandel der Sprachheilpädagogik. Die Sprachheilarbeit 1, 4–10

Kohler, J., Rindermann, H. (2000): Evaluation der Lehre als Maßnahme zur Qualitätssicherung in der Logopädie. Vorstellung des Reichenauer Modells und seine Effektivitätsprüfung. Teil 1. L.O.G.O.S interdisziplinär 3, 164–171

Motsch, H.-J. (1999): Logopädie vs./& Sprachheilpädagogik: Dichotomie, Ergänzung oder Äquivalenz? L.O.G.O.S interdisziplinär 3, 197–203

ABRAHAM ROELOFSEN

Die Theologische Relevanz der sprecherzieherischen Arbeit mit Predigerinnen und Predigern

1. Problemskizze

Bei der sprecherzieherischen Arbeit in Predigerseminaren kann man schon mal hören, dass die Frauen und Männer es begrüßen, einmal etwas machen zu können, das nichts mit Theologie zu tun hat. So feilen sie an ihrem Sprechausdruck, sprechen über die Angst vor Kanzel und Gemeinde und suchen nach einer Predigtpraxis, die ihnen und der Gemeinde gut tut. Und so lange diese Arbeit nicht in eine Spannung zur „theologischen" Predigtausbildung gerät, wird die sprechbildnerische Arbeit als gute Ergänzung akzeptiert und geschätzt.

Schwierig wird es aber, wenn die Sprechbildung andere Wege gehen will als die Theologie. Dies wird besonders deutlich im Streit um die frei gesprochene Predigt. Das Manuskript als Garant für sorgfältige Vorbereitung, genaue Formulierungen und exegetische Genauigkeit tritt in Konkurrenz zur freien stichwortgeleiteten Rede, die im aktuellen Kontakt mit den Hörerinnen und Hörern als quasi gemeinsames Produkt im Vollzug entsteht. Dieser Konflikt besteht aber nicht zwischen Sprechwissenschaft und Theologie, sondern ist eine innertheologische Auseinandersetzung, die in der sprecherzieherischen Arbeit nur ein konkretes Gegenüber bekommt. Wenn aber die sprecherzieherische Arbeit einen innertheologischen Konflikt offen legt, dann bedeutet dies, dass die Arbeit am Sprechausdruck der Predigerinnen und Prediger eine theologisch-homiletische Relevanz besitzt.

Ausgangspunkt für die folgenden Überlegungen ist die Überzeugung, dass die Predigt als öffentliche Rede zu verstehen ist (Jossutis 1968). Damit ist sie in ihrem Vollzug rhetorischen Kategorien unterworfen. Anhand von Strukturmerkmalen, die Bartsch (1985) zur Beurteilung von Reden zusammengestellt hat, lassen sich einige Verbindungen aufzeigen, die die theologische Bedeutung der sprecherzieherischen Arbeit sichtbar machen. Bartsch fragt für die Oberfläche nach der optischen, akustischen und sprachlichen Struktur. Die Tiefenstruktur fasst er unter die Begriffe kognitive, emotive und Einwirkungsstruktur zusammen. Als weiteres Merkmal macht er auf die kommunikative Einstellung aufmerksam, die in der Rede zum Ausdruck kommt.

2. Die optische Struktur

In der Homiletik hat sich heute die Forderung nach der frei gesprochenen Predigt durchgesetzt (Zerfaß 1989, 1992; Damblon 1991, 1997). Das freie Sprechen schafft die Möglichkeit, mit den Frauen und Männern vor mir in Kontakt zu treten und die Predigt als dialogisches Geschehen zu gestalten. Wenn ich von einem fertigen Manuskript ablese, habe ich nicht mehr die Freiheit, auf meine Hörerinnen und Hörer zu reagieren, ihre Rückmeldungen aufzunehmen und zu verarbeiten, Missverständnisse zu klären (Damblon 1991, 45f). Meine Aufmerksamkeit ist durch das Manuskript gebunden. Eine „Unterhaltung" (griech. homilein = vertraut in Unterhaltung treten) kann nicht zustande kommen. Der Blickkontakt ist ein weiteres Kriterium der optischen Struktur. Mit der Möglichkeit, die Menschen vor mir in den Blick zu nehmen, gebe ich das Signal, dass es mir um sie geht. Ich signalisiere Interesse an ihnen und ihrem Leben. Ich will mit ihnen über die Bedeutung des Schrifttextes für ihr Leben ins Gespräch kommen.

Das hier zu Grunde gelegte Predigtverständnis geht von einem existenziellen Textzugang in der Predigt aus. Es geht daher nicht in erster Linie um den exegetischen Skopus eines Textes, sondern Ausgangspunkt der Auslegung ist das, was mir an dem Text auffällt, wo ich „hängen" bleibe, was mich anrührt oder auch verärgert. Daraus ergibt sich eine Vielzahl von Predigtmöglichkeiten. So kann der Abschnitt vom verlorenen Sohn (Lk 15, 11–32) einmal die Verlorenheit des Sohnes in den Blick nehmen, aber auch die Risikobereitschaft und das Selbstständigwerden dessen, der aufbricht. Die Verärgerung und der Neid des zuhausegebliebenen Sohnes wäre eine weitere Problemstellung. Einige Zeit war die Barmherzigkeit des Vaters eine beliebte Auslegungsvariante. Es ist aber auch denkbar, einmal über die „Blindheit" des Vaters zu sprechen, der nicht sieht, wie sich der ältere Sohn zuhause nach besten Kräften abmüht.

Es zeigt sich, dass mit der Forderung nach der „freien Rede" wichtige theologisch-homiletische Vorentscheidungen getroffen werden. Es geht darum, „mit den Zuhörerinnen und Zuhörern in der Predigt lebhaft zu kommunizieren, frei zu sprechen und den virtuellen Dialog zu wagen" (Damblon 1991, 47).

3. Die akustische Struktur

„Die Stimme ist immer dabei, entweder kongruent und die Worte unterstützend oder aber die Botschaft verfälschend." (Mertz 1999) Die Arbeit am Sprechausdruck ist somit immer auch Arbeit an meinem Interventionsprofil (Zerfaß 1992). Das Wort muß lebendig und spürbar werden. Wenn Paulus die Gemeinde in Philippi auffordert: „Freut euch im Herrn zu jeder Zeit! Noch einmal sage ich: Freut euch." (Phl 4, 4), dann ist dies nur glaubwürdig, wenn diese Freude in meiner Stimme mitschwingt, spürbar wird. Das Gleiche gilt für den Spott und Hohn, dem die Propheten ausgeliefert sind (2 Chr 36, 16).

Mit der Arbeit am Sprechausdruck wird der Text in seinen Szenen, Bildern und Worten spürbar und lebendig, der Schrifttext, meine Auslegung und ich als Person werden präsent. Nur so kann mein Gegenüber meine Rede aufnehmen und seinerseits nach der Bedeutung für sein eigenes Leben suchen.

4. Die sprachliche Struktur

In der Predigt ist es meine Aufgabe, den Alltag der Menschen zu benennen und für das Verstehen der Bibel fruchtbar zu machen. Die theologischen Fachsprachen aus Exegese und Dogmatik haben hier keinen Platz. Es geht darum, einen vorwissenschaftlichen, erlebnishaften, ganzheitlichen Zugang zur Bibel zurückzugewinnen, ohne die exegetische Kompetenz zu diskreditieren (Zerfaß 1992, 55). Das bedeutet nicht nur, keine fremden und unverständlichen Begriffe zu verwenden, sondern es heißt auch, in Satzbau und Sprachebene das Leben und Erleben der Menschen in die Predigt hereinzuholen. Zu oft geschieht es, dass Ärger, Unverständnis und Wut über manche Zumutungen der Schrift keinen Raum finden, sondern mit wohlgesetzten Worten wegerklärt werden.

Hier haben es die nicht theologisch vorgeprägten Sprecherzieherinnen und Sprecherzieher leichter, auf Worthülsen und Leerformeln aufmerksam zu machen, und das, was gesagt werden soll, in konkret vorstellbaren Bildern und Szenen einzufordern. Gerade dadurch sind sie in hohem Maße homiletisch-theologisch tätig. Es sind die erzählten Geschichten, in denen Jesus seine Botschaft den Menschen seiner Zeit verständlich machte.

5. Die kognitive Struktur

Zur kognitiven Struktur sollen hier die Bereiche Themenbezug und Problemdimensionierung herausgegriffen werden. Im Themenbezug geht es um das Beziehungsgefüge von Sprecher, Hörer und Thema. In der Problemdimensionierung wird die Frage nach dem Wirklichkeitsbezug gestellt. Hat das, was hier besprochen wird, auf der Inhaltsebene eine Relevanz für das Leben der Hörerinnen und Hörer?

Zunächst ist davon auszugehen, dass die Schrifttexte eine „thematische Fülle“ bereithalten, die von unterschiedlichen Bearbeitern stammen oder auch, dass im Text – besonders bei Erzählungen – mehrere gegensätzliche Perspektiven eröffnet werden (Zerfaß 1992, 115). In der Arbeit an der sprecherischen Gestaltung stellt sich die Frage, wie die Predigt 1. das eigene Angesprochensein, 2. den Schrifttext und 3. den Hörer in ausgewogener Weise zur Sprache kommen lässt.

1. Bleibe ich in meinen eigenen Assoziationen und Fragen stecken, dann gibt es ein Übergewicht auf der ICH-Ebene. Der Schrifttext wird zum Stichwortgeber für eigene Probleme oder Lieblingsthemen missbraucht.

2. Stehen die Hörer im Mittelpunkt, dann kann es leicht geschehen, dass sie alleine dastehen. Ihre Lebenssituation wird im Kontrast zum Schrifttext schlecht geredet: „Die Welt ist schlecht und verdorben, wie wir in der Tagesschau sehen und in den Zeitung lesen können." Intensiv und ausführlich werden Katastrophen beschrieben, die allen sattsam bekannt sind, ohne dass echte Lösungen angeboten werden, wie mit der Situation angemessen umgegangen werden kann. Oft binden Prediger und Predigerin sich mit Hilfe der WIR-Rede in das Szenarium ein und bleiben so als Personen unsichtbar. Der Schrifttext und die Predigerpersönlichkeit fallen als kritisches Korrektiv zur Lösung der Probleme aus.
3. Der Themenbezug kann zur homiletischen Falle werden, wenn ich den Schwerpunkt auf den Schrifttext lege und lediglich eine ausführliche Exegese anbiete. Mit vielen exegetischen, dogmatischen und kirchlichen Hinweisen und Erklärungen wird der Text vorgestellt und bleibt so in einer wissenschaftlich orientierten, erklärenden und verstehenden Distanz.

   In der Problemdimensionierung ergeben sich die meisten Schwierigkeiten ebenfalls aus der einseitigen Ichbezogenheit, einer überstrapazierten Hörerorientierung oder einer nur auf das Verstehen ausgerichteten Erklärung. Gerade die Exegese kann hier sehr verführerisch sein, weil sie den Anschein der Wahrheit und Objektivität in Anspruch nimmt. Am Gleichnis vom verlorenen Sohn (s. o.) ist schon deutlich geworden, wie vielfältig die möglichen Fragestellungen sind, unter denen der Text behandelt werden kann. Entsprechend vielseitig ist auch die mögliche Problemdimensionierung für die Predigt.

Im Rückgriff auf die kognitive Struktur einer Predigt kommt die Spannung zwischen der wissenschaftlich theologischen Auseinandersetzung und dem Personenbezug zum Tragen. ICH bin als Person gefragt. Nur was ich verstanden habe, kann ich meinen Hörerinnen und Hörern verkünden. Es geht darum, dass es in dem Dreieck von Person, Schrifttext und hörender Gemeinde zu einem Verstehen kommt, in dem der Text, mein eigener Glaube und die Lebenssituation der Zuhörerinnen und Zuhörer zur Sprache kommen können.

6. Die emotive Struktur

Die Beobachtungen zur emotiven Struktur richten sich auf die Selbstpräsentation, die Rollenkommentierung, die Perspektivenübernahme und die Verwendung von Bildern und Beispielen. So wie der Ausgangspunkt jeder Predigtvorbereitung in der persönlichen Auseinandersetzung mit dem Text liegt, so unweigerlich muß dieses ICH in der Predigt deutlich und sichtbar werden. Predigt entsteht „einzig durch das Nadelöhr eines Subjekts" (Müller 1994, 23).

Damit verknüpft ist die Übernahme der Rolle, die ich angenommen habe. Das heißt, einerseits bin ich selbst erster Adressat des Textes, so wie ich im Rahmen der Vorbereitung erster Hörer bin. Zum anderen bin ich verpflichtet, eine Position zu beziehen und trotzdem die Freiheit der anderen gelten zu lassen. Ich muß mich so einbringen, dass die anderen zustimmen und widersprechen können. Das heißt nicht, dass ich in der Predigt nicht versuche, Einfluss auf meine Hörerinnen und Hörer zu nehmen. Aber es geschieht im Respekt vor den anderen und mit

Aufmerksamkeit für den Rahmen und die Spielregeln, unter denen man zusammengekommen ist (Zerfaß 1992, 35).

Damit kommt ein weiterer Bereich in den Blick, die Perspektivenübernahme. Ohne diesen Hörerbezug ist keine Verkündigung möglich, denn es geht darum, „Gott so zur Sprache zu bringen, dass sich etwas ändern kann" (Zerfaß 1989, 39). Damblon formuliert diesen Aspekt so: „Wer predigt, verschenkt die Botschaft Gottes an seine Zuhörerinnen und Zuhörer." Deshalb stellt sich in der Vorbereitung die Frage: „Wen treffe ich, über welche Hoffnung will ich mit ihm reden, was schenke ich ihm?" (Damblon 1997, 90) Nur so kann es der Predigt als persuasiver Rede gelingen, „die Hörer dazu einzuladen, sich auf die ‚Frohe Botschaft' einzulassen und ihre Lebens- und Wertorientierungen zu übernehmen" (Fuchs, 1978, 9).

7. Die Einwirkungsstruktur

In der sprechwissenschaftlichen Arbeit ist die Entscheidung für einen Zielsatz einer der ersten Arbeitsschritte in der Redevorbereitung. In diesem Zielsatz soll formuliert werden, was ich bei den Hörerinnen und Hörern erreichen will (Zitzke/Dorn 1998, 4). Für die Predigt ist dieser Zielsatz nicht ausreichend. Er steuert zwar mein Handeln in der Predigt, ist aber ohne Botschaft, ohne theologische Zusage wertlos. Rolf Zerfaß schlägt für die Fokussierung des eigenen homiletischen Anliegens die Ausarbeitung eines Predigtkerns vor. Hierin werden das Ziel, die vermuteten Widerstände, die Botschaft und der Appell in vier kurzen Sätzen zusammengestellt (Zerfaß 1989, 88). Ich möchte meine Hörerinnen und Hörer ermutigen (Z), nehmt Gott im Alltag wahr, macht die Augen und Herzen auf (A), auch wenn dieser Alltag noch so „banal" ist (W), Gott ist in den kleinsten Begegnungen anwesend (B).

Die Ausformulierung eines Predigtkerns ist als homiletische Weiterentwicklung des Zielsatzes eine Herausforderung für die sprechwissenschaftliche Arbeit mit Theologinnen und Theologen. Ich kann in der Predigtarbeit die Frage nach Gott nicht ausklammern. „So lobenswert es ist, wenn eine Predigt nach rhetorischen Maßstäben eine klare ‚message' hat, eine These, die der Hörer erkennen und mit der er sich auseinandersetzen kann, so wenig genügt das dem theologischen Anspruch an die Verkündigung als Vorgang, in dem Gott zur Sprache kommen will." (Zerfaß 1992, 205)

8. Die kommunikative Einstellung

Voraussetzung für eine gelungene Predigt, die allen Beteiligten gerecht wird, ist die innere Einstellung zu mir selbst, zum Schrifttext und zu den Frauen und Männern, zu denen ich spreche. Sie wollen von den Predigerinnen und Predigern als Partner ernst genommen und nicht „bepredigt" werden (Roelofsen 2000). Die Beachtung der rhetorischen Strukturelemente hilft, im Predigtgeschehen die

Glaubwürdigkeit der Predigerinnen und Prediger und ihre Verantwortung gegenüber den „Gesprächspartnern" zu sichern. Die Predigt ist eine Intervention in einen Prozess, der längst vor der Predigt in Gang gekommen ist und neben und nach der Predigt auf vielen Wegen weiterdrängt (Zerfaß 1992, 33).

Die Sprechwissenschaftlerinnen und Sprechwissenschaftler begegnen in der Predigtarbeit zentralen theologischen Anliegen, die zunächst unbewusst sind. Es ist notwendig, diese ins Bewusstsein zu heben. So kann die theologische Relevanz des Predigtgeschehens als kommunikatives Geschehen deutlich werden. Predigen ist mehr als theologische Wahrheiten verkünden.

Literatur

Bartsch, E. (1985): Die einfachste Form der Redevorbereitung. In: Hernstein-Institut (Hrsg.): „Rhetorik der Rede" Theorie und Arbeitsunterlagen für Teilnehmer, Wien

Damblon, A. (1991): frei predigen. Patmos, Düsseldorf

– (1997): Mundart. Damblons kleine Predigtlehre. Bergmoser und Höller, Aachen

Fuchs, O. (1978): Die Lebendige Predigt. Kösel, München

Jossutis, M. (1968): Homiletik und Rhetorik. PASTORALTHEOLOGIE Wissenschaft und Praxis. Vandenhoeck & Ruprecht, Göttingen, 511–527

Mertz, T. M. (1999): Stimmarbeit in der Rhetorik – notwendig und machbar. In: Mönnich, A. (Hrsg.): Rhetorik zwischen Tradition und Innovation. Ernst Reinhardt, München/Basel, 128–136

Müller, K. (1994): Homiletik. Ein Handbuch für kritische Zeiten. Pustet, Regensburg

Roelofsen, A. (2000): Das Predigtnachgespräch in der Gemeinde als Element der Gemeindebildung. Echter, Würzburg

Zerfaß, R. (1989): Grundkurs Predigt I. Spruchpredigt. Patmos, Düsseldorf

– (1992): Grundkurs Predigt II. Patmos, Düsseldorf

Zitzke, E., Dorn, M. (1998): Rhetorisch-homiletische Übungswoche. Unterlagen für Teilnehmer/-innen. Krefeld

MICHAEL THIELE

Als Sprecherzieher in der Predigtausbildung

Über zwei Pilotprojekte der Evangelischen Kirche in Hessen und Nassau

1. Induktive Homiletik

Induktive Homiletik will Handlungswissen theoretisch gestützt zur Verfügung stellen. Sie hat an deutschen theologischen Fakultäten keinen leichten Stand, weil das gesamttheologische Curriculum immer noch deduktiv ausgerichtet ist. Zuerst wird expliziert, dann systematisiert, dann, am Ende, ein wenig appliziert: „Rhetorisch-künstlerische Fähigkeiten und Erfahrungen mit Sprechebenen jenseits des wissenschaftlichen Sprechens liegen prinzipiell nicht in der Perspektive einer solchen Ausbildung." (Nicol 2000, 22)

Otto (1997, 142) hat beklagt, dass es bis heute nicht gelungen sei, die Universitätsausbildung von Theologen und die Ausbildung in den Predigerseminaren planmäßig und folgerecht in Beziehung zueinander zu setzen. Dies sei ein Skandal, für den die angehenden Pfarrerinnen und Pfarrer immer wiederkehrend büßen müssten. Ungeklärt sei, so Zumkehr (1997), das Verhältnis von Praktischer Theologie als Universitätsdisziplin in der ersten und praktisch-theologischer Arbeit landeskirchlicher Provenienz in der zweiten Ausbildungsphase. In Predigerseminaren werde häufig kolportiert, wie man in einem Seminar an der Theologischen Fakultät erst fertig gemacht und dann allein gelassen worden sei. In Einzelberatungen kämen psychische Verletzungen zutage, zugefügt durch eine vernichtende Predigtkritik eines universitären Lehrers, welche jegliche Freude am Predigen zerstört habe.

Der Fachbereich Evangelische Theologie der Johann Wolfgang Goethe-Universität Frankfurt und die Evangelische Kirche in Hessen und Nassau (EKHN) haben in den Jahren 1998 und 1999 über drei Semester hin ein Pilotprojekt durchgeführt mit dem Titel „Phasenübergreifende theologische Ausbildung im Bereich *Öffentliche Rede und gottesdienstliche Feier*". Offen war die Veranstaltung sowohl für Pfarramtsstudierende als auch für solche mit dem Studienziel Diplom. Es handelte sich um eine predigt- und gottesdienstorientierte Aus- und Fortbildung während des Studiums mit dem Ziel, in theorie-praxis-verschränkter Arbeitsweise systematisch homiletisch-liturgische Kompetenz zu vermitteln. Das Vorhaben wurde wissenschaftlich evaluiert (Heimbrock/von Kriegstein 2000).

Induktive Theologie und Homiletik beruhen auf einer genauen Beobachtung gelebter Religion. Nicht Deduktion aus Exegese und aus Dogmatik allein darf theologisches Argumentieren legitimieren, sondern die lebendige vorfindliche

Religion auch. Die gelebte Kirche und Religion bilden nicht nur die Basis, die nach der Maßgabe von exegetisch und dogmatisch gewonnenen Zielen abgeändert werden müsste – denn das würde nur den Dominanzanspruch steiler akademischer Theologie über den gelebten Glauben betonieren. Vielmehr vermag die gelebte Religion selbst, die Impulse zu geben und die Ziele vorzulegen, um an und mit der Religion und dem Glauben des Volkes zu arbeiten (von Kriegstein 1983, 118).

Entwickelt wurde dementsprechend ein zeitgemäßes Predigt- und Gottesdienstverständnis unter besonderer Berücksichtigung der Wirkung von Predigenden, der Kommunikations-, speziell Rezeptionsprozesse während der Homilie, der Formierung pastoraler Identität und Einfädelung von Lernprozessen, die engagiert auf aktuelle individuelle, parochiale und sozial-gesellschaftliche Herausforderungen reagieren. Wir wollten Gesprächskultur pflegen in Gruppengesprächen, Feedbacksituationen und Beratung. Neun Studierende, fünf Lehrende und die beratenden Gemeindepfarrer und -pfarrerinnen, welche die ersten Schritte der Kommilitonen in die Praxis begleiteten, bildeten in ihrer Überschaubarkeit eine ideale Lehr- und Lernsituation. Drei Vorlesungen zu den Themen Rhetorik, Homiletik und Liturgik, jeweils ein Thema pro Semester, lieferten eine umfassende Theorie. Darauf aufbauend, hatten die Studierenden Praxisleistungen mit sich steigerndem Schwierigkeitsgrad zu erbringen: Im ersten Semester stand eine Ansprache auf dem Praxisprogramm, im zweiten eine Gemeindepredigt, im dritten war ein ganzer Gottesdienst nebst Predigt zu halten. Die Praxis reflektierten sie in Ansprache- und Predigtprotokoll und Abschlussarbeit.

Es folgte ein Pilotprojekt im Rahmen der Fortbildung, getragen vom Theologischen Konvikt (Seminar für Studienbegleitung der EHKN) in Frankfurt und vom Theologischen Seminar in Herborn, Titel „Rhetorik – Homiletik – Liturgik. Weiterqualifizierung von Pfarrerinnen und Pfarrern im Handlungsfeld Gottesdienst". Es handelt sich um eine dreijährige durchgängig konzipierte Weiterbildungsmaßnahme. Ich wirkte und wirke an beiden Ausbildungsgängen als Sprecherzieher mit.

2. Stimm- und Sprechbildung

In Gruppen- und Einzelarbeit haben wir Übungen zur Stimm- und Sprechbildung durchgeführt. Mehrfach haben wir Gruppenstunden mit vorwiegend stimmbildnerischen Elementen abgehalten. Ein für solche Stunden typisches Übungsprogramm setzte sich zusammen aus: Lockerungsübungen, Entspannung, Atemtraining (dreigliedriger Atem: Inspiration, Exspiration, Ruhepause; phonatorisch angepasster Atemrhythmus/reflektorische Atemergänzung), Resonanztechniken, Weitung des Hals-Nasen-Rachen-Raumes, Stimmpraxis (Stimmeinsatz, -ansatz, -klang), Artikulation – alle Übungen getragen von Imagination und Partnerkontakt (Thiele 1994). In einer weiteren Sequenz haben wir einen

Prosatext vorlesend gestaltet, und zwar Ephraim Kishons Satire „Das Geheimnis der Redekunst“ (Thiele 1997). Anhand dieses Exempels haben wir sämtliche prosodischen Gestaltungsmöglichkeiten erkundet.

3. Rhetorik

Wir haben die Redeübung „Der Preis der Katze“ durchgespielt (Berthold 1993, 85–89). Die Rede ist im Fünfschritt aufgebaut:

	O Ausgangslage	
O Eigentum	O Gewinn	O Jagdeifer
	O Recht?	

Wie wird eine Homilie nach diesem Plan aussehen? Ich entsinne mich an eine Predigt zum Fest Epiphanias, die nach diesem Modell verlief. Sie erzählte nach einer Einleitung die Geschichten der drei Könige, die Geschichte von Kaspar, die von Melchior, die von Balthasar, welche alle drei zeitlich simultan verliefen, bis die drei Könige an einem Ort zusammentrafen und die drei parallelen Geschichten in eine letzte mündeten, die die drei Regenten verbündet zum Stall von Bethlehem führte.

Von der Redeübung her lassen sich leicht andere Fünfschrittmodelle erarbeiten, die in der Predigtarbeit eine Rolle spielen (Zerfaß 1987, 94–100). So die Kette:

O
O
O
O
O

Die Kreise 2 bis 4 lassen durchaus einen Medium-tripartitum-Aufbau zu, nur dass jetzt die Punkte nicht gleichberechtigt sind oder die Geschichten simultan, sondern aufeinander aufbauend (logische Abfolge) bzw. in chronologischer Folge. So ist der Aufbau einer Adventspredigt von Theißen (1994, 183–191): Gott erwarten in der Wüste des Lebens – Eine Predigt über Lk 3, 1–14. Die Einleitung des Fünfschrittes beruft die Person Johannes des Täufers. Er ist der Rufer in der Wüste, der auch uns in die Wüste ruft, damit wir dort Gott erwarten. Der Ruf erschallt zu drei Exkursionen. Die erste führt in die Wüste Syriens an die Grenze des Lebens: Es ist unsere Entscheidung für das Experiment unserer menschlichen Kultur. Die zweite Exkursion geht in die Wüste von Judäa, wo Johannes wirkte. Sie symbolisiert die zweite Entscheidung, die wir treffen müssen, die Entscheidung für die Schwachen und Randständigen. Und die dritte Exkursion führt durch die Wüste hindurch zum Jordan, wo Johannes zu Umkehr, Buße und Taufe ruft. Diese dritte Entscheidung ist die Entscheidung für die Schwäche in uns. Die Predigt schließt mit dem erneuten Berufen der Adventszeit.

Nach dem Prinzip These (Kreis 2) – Antithese (Kreis 3) – Synthese (Kreis 4) geht das nachfolgende Fünfschrittmodell vor:

O
O O
O
O

Auf diese Weise geht die Predigt zum Letzten Sonntag nach Epiphanias zu Off 1, 9–18 von Pfarrer Ulrich Wolf vor, gehalten zu St. Katharinen in Oppenheim am 24. Februar 1999. Pfarrer Wolf ist Teilnehmer am Projekt „Rhetorik – Homiletik – Liturgik“ und stellte uns seine Predigt zur Analyse vor. Er geht, fußend auf dem Predigttext, von Visionen und Auditionen aus; dies ist der erste Schritt. Dann setzt er zwei Christusbilder gegeneinander, den Christus triumphans und den tröstenden Heiland:

„(...) die Botschaft ist diese: Es gibt noch einen anderen als die mächtigen Herrscher der Welt – egal ob Politiker oder Wirtschaftsmagnat. Jesus Christus ist mächtiger als sie. Sein Reichtum ist größer. Es gibt noch einen anderen als die Schönen und Reichen dieser Welt. Jesu Christi Auftreten ist viel glanzvoller. Damit wird die Macht, der Reichtum und der Glanz dieser Welt relativiert. Die verfolgten Juden und Christen, die Deportierten, Geschlagenen und Gequälten können in ihrer Bedrängnis Mut schöpfen: Das Leben und auch das Leiden dieser Welt ist relativ. Das ist die eine Botschaft unseres Textes. (...)

Warm und vertraut ist mir aber das Bild, das nun folgt: ‚Und er legte seine rechte Hand auf mich und sprach zu mir: Fürchte dich nicht!‘ – ‚Fürchte dich nicht!‘ Das ist die Melodie, die nahezu allen Visionen im Alten wie im Neuen Testament die Schärfe nimmt. Das sind wohlklingende und wohlmeinende Worte, die mir gut tun.“

Beide Bilder verknüpft Wolf zu einer Funktion für die Armen und Entrechteten: Der glanzvoll auferstandene Christus ist die Hilfe der Unterdrückten gegen die Mächtigen dieser Erde + Trost überwindet Angst. Die Predigt schließt mit dem Resümee: Der auferweckte Christus ist ein Gegenbild zu den dunklen Bildern von Leid und Schuld der Menschen.

4. Videofeedback

Dem ersten Erstaunen über das neue Medium zu Beginn der 70er Jahre (Rohkämper/Seiler 1975) ist die Normalität gefolgt. Videofeedback ist in vielen Bereichen Standard geworden. So in der Predigtausbildung bei Piper (1981, 70). In der Ausbildung im Heidelberger Predigerseminar fehlt allerdings ein Hinweis auf Videoarbeit, dort wird wohl nur ein Tonbandmitschnitt angefertigt (Barié 1993, 183). Geblieben ist die Einschätzung der Videoarbeit als einerseits hilfreich, andererseits belastend. Die Betroffenen verkennen nicht den elementaren Lernwert, schrecken aber gleichzeitig immer wieder vor der Begegnung mit sich selbst zurück.

Wir haben im ersten Projekt per Videofeedback jeweils Aufnahmen einer Predigt analysiert, die die Predigenden in einer Gemeinde gehalten hatten. Predigtanalyse erfüllt keinen Selbstzweck, sondern soll ja Konsequenzen haben für die weitere Praxis. Insofern dient Analyse als „Schule des Sprechens“ (Piper 1981, 70).

Das Medium ist, weil es fokussiert, eine unersetzliche Hilfe. Es stellt stärker als in der Kirche den Homileten und die Homiletin in den Mittelpunkt und ermöglicht produktive Kritik, um die für einen gelungenen Predigtprozess unerlässliche gekonnte Selbstpräsentation zu verbessern. Denn an jede Predigt, die ich halte, ist die Frage zu stellen: „Ist die Predigt ein Versuch, mich selbst gut und publikumswirksam darzustellen?“ (Schrüfer 1990, 275). Schließlich hängt alles, hängt die Glaubwürdigkeit der Predigt von der Stimmigkeit der Gesamtpräsentation ab (Heimbrock 1998, 199).

Literatur

Barié, H. (1993): „Der Heilige Geist schüttet es mit keinem Trichter ein wunderbarlich“. Homiletische Ausbildung im Heidelberger Predigerseminar. Theologia Practica 28, 180–190

Berthold, S. (1993): Reden lernen. Übungen für die Sekundarstufe I und II. Cornelsen Scriptor, Frankfurt a. M.

Heimbrock, H.-G. (1998): Feier des Unscheinbaren. Überlegungen zu Gottesdienst und Predigt. In: Failing, W.-E., Heimbrock, H.-G.: Gelebte Religion wahrnehmen. Lebenswelt – Alltagskultur – Religionspraxis. Kohlhammer, Stuttgart/Berlin/Köln, 177–199

–, Kriegstein, M. v. (Hrsg.) (2000): Predigen lernen – Gottesdienst feiern lernen. Neue Wege in der theologischen Ausbildung. Spener, Frankfurt a. M.

Kriegstein, M. von (1983): Nachwort des Herausgebers. In: Hartung, M.: Sozialpädagogische Beratung in der Gemeinde. Kohlhammer, Stuttgart/Berlin/Köln/Mainz, 113–131

Nicol, M. (2000): PredigtKunst. Ästhetische Überlegungen zur homiletischen Praxis. Praktische Theologie 35, 19–24

Otto, G. (1997): Zur Zukunft des Gottesdienstes. Erörterung eines Dilemmas. Praktische Theologie 32, 132–144

Piper, H.-C. (1981): Kommunizieren lernen in Seelsorge und Predigt. Ein pastoraltheologisches Modell. Vandenhoeck & Ruprecht, Göttingen

Rohkämper, G., Seiler, D. (1975): Trainingskurse mit dem Video-Recorder in der homiletischen Aus- und Fortbildung. In: Düsterfeld, P., Kaufmann, H. B. (Hrsg.): Didaktik der Predigt. Materialien zur homiletischen Ausbildung und Fortbildung. Comenius-Institut, Münster, 127–160

Schrüfer, W. (1990): Versöhnende Verkündigung? Die Predigt als Ort der Versöhnung. In: Garhammer, E., Gasteiger, F., et al. (Hrsg.): ... und führe uns in Versöhnung. Zur Theologie und Praxis einer christlichen Grunddimension. Erich Wewel, München, 270–281

Theißen, G. (1994): Zeichensprache des Glaubens. Chancen der Predigt heute. Chr. Kaiser/Gütersloher Verlagshaus, Gütersloh

Thiele, M. (1994): Ausdruckstechnik. Ausführungen zur „performance preparation". In: Thiele, M.: Sprecherziehung und Rhetorik. In Zusammenarbeit mit Bernard, G., Reschke, T. et al. 2. Aufl. bayerischer verlag für sprechwissenschaft, Regensburg, 127–145

– (1997): Das Geheimnis der Redekunst im Unterricht. Kishons Satire sprecherisch erarbeiten. In: Pabst-Weinschenk, M., Wagner, R. et al. (Hrsg.): Sprecherziehung im Unterricht. Ernst Reinhardt, München/Basel, 51–57

Zerfaß, R. (1987): Grundkurs Predigt 1. Spruchpredigt. Patmos, Düsseldorf

Zumkehr, H. (1997): Das Predigerseminar in Praxis und Praktischer Theologie. Einige Bemerkungen zur Institution Predigerseminar. Praktische Theologie 32, 57–67

EBERHARD OCKEL

Muss der/die Sprecherzieher/-in mehr hören?

Ich eröffne den Beitrag mit drei Thesen und kommentiere diese Thesen im Folgenden:

1. Abgesehen von einer gesunden und differenzierten Hörfunktion muss der/die Sprecherzieher/-in weitere und komplexere Hörleistungen erbringen.
2. Im Bereich differenzierender und diskriminierender Hörwahrnehmung muss der/die Sprecherzieher/-in Laute wahrnehmen und ihre Koartikulation wie ihre Prosodie als jeweilig individuelle Sprecherprägung hörend realisieren können. Dafür empfiehlt sich aktives Zuhören.
3. Er/sie benötigt einen kritischen Hörzugriff auf Inhalte; dabei sollte das Kurzzeitgedächtnis besser als durchschnittlich trainiert sein; zudem braucht er/sie die Methode des aktiven Zuhörens, um Äußerungen von Gesprächspartnern zu spiegeln.

Wo immer die Dienste des Sprecherziehers/der Sprecherzieherin beansprucht werden, gelten sie dem Vermitteln des Sprechens in der Öffentlichkeit. Gleichwohl: Woher soll der Sprecher Eindrücke über seine Wirkung erhalten, wenn nicht durch das Feedback seiner Hörer/-innen? Die mangelnde Bereitschaft zum Zuhören, verbunden mit geringem Interesse an Äußerungen des Partners ist nicht nur ein oft beklagtes Defizit unserer Gesprächskultur, auch in einschlägigen Publikationen ist die Abwesenheit von Reflexionen über das Hören unübersehbar: Didaktische Handbücher zum Deutschunterricht enthalten ein breit gefächertes Angebot zum Sprechen, Lesen und Schreiben, aber keine Hinweise zum Hören (z. B. Baurmann/Hoppe 1984; Lange et al. 1998). Dabei gilt das Doppelpaar Lesen und Schreiben, Sprechen und Hören noch immer als zentrale Zielgröße des Unterrichts in der Muttersprache. Die Klassiker unserer Zunft vermitteln ein besseres Bild: Natürlich werden Hörfähigkeiten eingefordert, aber nicht differenziert (Geißner 1982, 87–97). Wir Sprecherzieher haben bisher nur einmal das Hören zum Thema eines Bandes Sprache und Sprechen gemacht (Gutenberg 1984). Zum Hören als interaktives Handeln wird wenig geforscht und veröffentlicht.

Dabei halte ich die Hörfähigkeit und ihre regelmäßige Überprüfung für beinahe wichtiger als die regelmäßige Kontrolle des Sprechorgans:

Wie soll denn z. B. die Aufdeckung einer funktionellen Hypo- oder Hyperphonie gelingen, ohne dass die Hörwahrnehmung von stimmlicher Unter- oder Überspannung gewährleistet ist?

Wie kann man einem Ausländer die Aussprache-Auffälligkeit reduzieren helfen, wenn man die spezifische Schwierigkeit nicht erkennt (Vokallänge, Konsonantenbildung, Intonation, Ansatz)?

Wie soll ein Gespräch moderiert, ein Interview zielgerichtet geführt werden? Der Sprecherzieher könnte wohl kaum Entscheidendes vermitteln, vermöchte er nicht z. B. zielgerichtet zu hören, ob enge oder weite Fragen gestellt werden, ob die Fragen geeignet sind, die Äußerungen der Partner weiterzuführen/aufzuschließen.

Wie soll ein Feedback als angemessen bewertet werden, wenn nicht das Kurzzeitgedächtnis und die Höraufmerksamkeit des Verantwortlichen die angemessene Kapazität aufweisen? Zunächst möchte ich kurz den Hörvorgang in Erinnerung rufen.

1. Fundament Hören: Hörphysiologisches

Mit dem Hörorgan sind zwei Sinne vereint: sowohl der Gehörsinn als auch der Gleichgewichtssinn sind im Ohr auf engstem Raum zusammengefasst. Erst im Innenohr teilen sich die Sinnesfunktionen: hier nimmt ein so genanntes häutiges Labyrinth den Gleichgewichtssinn wahr, und ein so genanntes knöchernes die Hörfunktion.

Schallwellen erreichen das Ohr über die Ohrmuschel, die als Schalltrichter dient. Nicht nur das Trommelfell wird in Schwingung versetzt, auch die Knochenleitung über die Ohrtrompete und der gesamte Schädel. Das lässt sich mit dem uns allen bekannten Experiment veranschaulichen: Jeder hört seine eigene Stimme anders und vor allem klangvoller als er sie über eine Tonbandaufnahme wahrnimmt.

2. Hörwahrnehmungen der Prosodie

Leider gibt es nur wenig gesicherte Erfahrungen über gesunde Hörleistungen, abgesehen von den audiometrischen Messungen über die Hörempfindlichkeit und den Hörumfang. Die Fähigkeit, Töne wahrzunehmen und rhythmische Strukturen wiederzugeben, die man als Musikalität bezeichnet, wird von musikkünstlerischen Ausbildungsstätten abgetestet. Für die Fähigkeit jedoch, den Ansatz einer sprachlichen Varietät nachzubilden, die Stimmlage einer Frau oder eines Mannes zu kopieren, Prosodie nicht nur wahrzunehmen, sondern auch zu spiegeln, gibt es nach meiner Kenntnis keine Testverfahren. Es würde sich gewiss lohnen, dieser Fähigkeit mit einer Feldstudie oder empirisch nachzugehen.

Unterschiedliche Melodiebewegungen im Sprechfluss wiederzugeben bedeutet z. B., wesentliche Merkmale des Schweizers oder des Rheinländers typisch und unverwechselbar erkennbar zu machen. Indem ich das Gehörte mit dem Gesprochenen vergleiche, vermag ich auch bestimmte Melodieverläufe beim Sprechen auf ihre interaktive Wirkung zu testen, obwohl die Tendenz meiner Kopie einer Karikatur nahe kommt. Nach meinen Erfahrungen kann ich das effektive Hörwahrnehmen interaktiver prosodischer Phänomene erst mit solchem Wiedergeben verdeutlichend ins Bewusstsein heben. Nur die karikierende Verdeutlichung hilft dem Laien zur selbstkritischen Hörwahrnehmung – viel mehr als ein Tonmitschnitt. Natürlich helfen dabei auch die Differenzierung und Beschreibung der sprecherischen Elementarprozesse, wie sie bei Geißner (1982, 87ff) beschrieben und durch Notate festgehalten werden.

Ebenso gilt es, Distanz und Nähe in der Stimme zu hören und durch Nachahmung begreifbar zu machen. Und wenn mir die Pointierung der Hörwahrnehmung glückt, dann erfahre ich sehr leibhaft, was Über- und was Unterspannung bedeutet, weil die stimmliche Nähe zu Unterspannung neigt und die stimmliche Distanz zu Überspannung. Oder ich nasaliere und nähere mich mit der damit verbundenen Reduzierung von Körperresonanz einer weiteren stimmlichen Fehlsteuerung, verbunden mit einer Steigerung der Distanzwirkung und einer Hörerkennung, die intensiver ist, als wenn ein solcher Sprecher leibhaftig oder in Aufnahme zur Verfügung stünde.

Artikulationsabweichungen sind über die Kopie von Ansatzeinstellungen leichter zu diagnostizieren als über eine Kassettenaufnahme, und die Aufnahme lässt sich leichter auf das Wesentliche durchhören, wenn durch Kopierversuche das wesentliche Abweichungspotential bereits verfügbar ist. Zudem kann ich durch hörende Selbstversuche besser Norm und Abweichung kontrastieren und so Anhaltspunkte für die Arbeit mit einem Sprecher gewinnen, der unauffälliger werden will.

Für alle Kopierversuche der prosodischen Hörfähigkeit gilt die gleiche Maxime: Ungeachtet der vergröbernden Tendenz der Kopierversuche wachsen erst durch solche Vergröberungen den Sprechern Kriterien für ihre Hörwahrnehmung zu, die sie zu selbstkritischem Hören von Schallaufzeichnungen befähigen; erst durch das Kopieren nämlich werden wichtige Abweichungen von der Norm am Gegenüber und in der Aufnahme bewusst wahrgenommen.

3. Hörzugriff auf Inhalte

Zu dieser Problematik gehört die Erkenntnis von der kognitiven Dissonanz, anders formuliert: der subjektiven Wahrnehmung. Es scheint außerordentlich schwierig zu sein, die eigene Zensur auszuschalten und unvoreingenommen und neutral Äußerungen anderer zu hören, ohne sie zu verfälschen oder zu vergröbern. Bereits in den 80er Jahren hat ein Slawist den Hörakt mit dem Sprechakt gleichgesetzt und den lokutiven vom illokutiven und perlokutiven Hörakt unterschieden (Hinrichs 1984, 14ff). Sein Vergleich blieb allerdings auf der formalen Ebene stehen: er zog daraus bisher keine konkreten Schlussfolgerungen. Genauer betrachtet ergibt sich aus diesem Vergleich ein interessegeleitetes Hören, das sich vor allem für den Sprecherzieher verhängnisvoll auswirken müsste, wenn er die Auswirkungen des Phänomens nicht gezielt einschränken könnte.

Schon im Alltag stellen wir fest, dass wir Dinge, die uns interessieren, speichern oder gespeichert haben (im Nachhinein). Bei Gesprächen reagieren wir gewöhnlich auf Stichworte, nicht aber auf ganze und differenzierte Äußerungen. Und bei komplexeren Äußerungen verlieren wir leicht die Zusammenhänge oder die Leitvorstellungen oder die wichtigsten Argumente aus dem Blick. Dabei ist die Sprache bereits verräterisch: es heißt nie *angehörs*, sondern stets *angesichts*, d. h. die Sprache geht von Angelesenem, nicht von Angehörtem aus. Zudem weiß jeder Leser, dass gesprochene Sprache ein flüchtiges Medium bildet: sie ist aus diesem Grund auch kaum justiziabel.

Also sind für das inhaltliche Hören drei Fähigkeiten auszubilden, über die vor allem der/die Sprecherzieher/-in verfügen sollte:

1. Das Kurzzeitgedächtnis ist zu trainieren, damit auch komplexere Sachverhalte direkt und unmittelbar als Ergebnis eines Hörakts gespeichert und gesichert werden können.

2. Der/die Sprecherzieher/-in muss seine Stichwortroutine perfektionieren, damit er mit kurzen schriftlichen Gedankenstützen einen längeren Sprechvortrag in seinen wesentlichen Gedankengängen nachvollziehen kann.

3. Die Höraufmerksamkeit muss möglichst so intensiviert werden, dass entgegen der sonst beobachtbaren Übung eine differenzierte und strukturierte Vorstellung von der gehörten Äußerung entsteht und nicht nur ein Stichwort hängen bleibt.

4. Wie lassen sich solche Fähigkeiten einüben?

Aus Platzgründen kann ich hier nur Andeutungen machen.

1. Ich halte viel davon, dass Studierende ausschwärmen und mit Passanten Interviews führen (beispielsweise zu aktuellen Tagesthemen) – natürlich nicht mit der Vorgabe, dass man im Seminar an ihrer Stimme interessiert ist. Die Ergebnisse lassen sich unter verschiedenen Aspekten hörerzieherisch nutzen. Folgende Höraufgaben lassen sich anbinden, die keinen Anspruch auf Vollständigkeit erheben: Wie locker ist die Stimmführung des Interviewers, hört man eine stimmliche Reaktion bei der interviewten Person? Wie aktiv hört der Interviewer zu und gibt dies durch seine differenzierten Hörspiegelungen (aktives Zuhören) zu erkennen? Wirken sich diese Feedbacks hörbar auf die Äußerungsdichte und ggf. -häufung der interviewten Person aus? Welche Auffälligkeiten in der Aussprache hört man in der Koartikulation beider Interaktionspartner? Welche Aussagen macht der Interviewpartner?
2. Analog der Stilübungen eines genialen Franzosen (Queneau 1990) lassen sich durch die sprecherische Abwandlung eines kurzen Textes – beispielsweise der „Vielseitigen Geschichte“ (Gelberg 1984, 251) – differenzierte Höraufgaben entwickeln, mit der Maßgabe, dass alle Varianten nur ein Merkmal der sprecherischen Veränderung aufweisen sollten, das dann die zuhörende Gruppe hört und kennzeichnet. Dabei sind von stimmlichen bis zu artikulatorischen Mitteln alle Varianzmarkierungen denkbar und zulässig.

2.1. Dieselbe Übungsfolge kann auch mit der Aufgabe versehen sein, alle nur denkbaren Emotionen stimmlich in dem Kurztext zu realisieren, und die zuhörende Gruppe raten zu lassen, welche Emotion, welche Gefühlsäußerung zu hören war.

2.2. Die Perspektive dieser Übung lässt sich umkehren: Die Hörer versuchen statt einer verbalen Beschreibung eine nachahmende Spiegelung, um auch diese Kompetenz zu erwerben, und vor allem, um ein Gespür dafür zu gewinnen, welche Spannungs-, Tempo-, Tonhöhen- und Ansatzeinstellung für die jeweilige Imitation erforderlich ist. Dann erwerben sie nämlich auch eine Vorstellung davon, was in dem Gehörten wie funktioniert und können besser eingreifen oder Feinabstimmungen treffen zwischen dem stimmlichen Ausdruck, der aktuell vorhanden ist, und dem angezielten.

Das Bemühen meiner Vorschläge um Nachahmung und infolgedessen um eigene Erfahrung mit der Fremdstimme nutzt dem Betroffenen, weil das Imitat Distanz stiftet. Es ist immer nur Annäherung, wenngleich mit dem Vergrößerungsglas, so dass dann eine Verwendung von Schallaufzeichnung oder Videoaufnahme sinnvoll erscheint. Ich möchte dazu ermuntern, Hörfähigkeiten zu überprüfen und zu trainieren. Es ist nicht nur sinnvoll, sondern macht sogar Spaß.

Literatur

Baurmann, J., Hoppe, O. (Hrsg.) (1984): Handbuch für Deutschlehrer. Kohlhammer, Stuttgart/Berlin/Köln/Mainz

Geißner, H. K. (1982): Sprecherziehung. Didaktik und Methodik der mündlichen Kommunikation. Scriptor, Kronberg

Gelberg, H.-J. (Hrsg.) (1984): Augen aufmachen. 7. Jahrbuch der Kinderliteratur. Beltz, Weinheim

Gutenberg, N. (Hrsg.) (1984): Hören und Beurteilen. Gegenstand und Methode in Sprechwissenschaft, Sprecherziehung, Phonetik, Linguistik und Literaturwissenschaft. Scriptor, Frankfurt a. M.

Hinrichs, U. (1984): Argumente für eine Hörakttheorie. In: Krenn, H. et al. (Hrsg.): Sprache und Gesellschaft. Akten des 18. Linguistischen Kolloquiums in Linz 1983 Bd. 2. Niemeyer, Tübingen, 14–25

Lange, G. et al. (Hrsg.) (1988): Taschenbuch des Deutschunterrichts. Bd. 1: Grundlagen, Sprachdidaktik, Mediendidaktik. Schneider, Baltmannsweiler

Leonhardt, A. (1999): Einführung in die Hörgeschädigtenpädagogik. Ernst Reinhardt, München/Basel

Queneau, R. (1990): Stilübungen. Suhrkamp, Frankfurt

RITA ZELLERHOFF

Zuhören lernen

Als ich mein Thema „(...) in die inneren Fragen meiner Zuhörer (...) übersetzen“ (Bartsch 1990, 41) wollte, kroch mir eine Trochoidea conica über den Weg. Diese Schnecke lebt seit etwa 50 Millionen Jahren auf der Erde, und obwohl ihr Gehäuse an die Form des menschlichen Innenohres erinnert, hat sie doch kein Gehör. Hat es also Evolutionsvorteile, sich so vollständig in sein Haus verkriechen zu können, oder sind wir Menschen besser für die Zukunft gerüstet, da unser Gehör dauernd, selbst im Schlaf, aufnahmebereit ist, frage ich rein rhetorisch.

1. Ruhe

1.1. Die Stille erfahren

Beeindruckt von der Stille eines Säuglings, entdeckte Maria Montessori die Fähigkeiten der ihr anbefohlenen Kinder, ebenfalls still zu sein (Hasler/Raapke 1997, 5). Während meiner Arbeit an einer Schule für Sprachbehinderte öffnete ich oft die Fenster weit und ließ die Kinder dem Rauschen von Pappeln lauschen. Das „Stillehalten im Strom der Eindrücke und Erfahrungen“ (Bauer/Wallaschek 1990, 86) erlebten meine Schüler als Geschenk. Phantasiereisen und Entspannungstrainings tragen ebenso wie gestaltete Phasen des Schulanfangs zu Stille und Ruhe bei. Das grüne Kreuz hat in diesem Jahr eine Aktion zum Schutz der Kinder vor Lärm durchgeführt. Eine CD mit Entspannungsmusik dient als „Hinführung zum kontemplativen Hören“ (Deutscher Berufsverband der HNO-Ärzte 2000). Auch Kindergedichte sind als Medium der Stille geeignet (Jenchen 1996).

Wahrnehmungsgestörten Kindern fällt es oft schwer, Stille auszuhalten, vielleicht weil sie bei zu wenig Umgebungsinformationen Angst bekommen. Hier helfen aktive Entspannungsübungen wie das Gehen mit Sandsäckchen oder mit Wassergefäßen nach Montessori.

1.2. Der Unruhe mit Ruhe begegnen

Ist der Unterricht gut gegliedert, akzentuiert und differenziert, so wird die Schule den Kindern gerecht. Kinder brauchen eine erzieherische Anleitung, um zu Ruhe und Aufmerksamkeit zu finden und einen freundlichen und rücksichtsvollen Umgang miteinander zu erlernen. Sie sollten Zeit haben, Unstimmigkeiten selbst zu klären und Disziplin und Ruhe zu wahren.

Lehrer, die ihre Schüler gut kennen, können oft schon durch kleinste Impulse für eine harmonische Atmosphäre in ihrer Klasse sorgen, so kann ein aufmunternder Blick oder eine freundliche Geste oft mehr bewirken als viele Worte. Ute Andresen sensibilisiert Lehrer, „(...) den verhaltenen Lärm auch in äußerlich disziplinierten Klassen" wahrzunehmen und statt dessen Stille einkehren zu lassen, indem Lehrer ihre Schüler bewegen, „(...) alles loszulassen, innerlich voneinander abzulassen" (Andresen 1985, 162).

2. Zuwendung

2.1. Intuition

Ruth C. Cohn beschreibt das Wesen der Intuition in der Metapher „Intuition ist ein stiller Wanderer" und erklärt ihre Entstehung so: „Die Intuition benützt vorbewußte Wege und sensorische, logische und emotionale Mittel um bewußte mit unbewußten psychologischen Daten zu verbinden und sie sinnvoll zusammenzufügen." (1994, 144)

Mütter reagieren sensibel auf die Äußerungen und Reaktionen ihrer Säuglinge und Kleinkinder und wissen sie meist zu deuten. Menschen, die wegen einer schweren geistigen Behinderung nicht in der Lage sind, sprechen zu lernen, können sich dennoch über einen somatischen Dialog äußern. Denn wie bei uns Freude oder Angst zu physischen Veränderungen führt, so auch bei ihnen. Menschen, die bereit sind, diese Schwingungen wahrzunehmen, sich in den Rhythmus ihres Gegenübers einzustimmen, erleben eine dialogische Beziehung (Fornefeld 1995).

2.2. Sich einfühlen

Das Sich-einfühlen-Können in den Partner ist ein wesentliches Merkmal menschlicher Kommunikation, denn der Mensch ist von seiner neurologischen Befindlichkeit her am weitesten entwickelt, Verstand und Gefühl zu integrieren (Cytowic 1995, 203f). Aus dem gesprächspsychotherapeutischen Setting nach Rogers wurden Wirkungen des helfenden Gesprächs auf andere Situationen übertragen. Eltern, die sich in die Absichten ihres Kindes einfühlen können, gelingt es eher, Kommunikationsprobleme zu vermeiden (Gordon 1974, 54). Rogers erwartet auch von den Lehrern ein hohes Einfühlungsvermögen. Lehrer als „Facilitator", als „Ermöglichmacher eines Lernen in Freiheit" (Rogers 1972, 106) sollen dabei sensibel die Bedürfnisse ihrer Schüler, ihre Befindlichkeiten, ihre Vorlieben und ihre Interessen erspüren (163f). Andresen spricht von einem „Antennenapparat" und einem „Gewebe von Austausch und Verbindlichkeiten zwischen Lehrer und Kindern" (1985, 40).

Umfassend wahrnehmungsgestörten Kindern kann durch die Erweiterung des

Handlungsrahmens in einem sinnvollen Kontext geholfen werden, so wie in „Problem-Lösenden-Alltags-Geschehnissen“, die Affolter auf dem Symposium „Gespürter Alltag“ im November 1985 in St. Gallen vorgestellt hat. In Bezug auf die Förderung der auditiven Wahrnehmung verweise ich auf den handlungsorientierten Ansatz von Jutta Breckow (1990).

2.3. Die Tür öffnen

Bei einem kommunikativen Austausch können alle Sinnesmodalitäten genutzt werden, um dem Partner zu signalisieren, dass der Zuhörer sich auf ihn einstellt. So lasse ich mich auf den Kommunikationspartner ein und gebe ihm durch Gesten und Mimik zu verstehen, dass ich mir Zeit nehme. Türöffner im übertragenen Sinne, die räumliche Nähe, die Ruhe, die Hinwendung, die Gestaltung der Situation bestätigen dem anderen, dass ich ihn „am Ball lasse“ und sagen ihm: „Das interessiert mich!“ (Gordon 1974, 54) Wie Rogers in dem Bericht über seinen „stummen Fall“ aufgezeigt hat, kann allein das „füreinander da sein“ hilfreich sein, denn es signalisiert dem anderen, dass ich darauf vertraue, dass er selbst tätig wird (Rogers 1972, 226f).

In der Beratung der Eltern führt Achtung und Respekt vor ihrem Wissen um die Entwicklungsgeschichte ihres Kindes dazu, dass sich Eltern akzeptiert fühlen und in der Ausübung ihrer Erziehungsaufgaben sicherer werden. Auch in der Seminararbeit lohnt es sich, nicht vorschnell Problemlösungen anzubieten, sondern den Lehramtsanwärterinnen und Lehramtsanwärtern zuzutrauen, ihnen angemessene Lösungen selbst zu finden.

3. Verstehen

3.1. Feedback geben

Beim Feedback informiere ich den Partner darüber, wie ich seine Mitteilungen oder seine Verhaltensweisen wahrgenommen oder verstanden habe. Insofern hat der Partner Anteil an den Verarbeitungsprozessen, die sonst nur in meinem Innern ablaufen, und das wiederum erlaubt ihm, zu überprüfen, ob er von mir richtig verstanden wurde.

In Beratungssituationen kommt dem Feedback eine außerordentlich hohe Bedeutung zu. Es kann bei der Besprechung von Unterricht auch schriftlich fixiert werden. Aber nicht in jeder Situation ist Feedback angemessen. Metaphorik, Fabel und Parabel waren nicht nur im alten Griechenland opportun. Witz und Ironie leben von der Schwebe und von Andeutungen, die es offen lassen, ob sich jemand „den Schuh anzieht“. Die verschlüsselte Sprechweise wird von Kindern erst verstanden, wenn sie über ein gewisses Maß an Abstraktionsfähigkeit verfügen. Deshalb sollte man in ihrem Beisein sorgsam mit diesem Mittel umgehen.

3.2. „Aktives Zuhören“

Wenn kleine Kinder etwas nicht hören wollen, zeigen sie das offen und direkt, indem sie sich die Ohren zuhalten. Doch Geräusche in unser Bewusstsein dringen zu lassen, ist der erste Schritt zur Kontaktaufnahme mit der Welt (Oaklander 1994, 147). Dieser Kontakt ist für die menschliche Existenz so evident, dass er sogar im Schlaf noch wirksam ist.

Obwohl unser Ohr besonders auf die Aufnahme der menschlichen Stimme eingerichtet ist, klagen doch viele, dass ihnen ihre Mitmenschen nicht richtig zuhören. Hören und Zuhören werden in vielen Sprachen durch unterschiedliche Wortstämme repräsentiert. Im Deutschen drückt das Präfix „zu“ die Hinwendung des Hörers aus. Zuhören ist demnach ein aktiver und intentionaler Prozess.

„Aktives Zuhören“ soll hier jedoch im spezifischen Sinne der Gesprächspsychotherapie verstanden werden. Beim „Aktiven Zuhören“ versucht der Zuhörer, die Gefühle seines Gesprächspartners nachzuempfinden und so wiederzugeben, wie er glaubt, dass sie der Partner empfunden hat. Es geht darum, innerpsychische und innerphysische Prozesse des Sprechers zu verbalisieren, um ihm diese bewusst zu machen. „Aktives Zuhören“ ist also ein Rückkopplungsprozess, bei dem ein Zuhörer die Perspektive seines Gesprächspartners einnimmt und das zurückmeldet, was nach seinem Gefühl die Äußerung des Partners bedeutet. Dennoch bleibt sich der Zuhörer dessen bewusst, dass er die Gefühle des anderen zurückspiegelt und vermeidet es, eigene Meinungen, Ratschläge, Analysen oder Fragen einfließen zu lassen. Der Hauptakzent liegt im Wahrnehmen und Entschlüsseln des Gesagten. „Aktives Zuhören“ kann dazu beitragen, Menschen zu befähigen, sich selbst kongruent wahrzunehmen und ihr Selbst ohne Verzerrung und Verleugnung aufzubauen (Pervin, 1993 197).

3.3. Sichern der Verständigung

Der Prozess der gedanklichen Durchdringung von Problemen kann im Austausch von Menschen, die bereit sind, einander zuzuhören und die Probleme auch aus der Sicht des anderen wahrzunehmen, erfolgreich geleistet werden. Die Mühe, die dabei aufgewendet wird, lohnt sich schon deshalb, weil Menschen Erkenntnisse, die sie durch eigene Einsicht gewonnen haben, eher akzeptieren können als Erkenntnisse, die sie durch Belehrung gewonnen haben. In der Interaktion der Menschen untereinander haben sich Regeln bewährt, die Chancen für die Selbstakzentuierung bei gleichzeitiger Achtung der Rechte der anderen gewähren. Die kreativen Impulse und Synergieeffekte aus den potenziellen Kooperationsmöglichkeiten werden aber nach Cohn noch nicht erschöpfend genutzt. Gegenseitiges Wissen um den anderen könnte zur Anerkennung des anderen führen, von Voreingenommenheit und Angst befreien und die Menschen für neue Impulse und Wachstum öffnen. Die Hinwendung und Aufmerksamkeit, mit der Lehrer auf ihre Schüler eingehen können, ist modellhaft für die Kinder und Jugendlichen, das Zuhören zu erlernen. Dass auch schon junge Menschen fähig sind einander zuzuhören, zeigen schulische Mediationsprogramme (Reuther-Biehlig 1998).

Wenn der Mensch lernt zuzuhören und diese Fähigkeit nutzt, sich über die Bedeutung des Gehörten auszutauschen, kann er die Verständigung sichern.

Literatur

Affolter, F. (1985): Wahrnehmung. Ich wirke auf die Umwelt, die Umwelt wirkt auf mich. Hand-out anlässlich der Tagung „Gespürter Alltag“, Nov. 1985 in St. Gallen

Andresen, U. (1985): So dumm sind sie nicht. Von der Würde der Kinder in der Schule. Beltz, Weinheim/Berlin

Bauer, E.-M., Wallaschek, U. (1990): Innehalten im Strom der Eindrücke und Erfahrungen: Stille und Stilleübungen. In: Faust-Siehl, G., Schmitt, R., Valtin, R. (Hrsg.): Kinder heute – Herausforderung an die Schule. Arbeitskreis Grundschule, Frankfurt a. M., 86–91

Bartsch, E. (1990): Grundlinien einer „Kooperativen Rhetorik“. In: Geißner, H. K.: Ermunterung zur Freiheit. Rhetorik und Erwachsenenbildung. Scriptor, Frankfurt a. M., 37–49

Brekow, J. (1990): Förderung der auditiven Wahrnehmung. In: Grohnfeldt, M.: Störungen der Aussprache. Handbuch der Sprachtherapie Bd. 2. Marhold, Berlin, 148–166

Cohn, R. C. (1994): Von der Psychoanalyse zur themenzentrierten Interaktion. 12. Aufl. Klett-Cotta, Stuttgart

Cytowic, R. E. (1995): Farben hören, Töne schmecken. Die bizarre Welt der Sinne. Byblos, Berlin

Deutscher Berufsverband der Hals-Nasen-Ohrenärzte e.V. (2000): Schulkampagne „Take care of your ears“. Koordination: Deutsches Grünes Kreuz e. V. Marburg

Fornefeld, B. (1995): „Elementare Beziehung“ und Selbstverwirklichung geistig Schwerstbehinderter in sozialer Integration. Reflexionen im Vorfeld einer leiborientierten Pädagogik. Mainz, Aachen

Gordon, Th. (1974): Familienkonferenz. 5. Aufl. Hoffmann und Campe, Hamburg

Hasler, H., Raapke, H.-D. (1997): Montessori aktuell. Die Pädagogik einer Kinderärztin. Oldenburger Vor-Drucke 50, 13. Aufl. Carl-von-Ozietzky-Universität Oldenburg

Jenchen, H. J. (1996): Kindergedichte als Medium der Stille, Geborgenheit und Besinnung. In: Franz, K., Gärtner, H. (Hrsg.): Kinderlyrik zwischen Tradition und Moderne. Schneider Verlag Hohengehren, Baltmannsweiler, 174–179

Oaklander, V. (1994): Gestalttherapie mit Kindern und Jugendlichen. 9. Aufl. Klett-Cotta, Stuttgart

Pervin, L. A. (1993): Persönlichkeitstheorien. 3. neu bearb. Aufl. Ernst Reinhardt, München/Basel

Reuter-Biehlig, H.-M. (1998): „Geh doch ins Streitschlichterbüro!“ Lernchancen 4/98, 31–45

Rogers, C. R. (1972): Die klientzentrierte Gesprächspsychotherapie. Kindler, München

IV. Rhetorikausbildung und sprechwissenschaftliche Qualifikationen

BRIGITTE TEUCHERT — Rhetoriktrainer/-in – der schnellste Weg zur Manipulation. Zum Berufsbild Seminarleiter/-in

DIRK MEYER — Nie wieder sprachlos! Vom „Verändern der ‚Life-Line'" zum „,Winner' in jeder Lebenslage"

KATI HANNKEN-ILLJES — Argumentation, Kompetenz und Angemessenheit

KERSTIN REINKE — Rhetorik für Deutsch als Fremdsprache – ein Plädoyer und Erfahrungsbericht

ANJA KNIEP, FRANZISKA KRÄUTER — Das Therapeut-Patient-Gespräch in der Sprach-, Sprech- und Stimmtherapie

JO E. SCHNORRENBERG — Sprechangst: Eine angemessene Lösung für ein unausgesprochenes Problem – Skizze eines Trainingsmodells als Beispiel interdisziplinär-integrativer Konzeption

BRIGITTE TEUCHERT

Rhetoriktrainer/-in – der schnellste Weg zur Manipulation

Zum Berufsbild Seminarleiter/-in

„Meine persönlichen Erfahrungen: Gegenüber Hochschulabsolventen (außer Dipl.-Kfm.) bestehen bei Unternehmen große Zurückhaltungen. Man setzt auf erfolgreiche Praktiker mit einer Schmalspur-Trainer-"Ausbildung" von vier Wochen à la BDVT (Bund deutscher Verkaufstrainer, Tel.: 0221-920760). Außerdem glaubt man Blendern und Selbstdarstellern, die behaupten, ‚Erfolgsgeheimnisse' zu verraten. Insgeheim hofft man, dass Manipulationstechniken trainiert werden – ohne Skrupel. Letztere vermutet man eher bei Hochschulabsolventen." (Dr. A., Hamburg, briefliche Mitteilung)

Der etwas provokant formulierte Titel „Rhetoriktrainer/-in – der schnellste Weg zur Manipulation" greift den Gedanken Dr. A.s auf: Mit welchen Qualifikationen und welchen Zielen trainieren Seminarleiter/-innen? Über welche pädagogisch-didaktischen Grundlagen verfügen sie? Welche ethischen Hintergründe bringen sie mit und vor allem: wie können sich Sprecherzieher/-innen positionieren? Dies waren die Leitfragen eines Projektes der Universität Regensburg, Lehrgebiet „Mündliche Kommunikation und Sprecherziehung", im Sommersemester 2000. Zielgruppe waren nicht die potenziellen Auftraggeber von Seminaren und Trainings, sondern Trainingsinstitute, die ihrerseits Seminarleiter/-innen beschäftigen.

Zielgruppen und Inhalte des Projektes

Von 240 angeschriebenen Instituten erhielten wir 143 Rückläufe. Der oben zitierte Briefausschnitt ist nur eine der vielfältig geäußerten Meinungen, wer und mit welcher Qualifikation im Trainingsbereich arbeitet.

Die Zielfragen des Projektes: Wir wollten wissen, wie die Einschätzungen und Erfahrungen der befragten Institute zu drei Bereichen waren: zum Ersten, welches fachliche Know-how für potenzielle Arbeitgeber wichtig ist, welche pädagogisch-didaktischen Fähigkeiten sie voraussetzen und ob es sonstige Qualifikationen gibt, die Bewerbern Vorteile verschaffen. Dies mündete in den zweiten Fragenkomplex, ob und in welchem Umfang Bedarf an Neueinstellungen existiert und zum Dritten, ob es auch die Möglichkeit von Praktika gibt.

Ein zentrales Ergebnis vorweg: Sprecherzieher/-innen als gut qualifizierte Berufsgruppe für den Trainingsbereich kannte keiner!!!

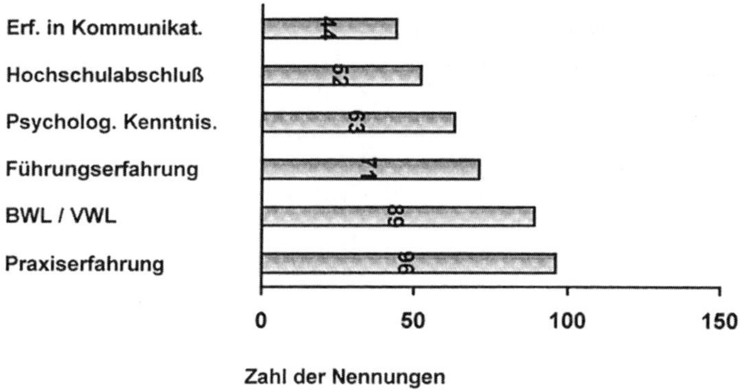

Abbildung 1: Fachliche Qualifikationen

Gerade für den Trainingsbereich erschien den Instituten die praktische Erfahrung mit 96 Nennungen wichtiger als jeder Hochschulabschluss. Praxiserfahrung kombiniert mit einem VWL- oder BWL-Studium stand mit 89 Nennungen auf Platz zwei, 71 Nennungen legten großen Wert auf Führungserfahrung, 63-mal wurden gute psychologische Kenntnisse erwartet, 52 schrieben, irgendein Hochschulabschluss unabhängig von der Fachrichtung sei wichtig. Nur 44 legten Wert auf Erfahrung in kommunikativen Grundsätzen und 32 nannten Verkaufserfahrung als Voraussetzung dafür, ob eine Berwerberin/ein Berwerber für sie interessant sei.

Ein erstes Fazit: Wirtschaftliche Ausbildungen und Studiengänge in Verbindung mit intensiver Praxiserfahrung schienen den befragten Instituten die wichtigsten Kriterien, um Mitarbeiter/-innen ein gutes Entree zu verschaffen.

Von 143 Rückmeldungen der Trainingsinstitute forderten immerhin 118 eine „Trainerausbildung eines renommierten Instituts". Mit 86 Nennungen folgten die intensive Nutzung von Präsentationstechniken und perfekter Medieneinsatz. Auch hier im pädagogischen Umfeld wurden 82-mal lern- und kommunikationspsychologische Grundlagen gefordert, gefolgt von sozialpädagogischen Kenntnissen. Für unser Fach besonders interessant ist, dass immerhin noch 68 Nennungen gepflegte Sprechweise deutlich hervorhoben. Gespür für Bedürfnisse der Teilnehmer und Einfühlungsvermögen folgten mit 47 bzw. 39 Erwähnungen. Allein die Tatsache, dass ein Hochschulstudium vorliegt, hatte in den Augen der Befragten kaum Bedeutung. Praxis und vor allem persönliches Auftreten sind mindestens so wichtige Ansatzpunkte.

Neueinstellungen: Die angeschriebenen Institute hatten in großem Umfang Bedarf an gut qualifizierten zusätzlichen Mitarbeiterinnen und Mitarbeitern. In Zahlen ausgedrückt: Für den Bereich Rhetorik/Moderation/Kommunikati-

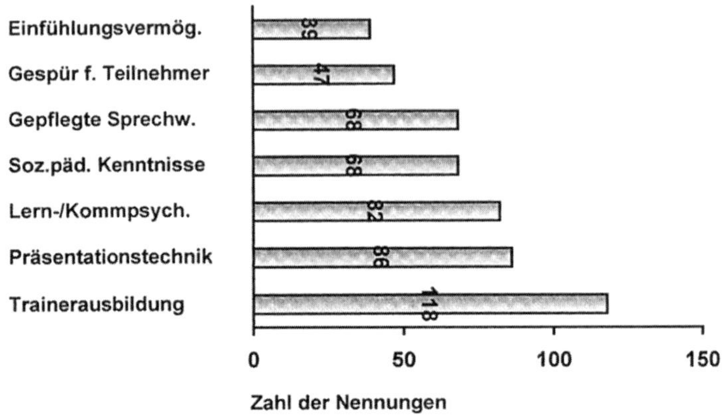

Abbildung 2: Pädagogisch-didaktische Anforderungen

onstraining meldeten 49 Institute Bedarf an, 47 für Projektarbeit und Projektleitungsaufgaben, 41 für Führungstrainings, 26 für Vertriebs- und Verkaufsschulungen, 25 für curriculare Planungen und 18 für die Bereiche Zeitmanagement und Arbeitstechniken.

Praktikumsmöglichkeiten: Der Rücklauf war auch hier verblüffend hoch: Vielfältige Angebote kamen für Hospitationen und Co-Trainings, Konzeptionshilfen für neue Trainings mitzuentwerfen, in der Seminarakquisition tätig zu werden, bei Messen aufzutreten oder für die Begleitung von Assessmentcentern. Die Chance, im Rahmen von Praktika Studierende genauer kennen zu lernen und sich dadurch persönliche Eindrücke verschaffen zu können, wurde von vielen explizit angesprochen.

Berufsbezeichnung

Aus den erhobenen Daten ergibt sich die Frage: Wodurch kann der Berufsstand „Sprecherzieher/-in" bekannter und attraktiver gemacht werden? Die Frage nach der Berufsbezeichnung ist eine in der DGSS seit längerer Zeit diskutierte. Insider, die die Ausbildungsinhalte kennen, und wissen, welche Breite des Faches sich dahinter verbirgt, haben sicher kein Problem mit der Bezeichnung „Sprecherzieher/-in", auch weil sie sich sehr langer und guter Tradition erfreut. Für Außenstehende ergeben sich teils jedoch deutlich missverständliche Konnotationen: Bei „Erzieherinnen" denken viele an Kindergarten, andere assoziieren mit Sprecherziehung ausschließlich „schönes Sprechen". Kleine Bausteine unseres Berufsbildes stecken in den einzelnen Vorstellungen, sie repräsentieren aber nicht annähernd den Gesamtumfang der Tätigkeitsfelder und der Ausbildungsinhalte.

Wichtig ist deshalb, eine Berufsbezeichnung zu finden, die zielführend ist und auch für Ansprechpartner signalisiert, dass die meisten Sprecherzieher/-innen sich mit Erwachsenen befassen und dass der Gesamtbereich mündliche Kommunikation abgedeckt wird. Nach wie vor eignet sich aus meiner Sicht der Titel „Sprechpädagoge" dafür sehr gut, da mit „Pädagogik" nicht automatisch Kindergarten oder Schule verbunden werden. In Anlehnung an die Umbenennung des Faches in Regensburg wäre auch ein langer, aber sehr aussagekräftiger Titel wie „Trainer/-in für mündliche Kommunikation und Sprecherziehung" denkbar oder „Kommunikations- und Sprechpädagoge". Auf das Wörtchen „Sprech-/Sprecherziehung" sollte man nicht verzichten, um die doch deutlich von Psychologen, Pädagogen oder Betriebswirten abweichenden Ausbildungsinhalte nicht zu sehr zu verwässern.

Ausbildungsinhalte

Die Überlegungen zu den Ausbildungsinhalten sollten aus meiner Sicht in zwei Richtungen gehen: Zum einen, welche Ziele und welches Wissen und Können vermitteln wir in den achtsemestrigen Ausbildungen an den Hochschulen und zum anderen, ob wir nicht für bereits Berufstätige verstärkt kompetente, z.B. postgraduale Angebote, in die Hochschulausbildung integrieren können.

Innerhalb der bereits bestehenden Ausbildungen ist der Änderungsbedarf nicht sehr umfangreich, da wesentliche Aspekte auch der im Regensburger Projekt von Seiten der angeschriebenen Institute geäußerten Fähigkeiten ohne weiteres abgedeckt werden. Der Erwerb grundlegender betriebswirtschaftlicher Kenntisse könnte allerdings hilfreich sein. Solche evtl. Defizite lassen sich sowohl an den Hochschulen als auch in der Praxis ausgleichen. Die an vielen Hochschulen bereits laufende intensive pädagogisch-didaktische Ausbildung sollte ebenfalls noch stärker in den Vordergrund gerückt werden. Es wäre zu überlegen, ob diese gesamten Praxis- und Didaktikteile nicht einfließen können in eine separat ausgewiesene Trainerausbildung, die die Forderung nach einer „Trainerausbildung eines renommierten Instituts" auch nach außen hin transparent erscheinen ließe.

Angebote für Berufstätige

Vorschläge und Ideen, die bereits seit längerer Zeit in der DGSS diskutiert werden, außerhalb der Universitäten kommerziell arbeitende Fortbildungseinrichtungen zu konzipieren, sind aus meiner Sicht sehr kontraproduktiv. Ein Hochschulabschluss sollte nicht durch evtl. ähnlich klingende Abschlüsse privater Einrichtungen unterminiert werden. Was jedoch – sicher von Bundesland zu Bundesland unterschiedlich – geprüft und mit den Verantwortlichen der Hochschulen und Kultusministerien besprochen werden müsste, sind Möglichkeiten einer postgradualen Ausbildung. Je nach Vorbildung und individueller Zielsetzung in Richtung Kommunikationstraining, Medien etc. könnte ein zwei- bis viersemestriges Aufbaustudium intensiv geäußerten Bedarf von Berufstätigen abdecken. Dies könnte auch die von nahezu allen Hochschulen angestrebte Verknüpfung zur Wirtschaft und zur Praxis intensivieren.

Marketing

Vor allem im Bereich Kommunikationstraining – wie auch das Regensburger Projekt wieder bewiesen hat – ist nach wie vor die gut ausgebildete Berufsgruppe „Sprecherzieher/-innen" weit gehend unbekannt. Eine *erste Maßnahme* muss die bereits oben angesprochene Umbenennung der Berufsbezeichnung sein.

Eine *zweite Maßnahme* besteht in der differenzierten Ausweisung der didaktischen Erfahrungen – evtl. durch ein Zertifikat –, das mindestens gleichzusetzen ist mit Trainerausbildungen, die professionelle Institute anbieten. Hochschule wird auch heute noch häufig mit praxisferner, staubtrocken vermittelter Theorie gleichgesetzt, und Sprecherziehung muss deutlich machen, dass die solide theoretische universitäre Ausbildung eine intensive, auf den Markt orientierte Praxis- und Lehrerfahrung integriert.

Eine *dritte Maßnahme*, die uns von Psychologen, Pädagogen, Betriebswirten o. ä. Berufsgruppen unterscheidet, ist die deutlich zu intensivierende Hervorhebung der Interdisziplinarität speziell im Kommunikationsbereich. Ganz wichtig ist in diesem Zusammenhang die Doppelausbildung, die nahezu alle Sprecherzieher/-innen mitbringen: Sie verfügen über ein abgeschlossenes Fachstudium und zusätzlich über eine achtsemestrige Sprecherzieher-Ausbildung. Diese Kombination unterstreicht, dass Sprecherzieher/-innen auf vielen Ebenen mitreden können.

Eine *vierte Maßnahme* besteht aus einem Bündel von Aspekten, die den Bekanntheitsgrad von Sprecherzieherinnen und Sprecherziehern steigern: z. B. bereits durch das Regensburger Projekt haben wir eine Fülle von Rückmeldungen einschlägiger Trainingsinstitute und damit auch potenzieller Arbeitgeber erhalten, die sehr an Sprecherziehern interessiert gewesen sind. Im Anschreiben waren die wesentlichen Elemente der Ausbildung kurz zusammengefasst, und viele beantworteten nicht nur die Fragen, sondern äußerten den Wunsch, dauerhafte Kontakte aufzunehmen. Vor allem durch die Angebote, gerne Praktikanten aufzunehmen, können wir nicht nur den Studierenden zusätzliche Möglichkeiten eröffnen, sondern können auch den Beruf bekannter machen. Wenn Trainingsinstitute bereits Sprecherzieher/-innen in der praktischen Arbeit als kompetent kennen gelernt haben, muss man sie nicht mehr von der Qualität der Ausbildung überzeugen.

Auch durch die Kooperation mit kommerziellen Instituten können Multiplikatoreneffekte erzielt werden. Einem Regensburger Sprecherzieher ist es vor einigen Jahren z. B. gelungen, eine feste Stelle bei einer Firma im Fortbildungsbereich zu erhalten. Er hat sich bewährt, mittlerweile arbeiten vier Sprecherzieher/-innen dort. Die direkten und gezielten Kontakte sind wichtig, Denkschriften oder allgemeines Informationsmaterial haben kaum Einfluss, sie wandern sehr schnell in den Papierkorb.

Fazit

Sprecherzieherinnen und Sprecherzieher sind exzellent ausgebildete Fachleute und Trainer und speziell im Kommunikationsbereich zum großen Teil besser ausgebildet als vergleichbare Berufsgruppen. Sie verfügen bereits auf Grund der Ausbildung über eine intensive Trainererfahrung und haben deutlichen Praxisbezug. Der Bekanntheitsgrad der Ausbildung muss steigen und die Qualitäten müssen transparent sein. Insbesondere muss die Konzeption als Doppelstudium hervorgehoben werden, d. h. die Sprecherzieher-Ausbildung steht in enger, oft auch zeitlicher Relation zu dem jeweils individuellen Fachstudium.

In Abwandlung eines Sprichwortes könnte man zusammenfassend formulieren: „Bilde gut aus und sprich darüber!"

Literatur

Teuchert, B. (2000): Berufperspektive SprecherzieherIn. sprechen 2/2000, 43–53

DIRK MEYER

Nie wieder sprachlos! Vom „Verändern der ‚Life-Line'" zum „‚Winner' in jeder Lebenslage"

Im Oktober 1997 wurde ich auf die Zeitschrift „ManagerSeminare" (29/1997) aufmerksam. Neben der Headline „Störfall Kommunikation" und dem Zusatz „Führungsproblem Nr.1" wurden auf dem Titel noch versprochen: „810 Seminare für Führungskräfte. Was findet wann, wo statt?"

Die Artikel zum Titelthema boten erwartungsgemäß das Übliche: viel Technisches über Sender, Empfänger und Kanäle, etwas Schulz von Thun, eine Prise Watzlawick, einige modern klingende Begriffe („Management by wandering around"), die schon auf dem Titel angekündigten „Elf Todsünden der Kommunikation" (sauber durchnummeriert) und natürlich der ultimative „Check: Wie gut ist Ihre Kommunikationskultur?" Alles nicht völlig falsch, an allem etwas dran und vor allem leicht zu konsumieren.

Spannender wurde dann der „Seminarkalender". Hier interessierte mich natürlich besonders die Rubrik „0.6 Rhetorik/Kommunikation/Interaktion (z.B. Verhandeln, Moderation, Präsentation, Konfliktmanagement)", in der sich 86 Seminarankündigungen fanden. Einige Originalankündigungstexte:

(1) Rhetorik-Crash. Prägnanz, Motivation, Charisma. Aufbauen von Selbstbewusstsein, Motivationsfähigkeit im Team, Verändern der „Life-Line" sowie zum „Winner" in jeder Lebenslage werden (1 Tag, keine TN [Teilnehmer]-Begrenzung angegeben, ÖS 8.760,–)

(2) Provokative Rhetorik? Schlagfertigkeit! Nie wieder sprachlos! Intensiv-Rhetoriktraining mit vielen Praxisauftritten vor der Kamera. Provokative Rhetorik, Schlagfertigkeit, Paradoxe Argumentation – erleben Sie Sprache in Ihren Möglichkeiten neu! (2 Tage, max. 12 TN, DM 1.840,–)

(3) Rhetorik und Kinesik. Sie erlernen rhetorisches Grundwissen und können nach dem Seminar ihre persönliche Körpersprache (Kinesik) gezielt einsetzen. Ihre Redehemmungen werden abgebaut. (3 Tage, keine TN-Begrenzung angegeben, DM 4.090,–)

(4) Rhetorik und Dialektik für Führungskräfte. Nach dem Seminar können Sie Ihre kommunikativen Fähigkeiten sicher einschätzen und im Arbeitsleben selbständig fortentwickeln. Die Durchsetzung Ihrer Interessen gelingt Ihnen in Überzeugungs-, Problemlösungs- und Führungsprozessen besser. (3 Tage, keine TN-Begrenzung angegeben, DM 2.150,–)

(5) Rede-Erfolg durch persönliche Ausstrahlung! Das 8-Schritte-Training zur Steigerung Ihrer körperlichen Präsenz und Ihres körpersprachlichen Ausdrucks.

Intensiv-Übungen für eine angemessene Körperspannung, ökonomische Atmung, resonanzreiche Stimme, positiven Blickkontakt, dynamisches Sprechen, sinnstützende Gestik und ausdrucksvolle Mimik in Vortrags-, Präsentations-, und Repräsentations-Situationen. Mit individueller Vorab-Zielanalyse und Infovermittlung, sowie tel. Transferbetreuung. (2 Tage, max. 8 TN, DM 1.680,– zzgl. MwSt.)

(6) Satanische Verhandlungskunst! Die „ganz anderen Seminare“! Beherrschen Sie Ihr Umfeld, sonst beherrscht Ihr Umfeld Sie! Trainieren Sie scharf geschliffene Rhetorik, faire und unfaire Dialektik, Rabulistik (Wortverdreherei) sowie satanische Verhandlungstechniken – und wie man sich dagegen wehrt! Mit Deutschlands bekanntesten Trainer (TV, Funk, Presse) und Bestsellerautor für dieses Thema (alles „auf Anfrage“). (Alle Hervorh. v. Verf.)

Auffällig ist an allen diesen Trainings, dass in kürzester Zeit (meist ein bis drei Tage) mit möglichst vielen Teilnehmern (teilweise ohne Begrenzung der Teilnehmerzahl) Zielverwirklichungen versprochen werden, die den geforderten „schnellen Erfolg“ (Ulonska 1994, 358) vorgaukeln. Auffällig ist weiterhin die Häufung von „Technikbegriffen“, analog auch den „20 Tipps“ und „30 Tricks“, den „50 goldenen Regeln“ und den vielfältigen „Check-Listen“ in der einschlägigen Literatur, die Geißner schon vor Jahren „one mile long, one inch deep“ (1994, 349ff) schien, sowie die deutliche Darstellung von Autorität. Letzteres geschieht zum einen durch die Verwendung von (scheinbaren) Fachbegriffen (*Kinesik, Rabulistik*) oder Modernismen (*Life-line, Winner, Transferbetreuung*), zum anderen durch die verlangten Kursgebühren oder Honorare und durch eine euphemistische Selbstdarstellung der Anbieter: *Deutschlands bekanntester* (m. W. auch *härtester*) *Rhetoriktrainer*.

Mir ist schleierhaft, wie man z. B. *Charisma* lehren oder lernen will (1), und dass es möglich sein soll, an einem Tag *Selbstbewusstsein* aufzubauen, die *Life-Line* [ich vermute dahinter die Script-Theorie Bernes (1991)] zu verändern, um zum *„Winner“ in jeder Lebenslage* zu werden, wage ich vorsichtig zu bezweifeln (1). Auch für mich mag zwar die Aussicht: *Nie wieder sprachlos!* zu sein im ersten Moment verlockend erscheinen (2), nur frage ich mich, wie ich dieses Ziel in zwei Tagen erreichen sollte, wenn bisher 42 Jahre Leben, mehr als die Hälfte davon in der Sprechwissenschaft, nicht genügt haben. Und genauer über diese Aussicht nachdenkend, komme ich vielmehr zu dem Schluss, dass nach meinem Verständnis die Charakterisierung „Nie wieder sprachlos!“ gleichbedeutend wäre mit „nur noch leblos“ oder zumindest „farblos“ weil „emotionslos“. Ein Zustand, der mir wahrlich nicht erstrebenswert erscheint! Und wer würde schon ohne weiteres 4.000,– DM bezahlen, um nach drei Tagen festzustellen, dass er seine *persönliche Körpersprache* schon vor dem Kurs hatte, deren *gezielter Einsatz* ihm nun aber albern oder wenigstens unnatürlich vorkommt und dadurch seine *Redehemmungen* eher größer geworden sind (3)?

Was mag sich wohl hinter *positivem Blickkontakt* (5) verbergen? Das Gegenteil vom gefürchteten „bösen Blick“? Den erlernt man dann vermutlich bei *Deutschlands bekanntesten* (sic!) *Trainer* (kursiv v. Autor) in den *satanischen Verhandlungstechniken* (6) – es klingt so verlockend wie erschreckend!

Folgende Fragen werden in diesem Zusammenhang zunehmend gestellt, auch und gerade von Studierenden und Absolventen des Instituts für Sprechwissenschaft und Phonetik der Martin-Luther-Universität Halle-Wittenberg.

1. Wo liegen die Ursachen dafür, dass scheinbar so wenige nur sehen können oder sehen wollen, dass „des Kaisers neue Kleider“ (Vida, 1988) gar nicht vorhanden sind, und warum werden unhaltbare Versprechungen zu überhöhten Preisen nicht nur gekauft, sondern offensichtlich auch verlangt?

2. Und wenn sie verlangt und gekauft werden, warum sie dann nicht anbieten und sich ein (möglichst großes) Stück abschneiden vom Kuchen?

Zu 1.: „Keiner ist unersetzlich.“ Wie wenig hat diese Aussage angesichts einer aktuellen Arbeitslosenquote von fast zehn Prozent in Deutschland an Aktualität eingebüßt. Der Konkurrenz- und Leistungsdruck auf den Einzelnen wird immer größer. Dies betrifft unser Leben in einer nach immer größerer Effizienz und Produktivität strebenden Arbeitswelt genauso wie unser Privatleben, in dem Schönheit, Wohlstand und jugendliche Dynamik nicht nur als erstrebenswerte Ideale, sondern als selbstverständliche Daseinsformen dargestellt werden (man betrachte nur die TV-Werbung). Die Gesellschaft bringt allerorten hervor, was sie andernorts beklagt. Die Auswirkungen auf unser Zusammenleben sind nicht nur sozialer und/oder psychischer Natur, sie betreffen damit natürlich auch unser Kommunikationsverhalten und bedingen einen beständigen Zwang zur Selbstkontrolle. Die Folgen dieses Zwanges spiegeln sich in den immer größer werdenden Zahlen psychischer Erkrankungen. „(…) die deutsche Gesellschaft für Verhaltenstherapie schätzt, dass fast 10 Prozent aller Bundesbürger reif für den Seelendoktor sind. Ärzte halten es für möglich, dass rund 30 Prozent aller Patienten, die bei Allgemeinmedizinern Hilfe suchen, zumindest auch an seelischen Störungen leidet.“ (Der Spiegel 2000, 112f) Und die Suizide (immerhin knapp 15.000 jährlich)? Hatten diese Menschen niemanden zum Reden? Vielleicht jemanden, der für viel Geld die *Durchsetzung seiner Interessen mit scharf geschliffener Rhetorik* trainiert und dadurch zum *„Winner“ in jeder Lebenslage* geworden war. Wer würde sich an so jemanden vertrauensvoll mit persönlichen Problemen wenden?

Schnorrenberg (1995) bestätigt mit einer Erhebung von Teilnehmererwartungen, wie scheinbar genau die oben aufgeführten Kursangebote den Wünschen der potenziellen Klientel entsprechen: „Man möchte Strategien lernen, um sich erfolgreich durchsetzen zu können in einer Situation, die kommunikativ bewußt oder unbewußt vorrangig als Kampf verstanden wird.“ (132)

Die enorme Technik- und Autoritätsgläubigkeit als Abwehrmechanismus von Unvollkommenheit und Selbstunsicherheit ist es, die sich die Heilsverkünder zunutze machen. Es wirkt hier das von Adler in seiner „Individualpsychologie“

(1974) beschriebene Wechselspiel zwischen Minderwertigkeitsgefühl und Machtstreben. Wenn es vermeintlich so leicht ist, den illusorischen Perfektionismus zu erreichen, wenn man durch allerlei Tricks, Taktiken und Strategien Überlegenheit über seine Mitmenschen erlangen und im Gegenzug dafür das quälende Gefühl des Nicht-genügen-Könnens loswerden (oder wenigstens besser verdrängen) kann, dann ist kein Weg zu weit, kein Preis zu hoch. Da schluckt man gern die Pille, auch wenn sie bitter (teuer) ist. Aber gerade bittere Pillen helfen ja am besten, wie man weiß! Und anschließend kann man sich aus Gründen des Selbstschutzes ja nicht einmal eingestehen, dass es „nichts gebracht“ hat, denn das hieße, sich selbst der Dummheit bezichtigen, viel Geld für nutzlose Ware ausgegeben zu haben (Vida 1988).

Die andere Seite derselben Medaille: Wie so oft haben die modernen Hofnarren, die privaten TV-Macher, am schnellsten erkannt und offenbar am gründlichsten analysiert, was die Sehnsucht derer ist, die sich den *Rhetorik-Crash*-Tag für ÖS 8.760,– nicht leisten können oder wollen. Unter dem missbilligenden Kopfschütteln der Intellektuellen bejubeln Millionen Mitmenschen einen 24-jährigen arbeitslosen Industriemechaniker, weil der offenbar kein Problem damit hatte, sich spontan und öffentlich dazu zu bekennen, dass er „keinen Schimmer“ habe, wer Shakespeare sei und sich damit nicht scheute, Defizite zu benennen, die andere entweder nicht haben oder die sie im Alltag ängstlich verbergen. Die Rede ist von Slatko Trpkowski, Kandidat der Experimentalshow „Big Brother“ im Frühjahr dieses Jahres. Weitere Beispiele lassen sich ohne Anspruch auf Vollzähligkeit benennen: die Entertainerin Verona Feldbusch und ihr „ungezwungener“ Umgang mit der deutschen Grammatik, der Sänger Gildo Horn, die Rockgruppe Knorkator, die zielgerichteten Verstöße des Harald Schmidt (oder in jüngerer Zeit des VIVA-2-Moderators Niels Ruf) gegen die „Political Correctness“ usw. Gerade solche Tabuüberschreitungen aber sind interessant. In einer Gesellschaft, in der selbst kleine menschliche Schwächen und Fehler tabuisiert scheinen, wirkt offenbar gerade die deutliche Verletzung auch allgemein anerkannter Tabus befreiend. Die Genannten eint, dass sie für viele Menschen zu signalisieren scheinen, dass man eben *nicht* perfekt (überangepasst) zu sein braucht. Ihr (zumindest wirtschaftlicher) Erfolg, ihre Anerkennung als „Stars“ in der Gesellschaft scheint mit Trost verbunden für alle, denen mindestens unwohl wird beim täglichen Versuch, wenigstens den Schein zu wahren.

Zu 2.: Wir sollten nach meiner Ansicht noch mehr den Mut haben, „die Grenzen der Lehrbarkeit des Rhetorischen zu reflektieren“ (Geißner 1994, 354) und zu diskutieren. Anfänge sind längst gemacht, nicht nur von Sprechwissenschaftlerinnen und Sprechwissenschaftlern. Einige Beispiele mögen das belegen, allen voran Hellmut K. Geißner: „Ein Lehrer, der meint, Kommunikation ließe sich unterrichten wie andere Lernbereiche auch, der hat von Kommunikation noch nicht viel begriffen.“ (1986, 25) Sprenger dazu (1998): „*Verstehen ist unwahr-*

scheinlich. ... In letzter Konsequenz werden wir den anderen nie verstehen. Wir werden nie wissen, wie er uns erlebt." (135) „Nichtverstehen ist der Normalzustand." (136) „Missverständnisse sind auch bei noch so idealem kommunikativen Verhalten unvermeidbar. Sie sind die Regel, nicht die Ausnahme." (136) Geißner wieder (1998): „Glaubwürdigkeit ist nicht lehrbar, weil sie von anderen zugesprochen wird, eben ‚geschenkt' wird. D. h. Überzeugen ist prinzipiell *nicht lehrbar* ... Wohl aber ist Überzeugen lernbar, wiederum nicht im kognitiven, sondern im sozialen Lernen. Das Dilemma ist evident." (401) „Verstehen ist nicht lehrbar." (2000, 118)

Die Ursachen für diese und andere „Grenzen der Lehrbarkeit des Rhetorischen" liegen auf der Hand und müssen hier nicht weiter referiert werden. Hinzu kommt, dass Menschen glücklicherweise die Eigenart haben, nicht oder nur in sehr geringem Maße „berechenbar", „vorhersehbar" zu sein. Es gibt keine immer und überall „richtigen" oder „sinnvollen" Verhaltensweisen. Und es gibt schon gar keine „Garantien" dafür, dass Kommunikation gelingt. Das größte Problem, vor allem für den so genannten „Alltagstransfer", stellen unsere Emotionen dar. Ein nicht bereits neurotisierter Mensch, der in einer Kommunikationssituation stark emotional betroffen wird – und dazu zählen sicher vor allem die von ihm selbst als „schwierig" oder „problematisch" empfundenen Situationen, eben die, in denen er „nie wieder sprachlos" sein will, derentwegen er in einen Rhetorikkurs überhaupt kommt – wird vermutlich nahezu nichts von dem anwenden können, was er zuvor in diesem Kurs gelernt und vielleicht als sinnvolle Verhaltensweise internalisiert hat. In dem Moment, wo unser Selbstwertgefühl bedroht ist, wo wir „verletzlich" und „verletzt" werden, helfen uns sowohl der Intellekt wie auch Fähigkeiten oder Fertigkeiten oft nur in sehr bescheidenem Rahmen.

Darum sollten wir als Leiter solcher Kurse nicht der Versuchung erliegen, uns als rhetorisch omnipotente Kommunikationsgurus zu präsentieren, die auf jede Frage eine („richtige") Antwort, für jedes Problem eine („richtige") Lösung parat haben. Wir sollten die Menschen, die zu uns kommen, in erster Linie ernst nehmen. Dazu gehört auch, dass wir uns als Menschen zu erkennen geben. Und das beinhaltet eben auch das Zugeben von menschlichen Schwächen. Auch, indem wir den Mut haben, zuerst „die Maske fallen zu lassen". Das scheint mir die grundlegende Voraussetzung dafür, dass eine vertrauensvolle, halbwegs angstfreie Kursatmosphäre entstehen kann.

Für Teilnehmer sollte im Kurs die Möglichkeit geschaffen werden, sich ihrer „Stärken", aber eben auch ihrer „Schwächen, Mängel, Ticks und Macken" bewusst zu werden. Wenn erstere nicht zu elitärer Arroganz führen und letztere nicht als „unperfekt" abgelehnt und bekämpft, sondern als menschlich angenommen und in die Persönlichkeit integriert werden können, dann kann ein Mensch tatsächlich „sich seiner selbst bewusster" und damit selbstbewusster werden und sein Kommunikationsverhalten situativ anpassen. Diese Arbeit erfordert allerdings Einfühlungsvermögen und Geduld, erschöpft sich nicht in der Vermittlung von Tipps und Tricks und wird sicher nicht den niemals sprachlosen *„Winner" in jeder Lebenslage* hervorbringen.

Aus all diesen Gründen sollten wir Studierende lehren, „den Gestus intellektueller Selbstgefälligkeit" (Schnorrenberg 1995, 140) wo vorhanden aufzugeben, sich nicht einzureihen in die oben genannte Rhetorik-Crash-Kurs-Gilde und sich stattdessen als *Dienstleistende* zu begreifen, die Menschen dabei zu helfen versuchen, sich gegenseitig zu respektieren und aufeinander einzugehen, um letztlich „gemeinsam handeln" (Geißner 1986) zu können. Das allerdings „ist eben keine Frage von Techniken, von einfacher Verhaltensänderung, sondern eine Frage von Haltung." (32) Und die lässt sich wohl kaum lehren.

Literatur

Adler, A. (1974): Praxis und Theorie der Individualpsychologie. Fischer, Frankfurt a. M.

Berne, E. (1991): Was sagen Sie, nachdem Sie ‚Guten Tag' gesagt haben? Psychologie des menschlichen Verhaltens. Fischer, Frankfurt a. M.

Der Spiegel. 36/2000, Spiegel-Verlag, Hamburg

Geißner, H. K. (1986): Sprecherziehung. Didaktik und Methodik der mündlichen Kommunikation. 2. Aufl. Scriptor, Frankfurt a. M.

– (1994): Der ungedeckte Scheck. Eine Bilanz marktkonformer Rhetorik. In: Bartsch, E. (Hrsg.): Sprechen, Führen, Kooperieren in Betrieb und Verwaltung. Ernst Reinhardt, München/Basel, 349–357

– (1998): sympeithein: Von der Notwendigkeit des Überzeugens. In: Krallmann, D., Schmitz, H. W. (Hrsg.): Perspektiven einer Kommunikationswissenschaft. Nodus, Münster, 391–405

– (2000): Kommunikationspädagogik. Transformation der ‚Sprech'-Erziehung. Röhrig, St. Ingbert

Managerseminare. Das Weiterbildungsmagazin 29/1997, Omnia GmbH & CoKG, Bonn

Schnorrenberg, J. E. (1995): Rhetorische Kommunikation als Gegenstand von Erwachsenenbildung: Erwartungen und Versprechungen in illusionärer Komplementarität. In: Herbig, A. (Hrsg.): Konzepte rhetorischer Kommunikation. Röhrig, St. Ingbert, 131–142

Sprenger, R. K. (1998): Wir verstehen uns doch? In: Slembek, E., Geißner, H. K. (Hrsg.): Feedback. Das Selbstbild im Spiegel der Fremdbilder. Röhrig, St. Ingbert, 135–150

Ulonska, U. (1994): Wirtschaftsrhetorik – nice but not necessary? In: Bartsch, E. (Hrsg.): Sprechen, Führen, Kooperieren in Betrieb und Verwaltung. Ernst Reinhardt, München/Basel, 358–360

Vida, E. J. (1988): Verkaufen, Verführen, Verheizen. Das Märchen vom harten Markt. Orschel Verlag, Köln

KATI HANNKEN-ILLJES

Argumentation, Kompetenz und Angemessenheit

Die Sprechwissenschaft ist eine Brückenwissenschaft. Sie baut Brücken zwischen Disziplinen und sie baut Brücken zwischen der Theorie und der Praxis. Aus welchem Material aber muss die Brücke sein, um tragfähig zu sein? Eine Antwort ist: aus Kompetenzmodellen; für die Sprechwissenschaft aus Modellen kommunikativer Kompetenz. „The concept of communicative competence has the potential to bridge the gap between theory and performance in everyday social settings." (Wiemann/Backlund 1980, 186)

Im Bereich der Argumentation bietet die Sprechwissenschaft eine Fülle von praktischen Handreichungen, die aber kaum mit argumentationstheoretischen Überlegungen verknüpft werden. Hier fehlt die Brücke – hier fehlen Ansätze zu argumentativer Kompetenz. Dieses Essay will erste Schritte zum Bau einer solchen Brücke unternehmen.

Versteht man Argumentation als eine Form der Kommunikation, so stellt sich die Frage, ob sich folglich argumentative Kompetenz durch die gleichen Konzepte konstituiert wie kommunikative Kompetenz, und ob sich argumentative Kompetenz in Anlehnung an kommunikative Kompetenz beschreiben lässt. Eine mögliche Theorie der argumentativen Kompetenz wäre dann als Ergänzung zu Konzeptionen kommunikativer Kompetenz zu sehen, jedoch nicht als deren Ersetzung. Ich gehe davon aus, dass argumentativ kompetente Personen immer auch kommunikativ kompetent sein müssen.

„Kommunikative Kompetenz" taucht als Begriff in den verschiedensten Disziplinen und Zusammenhängen auf. Ich greife für dieses Essay auf einen Begriff der *Communication Competence* aus den amerikanischen Communication Studies zurück, da er m. E. den fruchtbarsten Ansatz darstellt. Die Diskussion über das Konzept kommunikativer Kompetenz ist in den amerikanischen Communication Studies sehr viel intensiver geführt worden, als in der deutschen Sprechwissenschaft.

Rubin (1990) gibt in einem Überblick über den Stand der Forschung zu kommunikativer Kompetenz eine Definition, die sie als allgemein anerkannt benennt: „Communication competence is knowledge about appropriate and effective behaviors, development of a repertoire of skills that encompass both appropriate and effective means of communicating, and motivation to behave in ways that are viewed as both appropriate and effective by interactants."(96) Nach dieser Definition lassen sich fünf zentrale Begriffe für die Konzeption kommunikativer Kompetenz isolieren: „Angemessenheit" und „Effektivität" als konstituierend für Kompetenz im Allgemeinen; „Wissen“, „Fähigkeit“ und „Motivation“ als Voraussetzungen für kommunikative Kompetenz. Inwiefern können diese Begriffe kommunikativer Kompetenz für ein Konzept argumentativer Kompetenz nutzbar gemacht werden?

Im Folgenden werde ich mich auf den Begriff der „Angemessenheit“ konzentrieren und ihn in Hinsicht auf argumentative Kompetenz diskutieren, um dann zu sehen welchen Nutzen dieser Begriff für die Konzeptualisierung argumentativer Kompetenz haben kann.

Angemessenheit und argumentative Kompetenz

Hymes (1971) hat als einer der Ersten darauf hingewiesen, dass kommunikative Kompetenz nicht nur durch grammatikalische Korrektheit, sondern auch durch Angemessenheit von Äußerungen definiert werden muss. „We then have to account for the fact that the normal child acquires knowledge of sentences not only as grammatical but also as appropriate.“(5) Damit unternahm Hymes eine Überführung linguistischer Kompetenz in kommunikative Kompetenz und führte „Angemessenheit“ als einen zentralen Begriff für kommunikative Kompetenz ein.

Angemessenheit gehört zu den Konstrukten, die sich gegen eine kohärente Konzeptualisierung mit Händen und Füßen zu wehren scheinen. Spitzberg/Cupach (1984, 101f) haben Angemessenheit als das Einhalten von Normen konzeptualisiert, bei deren Nichteinhaltung soziale Sanktionen drohen. Dieses Einhalten von Normen wird nicht durch die Akteurin, sondern durch deren Partnerin bestimmt. Angemessenheit ist, wie Glaubwürdigkeit, der *Eindruck* den man von einer Akteurin hat, keine Eigenschaft der Akteurin.

Wenn Angemessenheit sich durch das Einhalten von Regeln bestimmt, dann sind die verschiedenen normativen Ansätze zur Argumentation ein möglicher Weg, Angemessenheit für argumentative Kompetenz zu fassen. Anhand eines normativen Ansatzes und des, nur begrenzt als normativ zu benennenden Konzeptes der Feldabhängigkeit bei Toulmin (1958) soll die Frage beantwortet werden, wie sich Angemessenheit für ein Modell argumentativer Kompetenz beschreiben lässt.

Einer der prominentesten normativen Ansätze in der Argumentationstheorie ist der Ansatz der Pragma-Dialektik. Van Eemeren/Grootendorst (1992) haben innerhalb ihres Forschungsprogramms zehn Regeln für kritische Diskussionen aufgestellt, die als Beschreibung von Angemessenheit innerhalb von Argumentation gefasst werden könnte. Diese Regeln orientieren sich an den Konversationsmaximen nach Grice und an Poppers Überlegungen zu kritischen Diskussionen (van Eemeren/Grootendorst 1992, 40, 50). So lautet z. B. Regel vier für kritische Diskussionen: „A party may defend his standpoint only by advancing argumentation relating to that standpoint“ (1992, 208). Diese Regel wirft einige Probleme auf, die charakteristisch sind auch für die übrigen Regeln. Zum einen lässt sie die Situationsabhängigkeit außer Acht. Dadurch wird auch das, was als „relating to the standpoint" gesehen wird, universell gesetzt. Die Frage, die sich hier stellt, ist die der Bewertung. Wer bewertet, ob etwas mit der Streitfrage im Zusammenhang steht und damit: Wer bewertet Angemessenheit? Die Urteile der Argumentierenden, der Rezipientin und einer dritten Beobachterin können hier sehr unterschiedlich sein. Was für eine außenstehende Dritte als Argument völlig irrelevant erscheinen mag, kann für die Rezipientin sehr wohl einen guten Grund darstellen. Wollte man also die Regeln der Pragma-Dialektik als Kriterien für Angemessenheit betrachten, so müsste die Beurteilung der Einhaltung der Regeln folglich bei der Rezipientin liegen, da Angemessenheit immer im Ohr der Hörerin liegt.

Eine zweite Möglichkeit das Konzept von Angemessenheit für argumentative Kompetenz nutzbar zu machen, ist die Annahme von feldabhängiger und feldunabhängiger Argumentation von Toulmin (1958). Dieser Ansatz hat gegenüber dem normativen Ansatz der Pragma-Dialektik den Vorteil, dass mit seiner Hilfe auch Aussagen über die substanzielle oder topische Angemessenheit getroffen werden können, wohingegen sich die Regeln der Pragma-Dialektik vornehmlich auf strukturelle und verfahrensmäßige Punkte beziehen. Toulmin unterscheidet zwischen der Feldabhängigkeit von Kriterien für Argumente und der feldunabhängigen Stärke, die einem Argument zugeschrieben wird. Die Feldabhängigkeit von Kriterien bezieht sich hier sowohl auf die Topik als auch auf die Struktur oder Form der Argumente (1958, 42). Angemessenheit wäre hier das Nutzen feldadäquater Geltungsgründe und Strukturen innerhalb einer Argumentation. „(T)he question we ask will be how strong each case is when tested against its own appropriate standard." (38) Geltung ist in diesem Fall nicht universell, aber auch nicht individuell: Innerhalb der einzelnen Felder können bestimmte Formen der Argumentation falsch sein in dem Sinne, dass sie in diesem Feld für diesen Zeitraum keine Geltung beanspruchen können.

Gegenüber den Regeln für kritische Diskussionen hat die Theorie Toulmins den Vorteil, dass mit ihr auch die Substanz von Argumenten beschrieben werden kann. Dennoch scheinen beide Theorien, die der Pragma-Dialektik als auch der toulminsche Ansatz, die Kapazität zu haben, Angemessenheit für argumentative Kompetenz beschreiben zu können – doch umfassen sie alles, was das Verhältnis Argumentation und Angemessenheit bestimmt?

Unangemessenheit?

Am 13. März 1997 debattierte der Deutsche Bundestag über die Frage, ob die Ausstellung „Vernichtungskrieg. Verbrechen der Wehrmacht 1941 bis 1944." im Foyer des Deutschen Bundestages gezeigt werden solle oder nicht. Diese Debatte stieß wegen ihres bemerkenswerten und unparlamentarischen Charakters auf ein breites Echo in den Medien. Begründet lag dieser bemerkenswerte Charakter u. a. in der argumentativen Verwendung einer für die parlamentarische Debatte ungewöhnlichen Textsorte – der persönlichen Erzählung (Hannken-Illjes 2000). Sowohl im Sinne der Regeln der Pragma-Dialektik als auch mit Blick auf die Theorie Toulmins würde diese Debatte, und hier insbesondere die Beiträge von Otto Schily, Erika Steinbach, Freimut Duve und Christa Nickels (Deutscher Bundestag, 1997), als unangemessen bewertet werden. Alle vier Rednerinnen und Redner nutzen persönliche Erzählungen in ihren Beiträgen und brechen damit die Standards für Feldangemessenheit – persönliche Erlebnisse werden in politischen Debatten manchmal als Einstiege genutzt oder um das Ethos der Rednerin zu etablieren, jedoch selten als Argument. Die Rede von Christa Nickels bricht beispielsweise die bereits genannte Regel vier der Pragma-Dialektik. Die Geschichte, die sie über ihren Vater erzählt, hat scheinbar mit der Streitfrage sehr wenig zu tun. Nickels erreicht damit aber eine Umdeutung oder Erweiterung der Streitfrage: Es geht nicht nur um die Frage, ob die Ausstellung im Foyer gezeigt werden soll oder nicht, sondern es geht um die Frage, wie die Generationen in diesem Land mit der Vergangenheit umgehen wollen (Hannken-Illjes 1999).

In der Debatte über die Ausstellung „Vernichtungskrieg“ wurden Angemessenheitsstandards gebrochen. Diese Debatte war aber nicht nur trotz, sondern wegen dieser Brüche bedeutsam. Welche Konsequenzen hat das für ein Modell argumentativer Kompetenz in Bezug auf Angemessenheit?

Spitzberg/Cupach (1984) geben zu bedenken, dass Standards von Angemessenheit manchmal verletzt werden müssen, um neue einzuführen. Spitzberg (1994) geht weiter und sagt: „Appropriateness, if institutionalized as a criterion of competence, could work against human nature, and further alienate and marginalize those individuals, groups, cultures and co-cultures that choose to communicate in deviant or innovative manner.“ (135) Angemessenheit als Kriterium für Kompetenz scheint also konservativ zu sein und läuft so Gefahr Formen auszuschließen, die innovatives Potenzial haben. In vielen Diskursen ist es so, dass die nicht-angemessenen Beiträge bedeutsame Veränderungen bewirken.

Für argumentative Kompetenz heißt das, dass sie auch unangemessenes Verhalten und kreativen Umgang mit argumentativen Strukturen, Topoi und Verläufen ermöglichen muss. Das heißt nicht, dass die normativen Ansätze und Toulmins Theorie wertlos sind für die Beschreibung argumentativer Kompetenz. Um Regeln und Standards zu brechen, muss ich sie kennen. Nur sind diese Ansätze nicht hinreichend, um argumentative Kompetenz zu fassen.

Angemessenheit und Unangemessenheit

Für die Argumentationsschulung, also für die Praxisseite der Kompetenzbrücke, haben diese Überlegungen einige Konsequenzen. Auch normative Ansätze müssen in die Methodik der Argumentation Eingang finden. Sie dienen als wichtige Basis, auf der „Unangemessenheit" erst möglich ist. Ein sehr umfassendes Übungsbuch haben hier z. B. van Eemeren et al. (2000) vorgelegt. Die Stärke dieses Buches liegt u. a. in seiner Betonung analytischer Fähigkeiten. Dieses Wissen kann aber nicht ausreichen – sonst würden die Teilnehmerinnen nur erfahren, wie man nach präskriptiven Regeln argumentieren sollte. Zu den normativen Ansätzen muss sich eine Kreativität gesellen, die es erlaubt im Sinne O'Keefes (1988) auf aktuelle Kommunikationssituationen nicht nur angemessen zu reagieren, sondern sie umzudefinieren und zu gestalten. Es muss gelehrt werden, ausgetretene Pfade bewusst zu verlassen oder sie bewusst umzudefinieren, um rhetorisch zu wirken. Argumentationsschulung braucht beides: Normativität und Kreativität.

Literatur

Deutscher Bundestag (1997): Plenarprotokoll 13/163. Bonn

Eemeren, F. H. v., Grootendorst, R. (1992): Argumentation, Communication and Fallacies. Lawrence Erlbaum, Hillsdale/ N.J.

–, Snoeck Henkemans, A. F. (2000): Argumentation. 4. Aufl. Sic Sat, Amsterdam

Hannken-Illjes, K. (1999): Narration und Argumentation. Analyse der Bundestagsdebatte zur Ausstellung Vernichtungskrieg. Verbrechen der Wehrmacht 1941 bis 1944. unveröffentl. Diplomarbeit, Halle (Saale)

– (2000): „May Others Speak of Their Disgrace, I am Speaking of Mine." Narration and Argumentation in the Debate about the Exhibition Vernichtungskrieg. Verbrechen der Wehrmacht 1941–1944. In: Suzuki, T., Yano, Y., Kato, T. (Hrsg.): Proceedings of the First Tokyo Conference on Argumentation. Japan Debate Association, Tokyo, 55–59

Hymes, D. (1971): Competence and Performance in Linguistic Theory. In: Huxley, R., Ingram, E. (Hrsg.): Language Acquisition: Models and Methods. Academic Press, London/New York, 269–293

O'Keefe, B. (1988): The Logic of Message Design: Individual Differences in Reasoning about Communication. Communication Monographs 15, 80–103

Rubin, R. B. (1990): Communication Competence. In: Philips G. M., Wood, J. T. (Hrsg.): Speech Communication. Southern Illinois University Press, Carbondale/ Edwardsville, 94–129

Spitzberg, B. H. (1994): Ideological Issues in Competence Assessment. 1994 SCA Summer Conference Proceedings and Prepared Remarks, Annandale, 129–148

–, Cupach, W. R. (1984): Interpersonal Communication Competence. Sage, Berverly Hills

Toulmin, S. (1958): The Uses of Argument. Cambridge University Press, Cambridge

Wiemann, J. M., Backlund, P. (1980): Current Theory and Research in Communicative Competence. Review of Educational Research 50, 185–199

KERSTIN REINKE

Rhetorik für Deutsch als Fremdsprache – ein Plädoyer und Erfahrungsbericht

Ein wesentlicher Beweggrund für das Erlernen einer Fremdsprache ist, vermittels dieser Sprache mit Menschen anderer Länder kommunizieren zu können. Interaktionen haben stets Ziele (Selbstdarstellung, Beziehungsstiftung, Appell, Information), die uns manchmal allerdings erst bei deren Nichterreichen deutlich werden. Misslungene Interaktionen kennen wir aus dem Alltag innerhalb unserer eigenen Kultur. Über Missverständnisse oder zumindest Befremdliches in interkulturellen Interaktionssituationen weiß ebenfalls (fast) jeder zu berichten.

Besonderheiten der interkulturellen Kommunikation werden seit Anfang der 80er Jahre in der Literatur zur Fremdsprachendidaktik und zum interkulturellen Management verstärkt thematisiert. So liegt es nahe, dass auch künftige Lehrer/-innen für Deutsch als Fremdsprache am Herder-Institut der Universität Leipzig sich im Rahmen eines Seminars (Sprecherziehung/Rhetorik) mit dieser Problematik beschäftigen. Über die im Seminar thematisierten Fragen und Lösungsansätze möchte ich im Folgenden berichten.

Was verstehen wir unter Kultur?

Der Kulturbegriff kann enger oder weiter gefasst sein. Wir sprechen einerseits von einer Jugend-Kultur, von einer Frauen-Kultur, usw., andererseits aber auch von einer so genannten Nationalkultur. Uns interessieren im Grunde beide Betrachtungen. Denn zum einen scheint so etwas wie eine Nationalkultur tatsächlich zu existieren (Wertorientierungen und Normen, die die Mitglieder einer Nation gemeinsam haben). Zum anderen gehören wir nicht nur zu einer Nation (und einer Nationalkultur), sondern innerhalb dieser Kultur auch gleichzeitig zu mehreren so genannten Subkulturen (Frauen, Lehrerinnen, Mütter, usw.). Und auch zwischen Subkulturen verschiedener Nationen sind grundlegende Unterschiede wahrnehmbar (z. B. geschlechtsspezifisches Interaktionsverhalten).

Die Kategorisierung kultureller Unterschiede

Es stellt sich die Frage, wie man die beobachteten Unterschiede angemessen vergleichend gegenüberstellen kann. Dafür existieren verschiedene Theorien und Modelle. Besonders gut geeignet scheint mir die Kulturemtheorie von Oksaar (1993, 16f). In diesem Modell werden Kultureme (Begrüßung, Redeverhalten) als abstrakte Einheiten verstanden, die in verschiedenen kommunikativen Akten unterschiedlich realisiert werden. Ihre Realisationsformen (mit Hilfe verbaler, nonverbaler, paraverbaler Mittel) sind die Behavioreme, die man beobachten und vergleichen kann.

Auf welchen Ebenen sind Unterschiede wahrnehmbar? Folgende Bereiche kommen dafür in Frage:

a) die verbale Ebene, und zwar z. B.:

- der Diskursverlauf (z. B. die Art des Sprecherwechsels, der Emotionsausdruck und die Emotionskontrolle, usw.);
- Unterschiede in den Argumentationsgewohnheiten, d. h. welche Argumentationsstrategien werden angewendet, inwieweit wird überhaupt argumentiert, usw.;

b) die nichtverbale/paraverbale Ebene, und zwar z. B.:

- die Körpersprache, d. h. Grad und Art der verwendeten Gesten, die Distanz zwischen den Interaktionspartnern, usw.;
- der so genannte fremde Akzent, der auf Grund anderer Hörgewohnheiten kommunikationsbehindernd wirken kann (Akzeptanz- und Verständlichkeitsprobleme).

Alle diese Unterschiede lassen sich mit Hilfe verschiedenster Instrumentarien (Videoaufzeichnungen, Fragebögen, Beobachtungsbögen, usw.) untersuchen und liefern eine gute Grundlage für spätere Diskussionen.

Welche Ursachen haben die Unterschiede? Zur Sensibilisierung für existierende Unterschiede gehört auch die Frage nach deren Ursachen. Viele dieser Unterschiede haben ihren Ursprung sicher darin, dass Gesellschaften von ungleich starkem Harmonie- und Konsensstreben geprägt sind. In sehr harmoniebestrebten Gesellschaften tendiert man eher zu Klärungsgesprächen und vermeidet Argumentationen.

Man meint, dass die Komponenten der verbalen wie auch der nichtverbalen Kommunikation kulturell überformt und historisch gewachsen und durch Erziehung geprägt sind. Die Art, wie Gesellschaften strukturiert sind und wie auf Grund dessen das Miteinander der Menschen funktioniert, ist ausschlaggebend für den Stil der stattfindenden Interaktionen.

Sind Unterschiede im interkulturellen Interaktionsverhalten problematisch?

Häufig wird die Frage gestellt, ob denn die vorhandenen Unterschiede tatsächlich ein Problem für die interkulturelle Interaktion seien, da man ohnehin von zahllosen individuellen Unterschieden auszugehen hat. Problematisch ist aber, dass wir die in der Fremdsprache kommunizierenden Persönlichkeiten und die von ihnen vertretenen Sachverhalte ganz unbewusst vor dem Hintergrund unserer eigenen Kultur mit kulturspezifischen Verhaltens- und Deutungsmustern interpretieren. Für uns ungewohnte Verhaltensweisen werden also zunächst einmal den Interaktionspartnern oder ganzen Kulturen angelastet. Nicht jeder Unterschied im Interaktionsverhalten wird zudem stets als solcher erkannt. Viele Missverständnisse bleiben unentdeckt und prägen dennoch unser Bild vom Anderen. Auch die Nähe oder Ferne der Kulturen zueinander spielt eine Rolle. Je weiter zwei Kulturen voneinander entfernt sind, um so nachsichtiger und aufmerksamer geht man mit Interaktionspartnern um.

Forschungsstand und Forschungsprobleme

Gesicherte Forschungsergebnisse gibt es bisher nur wenige. Viele Arbeiten beziehen sich auf zufällige Beobachtungen, zuweilen arbeitet man aber auch mit standardisierten Fragebögen oder Kriterienrastern. Eine Reihe von Problemen erschwert die wissenschaftliche Beschäftigung mit dem Thema der interkulturellen Interaktionen:

- Augenfällig beobachtete Interaktionen verlieren ihren Alltäglichkeits-Charakter, sodass solche Beobachtungsergebnisse nur bedingt für die gesamte Kommunikationswirklichkeit gültig sind.
- Die Überschneidung zwischen interpersonellen, subkulturellen und interkulturellen Differenzen ist ein weiteres schwieriges Problem.
- Es ist ungewiss, inwieweit wir bei unseren Beobachtungen durch Klischees und Stereotype beeinflusst werden.
- Für wenige Kulturen wurden bisher sichere Forschungsergebnisse veröffentlicht. Das heißt, dass man oft allein auf eigene Beobachtungen angewiesen ist.

Wie kann der Fremdsprachenunterricht Deutschlernende zur Interaktion befähigen?

Fremdsprachendidaktiker/-innen fordern, dass mit dem Erlernen der Fremdsprache auch das kulturspezifische Interaktionsverhalten mittrainiert werden muss. Die Lerner laufen sonst Gefahr, in der Fremdsprache als reduzierte Persönlichkeit zu agieren, weil sie auf Grund mangelnder Kenntnisse nicht alle Facetten ihrer Persönlichkeit ausdrücken können (Kotthoff 1989).

Als Ziel des Fremdsprachenunterrichts wird oft die Entwicklung einer so genannten „interkulturellen Kompetenz“ (House 1996) genannt. In erster Linie kommt es darauf an, Lernende für entsprechende interaktive Verhaltensweisen in der eigenen und in der (für sie fremden) deutschen Kultur zu sensibilisieren, wobei die eigene Kultur Vergleichsmatrix und Ausgangspunkt ist. Christ (1996) stellt sich interkulturelle Kommunikation treffend als Parallelogramm vor, d. h.

der Blick richtet sich auf den Anderen und auf mich zurück (beim Anderen ebenso).

Diese Aufgabe ist nur scheinbar einfach, erfordert aber sensible Lehrbuchautoren und Lehrende, die stets aufs Neue entscheiden können müssen, welche Lernenden nun welches Fremdverhalten inwieweit trainieren oder nur in seiner Andersartigkeit verstehen sollen, welche Aspekte überhaupt thematisiert werden müssen, welche hingegen als selbstverständlich bekannt vorausgesetzt werden können.

Es kommt darauf an, in den Lernenden Verständnis für bestimmte Verhaltensweisen der ihnen (noch) fremden Kultur zu wecken, ihnen aber auch Wissen zu vermitteln, wie man sich in besonderen Gesprächssituationen verhalten kann.

Ein Rhetorik-Seminar für Deutsch als Fremdsprache

Primär hat das Seminar das Ziel, Lehrer/-innen für Deutsch als Fremdsprache in die Lage zu versetzen, ihre späteren Lernenden auf den kommunikativen Alltag in der Fremdsprache vorzubereiten. Am Seminar nehmen deutsche und ausländische Studenten (multikulturell) teil. Es werden Themen vorgegeben, die aber so allgemein gehalten sind, dass sie im Verlauf des Seminars spezifiziert werden können:

- Was ist (interkulturelle) Kommunikation?
- Nonverbale Kommunikation (Körpersprache: Gestik, Mimik, usw.);
- Emotionalität (Unterschiede in Bezug auf ihre Ausdrucks- und Interpretationsbesonderheiten);
- die Rede (Redeanalyse, kulturtypische Unterschiede);
- Redeangst/Reden ohne Angst (interkulturelle Besonderheiten: z. B. inwieweit neigen die Angehörigen unterschiedlicher Kulturen überhaupt zu Redeangst, inwieweit wird z. B. Gesichtsverlust erlebt?);
- das Gespräch (Zuhören, Fragen, Argumentieren – letzteres ist auch beim Thema Rede zu problematisieren und trägt häufig kulturspezifische Züge).

Referate und Hausarbeiten geben den Studenten die Möglichkeit, vielen Fragen mit kleinen Forschungsarbeiten weiter auf den Grund zu gehen. Dabei sind auch immer didaktische Fragen im Blick zu behalten. Von den Studenten wurden z. B. folgende Themen gewählt und bearbeitet:

- Die Sprechangst und ihre Überwindung unter interkulturellem Aspekt (Fragebögen);
- Körpersprache und Rituale in deutschen Kneipen und Parks aus französischer Sicht;
- Geschlechtsspezifisches Kommunikationsverhalten im interkulturellen Zusammenhang;

- Das deutsche Gesprächsverhalten im Vergleich zum madagassischen Gesprächsverhalten;
- Didaktisierung der interkulturellen Interferenzen am Beispiel deutsch-spanischer Kommunikation;
- Kommunikation zwischen Chinesen und Deutschen: Besonderheiten und Probleme aus deutscher Sicht;
- Argumentationsverhalten zwischen Deutschen und Nigerianern;
- Talkshows in Deutschland und Frankreich;
- Das Schweigen – Mittel der Kommunikation unter besonderer Berücksichtigung der kulturellen Komponente;
- Die Identifikation von Emotionen mittels verschiedener Sprechweisen;
- Emotionalität im Kulturvergleich (Deutsch – Bulgarisch).

Die selbst gewählten Themen zeigen, dass die Studenten ein großes Interesse für diese Aspekte aufzubringen bereit sind. Dabei orientieren sich die Themen auch immer am eigenen kulturellen und am zugänglichen fremdkulturellen Hintergrund.

Es ist dafür zu plädieren, dass Fragen der interkulturellen Kommunikation im Rahmen der Fremdsprachenausbildung einen viel gewichtigeren Platz erhalten, auch wenn noch viele Probleme nur defizitär erforscht sind. Kontakte über Medien, Tourismus, Wirtschaftsbeziehungen, Arbeits- und Studienmöglichkeiten in fremden Ländern und Kulturen lassen den äußeren Abstand zwischen Menschen schwinden. Nun gilt es, auch weitere innere Barrieren zu beseitigen, damit Menschen nicht nur miteinander in vielen Sprachen kommunizieren, sondern sich dabei auch verstehen können.

Literatur

Christ, H. (1996): Fremdverstehen und interkulturelles Lernen. Zeitschrift für den Interkulturellen Fremdsprachenunterricht, http://www.ualberta.ca/~german/ejournal/christ.htm

House, J. (1996): Zum Erwerb interkultureller Kompetenz im Unterricht des Deutschen als Fremdsprache. Zeitschrift für Interkulturellen Fremdsprachenunterricht, http://www.ualberta.ca/~german/ejournal/house.htm

Kotthoff, H. (1989): Pro und Kontra in der Fremdsprache: pragmatische Defizite in interkulturellen Argumentationen. Frankfurt a. M., Bern/New York/Paris

Oksaar, E. (1993): Problematik im interkulturellen Verstehen. In: Müller, B.-D. (Hrsg.): Interkulturelle Wirtschaftskommunikation. München, 13–26

ANJA KNIEP, FRANZISKA KRÄUTER

Das Therapeut-Patient-Gespräch in der Sprach-, Sprech- und Stimmtherapie

„Da mündliche Kommunikation in der Sprach-, Sprech- und Stimmtherapie als Gegenstand der Sprechwissenschaft (...) bislang noch nirgendwo explizit thematisiert“ (Gutenberg 1983, 114) wurde, gab uns das den Anstoß, ein Thema in diesem Rahmen zum Gegenstand einer empirischen Studie zu machen. Daraus resultierte die Notwendigkeit einer Untersuchung mündlicher Kommunikation im praktischen Vollzug, also von Gesprächen zwischen Therapeut und Patient, um derartige Kommunikationsprozesse in der Sprach-, Sprech- und Stimmtherapie befragen, problematisieren und dementsprechend Alternativen aufzeigen zu können.

Dies stellt einen breiten Bereich dar, der in einer einzelnen Arbeit kaum abzuhandeln ist. So wurden diverse Punkte angeschnitten und in die Untersuchung einbezogen. Da eine solche Thematik viel Raum offen lässt, kann diese Abhandlung vielleicht gleichfalls eine Anregung für weiterführende Untersuchungen darstellen. Die enge Verbindung zur Logopädenausbildung ergibt sich auf Grund der Tatsache, dass sich für die empirische Untersuchung Lehrende und Lernende der Medizinischen Berufsfachschule für Logopädie der Martin-Luther-Universität Halle-Wittenberg zur Verfügung stellten.

Im Weiteren sollen einige ausgewählte Untersuchungsergebnisse detaillierter dargelegt werden. Unter dem Aspekt der Quantität wurde in den aufgezeichneten Therapiesitzungen untersucht, wie sich die Gespräche im Verhältnis zu den Übungen verteilten. Das heißt genauer, welchen zeitlichen Stellenwert sie jeweils beanspruchen. Auf Grund der untersuchten Sitzungen ergab sich die in Abb. 1 dargestellte Verteilung.

Bis auf wenige Ausnahmen wird deutlich, dass dem Gespräch als Bestandteil der Therapie ein verhältnismäßig großer Stellenwert zukommt. Einen beträchtlichen Anteil nimmt das Gespräch als therapeutisches Mittel in den Sitzungen 12 und 18 ein. Das liegt darin begründet, dass sich besonders im zweiten Teil von Gespräch 12 (Gesprächsanteil: ca. 69%) ein beratendes Gespräch mit einem Angehörigen findet. In Sitzung 18 (Gesprächsanteil: ca. 72,5%) ist das Gespräch das vorherrschende therapeutische Mittel, da es sich hier um ein Erst- oder Anamnesegespräch handelt, das lediglich durch einzelne Übungsbeispiele ergänzt wird.

In der quantitativen Wertung von Gesprächs- und Übungssequenzen ergibt sich folglich aus den einzelnen Sitzungen ein Durchschnitt von 32% Gesprächsanteil und 66% Übungsanteil. Hinzu kommen 2% restliche Zeit, die den beiden

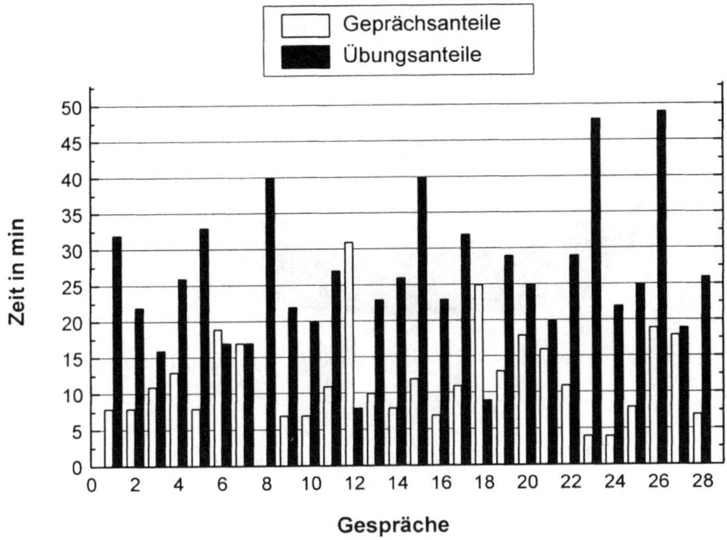

Abbildung 1: Dauer der Gesprächs- bzw. Übungsanteile in den Therapiesitzungen

anderen Punkten nicht eindeutig zuzuordnen waren (Pausen, z. B. durch Verlassen des Raumes, kurze Vorbereitungszeiten oder andere Verzögerungen, kleinere Einschübe, die nicht mitbewertet werden konnten usw., siehe Abb. 2).

Daraus ergibt sich, dass das Gespräch im Rahmen der Sprach-, Sprech- und Stimmtherapie nicht nur einen Bestandteil bildet, sondern dass ihm zudem ein relativ großer zeitlicher Stellenwert zukommt, in den untersuchten Gesprächen im Durchschnitt eben fast ein Drittel der gesamten Dauer einer Therapieeinheit.

Fragen sind von enormer Bedeutung für den Verlauf des Gesprächs in einer Therapiesitzung. Fragen können dem Gespräch neue Impulse geben, sie können einen bestimmten Prozess klären oder verdeutlichen, ihn neu in Gang bringen oder die gegenwärtige Kommunikationssituation verändern.

Sehr prägnant für die Frage im therapeutischen Gespräch ist, dass sie fast ausschließlich vom Therapeuten gestellt wird. Der Therapeut lenkt so den weiteren Verlauf des Gesprächs. Nur vereinzelt werden vom Patienten Fragen gestellt. Das geschieht meistens in Situationen, in denen er etwas ganz Bestimmtes wissen möchte oder eine Äußerung des Therapeuten inhaltlich oder akustisch nicht verstanden hat. Des Weiteren ist bei der näheren Betrachtung besonders auffällig, dass vor allem geschlossene Fragen verwendet werden. Diese geschlossenen Fragen lassen nur festgelegte Antwortmöglichkeiten beim Gesprächspartner zu.

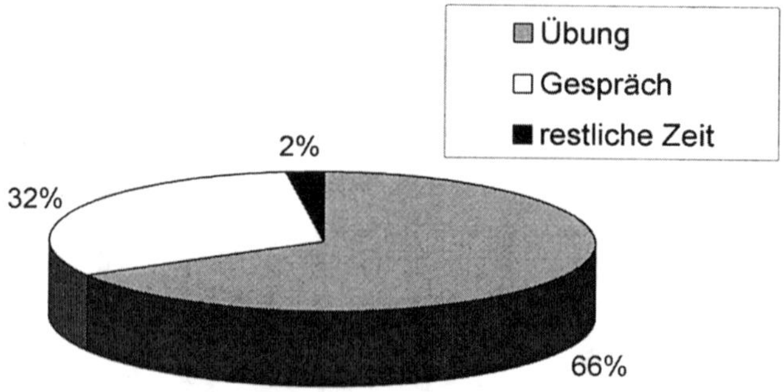

Abbildung 2: Relative Anteile von Übung und Gespräch in den Therapiesitzungen

Gespräch 2 / 29 Therapeut: Hat ihnen das gut getan?
Gespräch 7 / 114 Therapeut: Hören sie's?
Gespräch 21 / 54 Therapeut: Ham sie das gemerkt?
Gespräch 2 / 87 Therapeut: Is doch angenehm oder?

Aus den vorangehenden Beispielen ist ersichtlich, dass Empfindungen und Gefühle des Patienten während und nach einer Übung vor allem mit Hilfe geschlossener Fragen erfasst werden. Offene Fragen wären jedoch in dieser Situation deutlich günstiger, denn der Patient muss sich dann mit seinen Empfindungen auseinander setzen, was beispielsweise bei einer Stimmstörung erwünscht ist, da der Patient für das Hören sensibilisiert werden soll.

Ein weiterer Aspekt, der gesondert betrachtet wurde, ist die Gesprächsorganisation. Hier geht es um die Organisation, die Strukturierung der einzelnen Gespräche. Strukturiert wird ein Gespräch u. a. durch die Vorkommenshäufigkeit von Unterbrechungen, die Verteilung des Rederechts und die sich daraus ergebenden Gesprächsanteile der jeweils beteiligten Personen. Auffällig ist, dass die Strukturierung der untersuchten Gespräche auf die für den Therapeuten relevanten Themen bezogen ist. Er unterbricht den Patienten in seinen Ausführungen, wenn sie nicht zum eigentlichen Thema gehören, und führt zum ursprünglichen Thema zurück. Das Gespräch wird so vom Therapeuten organisiert.

Abb. 3 veranschaulicht die Anzahl der Äußerungen im Gespräch während der Therapiesitzung insgesamt, wobei Übungen nicht mit betrachtet wurden.

Zu unterscheiden, welche Gesprächsanteile zu einem Gespräch und welche zu einer Übungseinheit gehören, ist eine subjektive Entscheidung. Durch diese Übersicht kann eine Aussage über die Gesprächsanteile beider Akteure getroffen werden. Auf Grund der unterschiedlichen zeitlichen Ausdehnung der einzelnen Therapiesitzungen variiert die Anzahl der Äußerungen zwischen den einzelnen Gesprächen. Aus diesem Diagramm wird ersichtlich, dass die Anzahl der

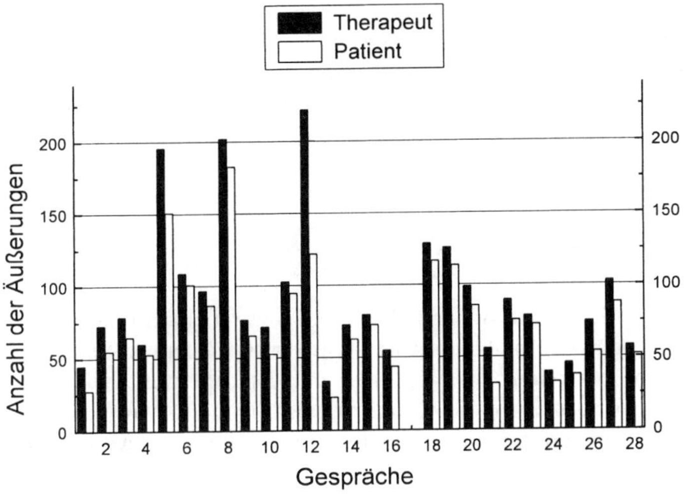

Abbildung 3: Anzahl der Äußerungen im Gespräch

Äußerungen von Therapeut und Patient ungefähr ausgewogen ist. Ausnahmen bilden jedoch Gespräch 5 und Gespräch 12. Gespräch 17 wurde in dieser Übersicht nicht berücksichtigt, da verschiedene Angehörige, das zu therapierende Kind und zwei Therapeuten an der Sitzung teilnahmen. Zusammenfassend lässt sich sagen, dass der Therapeut insgesamt mehr Gesprächsanteile besitzt. Daraus kann auf eine Überlegenheit des Therapeuten, die jedoch nicht stark ausgeprägt ist, geschlossen werden. Durch diese Dominanz lenkt der Therapeut das Gespräch, er organisiert es im Sinne der Zielsetzung der Therapie.

In einem gesonderten Teil der empirischen Untersuchung wurde die Kooperation insbesondere unter dem Aspekt der Imagearbeit betrachtet. Die einzelnen Sequenzen der Gespräche wurden u. a. hinsichtlich bestätigender Rituale des Therapeuten oder auch des Patienten untersucht. Diese wurden vier Formen (Sympathie/Interessenbekundung, Höfliche Angebote, Ratifizierungen oder Zugänglichkeitsbekundungen) kategorisch zugeordnet. So soll Kooperativität aufgezeigt werden, auf Grund derer Image aufgebaut bzw. gestützt wird.

Weiter war es für die Kooperation von Bedeutung, das Gesprächsmaterial auf korrektive Sequenzen (Entschuldigen, Rechtfertigen, Bestreiten, Schuld bekennen, Ersuchen, Bitten) hin zu untersuchen. Im Gegenzug dazu wurden auch Verweigerungen und Inszenierungen berücksichtigt. Das bedeutete zu analysieren, ob derartige aggressive Muster auftreten und damit der für die Therapie unerlässlichen Kooperation entgegengewirkt wird. Grob wurden diese rituellen Muster danach klassifiziert, ob mit ihnen positive oder negative Wertschätzungen zum

Ausdruck gebracht werden (Positive Imagebewertungen: „Bestätigungen", Negative Imagebewertungen: „Kritiken").

Zusätzlich muss dazu selbstverständlich die Unterscheidung erfolgen, ob sie auf das Image des Bewertenden selbst oder des Partners in der Kommunikation abzielen. Auf Grund dessen ergeben sich vier Grundtypen:

Selbstbestätigung (S+)
Selbstkritik (S-)
Partnerbestätigung (P+)
Partnerkritik (P-) (Holly 1979).

Zusammenfassend ergab sich auf Grund der untersuchten Imagearbeit, dass sich die Gesprächspartner im Allgemeinen kooperativ verhalten. Für diese Kooperativität scheint vor allem das Verhalten der Therapeuten maßgeblich zu sein. Dafür sprechen zum einen die Menge an bestätigenden Mustern in den meisten Gesprächen, zum anderen aber auch die korrektiven Sequenzen, die auf entsprechende Veranlassung hin erfolgen. Bestätigende Rituale wie Begrüßung und Verabschiedung werden beiderseits immer eingehalten. Auch bei den Patienten zeigt sich überwiegend kooperatives Verhalten, wenn auch in einigen Fällen Beispiele von Kooperationsverweigerung/Inszenierungen deutlich werden. Insgesamt kristallisiert sich eine vorwiegend kooperative Tendenz innerhalb der Gespräche zwischen Therapeut und Patient heraus – das Verhältnis zwischen den Gesprächspartnern ist also ein kooperatives.

Es folgt die *Darstellung der Ergebnisse der logopädischen Gesprächsführung*, d.h. eine Auswertung der beobachteten Kriterien in Bezug auf Anforderungen an die Gesprächsführung in der Logopädenausbildung. Für die Ausbildung wird zumindest phasenweise das Einbeziehen der non-direktiven Gesprächsführung gefordert. Die dort empfohlenen Gesprächsmaximen finden sich bei der Analyse der einzelnen Gespräche an verschiedensten Stellen wieder. Im Übrigen stellte sich, wie bereits erwähnt, die Verwendung der Fragen als diffizil heraus. Eine Divergenz gegenüber dem in der non-direktiven Gesprächsführung geforderten Gebrauch von möglichst offenen Fragen erwies sich in der Untersuchung durch die Dominanz des Einsatzes geschlossener Fragestellungen. Diese Auffälligkeiten sollten jedoch nicht überbewertet werden, schließlich handelt es sich in den untersuchten Gesprächen um Therapeuten, die sich noch in der Ausbildung befinden und daher nicht über jahrelange Berufspraxis und „Routine" verfügen. Die Ergebnisse können nur insofern verallgemeinert werden, als sie ausdrücklich auf die verschiedenen Therapeuten dieser Einrichtung bezogen werden. Ob das ebenso auf andere Populationen oder Logopädenschulen übertragbar ist, müsste sich erst in entsprechenden weiterführenden Untersuchungen an anderen Einrichtungen erweisen.

Literatur

Gutenberg, N. (1983): Phatisches Sprechen in der Sprechtherapie. In: Allhoff, D.-W. (Hrsg.): Sprechpädagogik – Sprechtherapie. Scriptor, Frankfurt a. M., 113–143

Holly, W. (1979): Imagearbeit in Gesprächen: Zur linguistischen Beschreibung des Beziehungsaspekts. Niemeyer, Tübingen

Ständige Konferenz der Logopädenlehranstaltsleitungen und Fachtagung der Lehrlogopäden (Hrsg.) (1998): Curriculum für die Ausbildung des Logopäden. Renate Gross, Bingen/Rhein

JO E. SCHNORRENBERG

Sprechangst: Eine angemessene Lösung für ein unausgesprochenes Problem

Skizze eines Trainingsmodells als Beispiel interdisziplinär-integrativer Konzeption

Die im Folgenden skizzierte Konzeption einer sprecherzieherisch effektiven Verminderung von Sprechangst geht aus von einem Verständnis des Begriffs „Sprecherziehung“, das diesen begreift als Bezeichnung für ein multiprofessionelles Spektrum unterschiedlicher Berufe, deren Gemeinsamkeit in der Zielsetzung besteht, die Fähigkeit zu sprechsprachlicher Kommunikation in allen ihren Formen und hinsichtlich aller sie konstituierenden Faktoren (wieder) zu entwickeln bzw. zu optimieren. Dies spiegelt sich in einem Begriffsverständnis von „Sprechwissenschaft“ als einer multi- bzw. interdisziplinär konzipierten Forschung vorwiegend empirischer Art. Die in diesem Kontext verwandte Metapher „Spektrum“ impliziert gleichermaßen Vielheit, Unterschiedlichkeit sowie Ganzheit und Gestalt; es hat eine Mitte ebenso wie eine Peripherie. Ohne auf die immer wieder reizende Frage einzugehen, was in die Mitte gehöre – also den Kern sprecherzieherischer Arbeit auszumachen habe – möchte ich auf die Vorteile hinweisen, die das Arbeiten an der Peripherie bietet: Dort kommt es zu Kontakten mit Nachbardisziplinen und -berufen, was ebenso stimulierend wie herausfordernd sein kann und entsprechende Lernchancen beinhaltet zu Gunsten der professionellen Entwicklung im Sinne eines wünschenswerten lebenslangen Lernens.

Es verbreitet sich zunehmend die Einsicht, dass ein einziger erlernter Beruf keine lebenslange Tätigkeit darin mehr garantiert. Dies kann man unterschiedlich werten: als die „zweite Moderne“, in der die „Kinder der Freiheit“ die Möglichkeiten einer „Multioptionsgesellschaft“ genießen – wie Ulrich Beck es formuliert –, oder – mit den Worten von Richard Sennett – als eine „Drift“, der der „flexible Mensch“ im „neuen Kapitalismus“ ausgesetzt ist. Es beinhaltet also gleichermaßen die Freiheit und die Last ständig zu fällender neuer Entscheidungen auch und gerade im Berufsleben, ohne dass es dafür normierte Rezepte gäbe. Neben dieser sich abzeichnenden Notwendigkeit bietet diese ständige Entwicklung und Veränderung aber auch einen besonderen Reiz, der die persönliche Befriedigung in der Berufsrolle und auch darüber hinaus erfahrungsgemäß beträchtlich steigern kann. Seminarsitzungen, aus denen ich als Lehrender herausgehe, wie ich hineingegangen bin, waren für mich ohne Ertrag; das Recht auf einen eigenen Lerngewinn sollte niemand in der Routine alltäglicher Berufsarbeit vergessen.

Ich habe in meinem „Plädoyer für die Entwicklung methodischer Innovationsfreudigkeit" (Schnorrenberg 1996) bereits einen verantworteten, kreativen Eklektizismus befürwortet, was nicht als eine Beliebigkeit missverstanden werden sollte, die sich an den jeweiligen Modellmoden orientiert mit dem Ziel einer vordergründigen Attraktivitätssteigerung der Seminargestaltung. Wichtige Voraussetzungen dafür, „aus vorhandenen Lehren einzelne Gedanken auszuwählen und zu einem neuen Ganzen zusammenzustellen" – so die Definition von Eklektizismus in Meyers Enzyklopädie von 1925 (1415) –, sind eine ausreichende Übereinstimmung der den Modellen jeweils zu Grunde liegenden Axiomatik sowie Kompatibilität der Methoden. Außerdem bedarf es einer klaren Indikation, die sich aus der Klärung der Fragen ergibt, welche *Person* bei der Lösung welchen *Problems* mit welchem *Ziel* in welchem *Kontext* unterstützt werden soll.

Das unausgesprochene Problem: Versuch einer angemessenen Lösung

Im Folgenden soll ein Beispiel interdisziplinär-integrativen Arbeitens skizziert werden. Es geht um die Bearbeitung von Sprechangst, zur Anwendung kommen sprecherzieherische und psychotherapeutische Methoden. Dabei wird der derzeitige Entwicklungsstand eines Trainingsmodells dargestellt, was zugleich eine Einladung an Leserinnen und Leser impliziert, kritische Anmerkungen zu machen.

In einer früheren Arbeit (Schnorrenberg 1995) hatte ich bereits darauf hingewiesen, dass für einen großen Teil von Teilnehmerinnen und Teilnehmern an Seminaren und Kursen zur rhetorischen Kommunikation das mit Abstand vorrangige Lernziel darin besteht, Sprechangst zu überwinden und die Fähigkeit zu angstfreiem, selbstsicherem Auftreten zu entwickeln. Das bedeutet, dass sehr viele Teilnehmende unter Redeangst leiden. Reinholde Kriebel (1984) unterscheidet *sprechängstliches* von *logophobischem* Verhalten. Im erstgenannten Fall versucht demnach die Person, trotz und mit der Angst, der situativen Forderung zu reden, zu entsprechen, ohne dadurch die subjektiv erlebten Angstgefühle reduzieren oder kontrollieren zu können, wobei der subjektive Belastungsaufwand sehr hoch ist. Im Fall logophobischen Verhaltens reagiert die Person mit Flucht oder Vermeidung bzw. mit passivem Schweigen zwecks Bewältigung der Angst mit der Folge, dass die befürchtete Belastung zwar aktuell reduziert werden kann, als Konsequenz sich aber subjektive Versagensgefühle und/oder objektive Negativeinschätzungen einstellen, die ihrerseits die Sprechangst vergrößern. Legt man diese Kategorien zu Grunde, so dürften beide Grade von Sprechangst bei Teilnehmerinnen und Teilnehmern von Rhetorikkursen zu finden sein. Diese Erfahrung führte zur Auskopplung eines Seminarangebots in der Erwachsenenbildung, dessen Titel *Verminderung von Sprechangst* dieses Lernziel explizit machte. Eine Datenerhebung mittels des *Unsicherheitsfragebogens* aus dem *Assertiveness-Training-Programm* (ATP) von Rita und Rüdiger Ullrich (1994) am Beginn des Seminars ergab Werte (s. Tabelle 1) in den für Sprechangst besonders relevanten Skalen *Fehlschlag- und Kritikangst* sowie *Kontaktangst*, die den Vergleichswerten von sozial ängstlichen Studenten bzw. sozial phobischen Patienten sehr nahe kamen. Das heißt, dass diese Teilnehmerinnen und Teilnehmer an *außerklinischen* Seminaren im vortherapeutischen Feld vergleichbar sind mit Patienten in einer psychiatrischen Ambulanz, die unter erheblichen psycho-sozialen Störungen leiden. Geht man davon aus, dass diese Personengruppe einen nicht geringen Teil der Teilnehmergruppierungen von Rhetorikkursen ausmacht, so ergibt sich die paradox anmutende Aufgabe, in einem nicht therapeutisch definierten Setting eine therapeutische Aufgabe bewältigen zu müssen, wenn anders es nicht zu einem Prozess „komplementärer Illusionen" (Schnorrenberg 1995) kommen soll – derart, dass sich die Leitenden ebenso wie die Teilnehmenden einen fiktiven Erfolg einreden. Dies erklärt den Untertitel: es handelt sich um ein *unausgesprochenes Problem*, das eine *angemessene Lösung* erfordert. Letztere kann sich – der Art der Problemstellung entsprechend – dann eben nicht erschöpfen im Angebot sprecherzieherischer Übungstechniken, sondern macht den Einsatz psychotherapeutischer bzw. therapieentlehnter Methoden notwendig, was wiederum eine angemessene Kompetenz auf Seiten der Leiterin/des Leiters erfordert.

Das Trainingsmodell: die Sitzungsfolge

Im Folgenden werde ich eine mögliche Sitzungsfolge skizzieren, wobei das Seminarangebot eine Serie von zwölf, wöchentlich einmal stattfindenden Sitzungen von je 90 Minuten Länge, in einer Gruppe von zehn Teilnehmenden umfasste. Die notwendige und vorrangige Orientierung am Prozessverlauf erfordert selbstverständlich ein entsprechend hohes Maß an Flexibilität hinsichtlich der Gestaltung der einzelnen Sitzungen, weswegen der dargestellte Verlauf eben nur eine Möglichkeit abbildet.

Ich stelle mich den Teilnehmenden zu Beginn der *ersten Sitzung* vor als Sprecherzieher *und* Psychotherapeut, der sie bei der Entfaltung einer Fähigkeit unterstützen kann und möchte. Schon an dieser Stelle sei auf den Einsatz von Metaphern hingewiesen; die Verwendung des metaphorischen Begriffs *Entfaltung* präsupponiert eine bereits vorhandene, zu entfaltende Anlage (Sprachverwendung nach Milton Erickson, in Riebensahm 1985). Dem entgegen werden ausdrücklich die Implikationen der alltagssprachlich häufigen Formulierungen *Angst verlieren und Sicherheit gewinnen* angesprochen, weil vor allem die darin benutzten Verben unbewusst eine unangemessene Vorstellung des Prozesses der zu leistenden *Entfaltungsarbeit* nahe legen. Ausführlich wird in diesem Kontext die Zielformulierung thematisiert, wobei das „*Von-weg*"-Ziel ersetzt wird durch ein „*Hin-zu*"-Ziel (vgl. Neurolinguistisches Programmieren: NLP). Zur Begründung erfolgt ein Hinweis auf die unbewusst hemmende Wirkung der ersten Zielformulierung und die förderlichere der zweiten. So erzeugt schon die Zielsetzung, keine Angst mehr spüren zu wollen, unausweichlich die Erinnerung an die Angsterfahrungen verbunden mit den gespeicherten Bildern und Emotionen. Als erste Aufgabe ergibt sich daraus die gemeinsame Suche nach geeigneten „Hin-zu"-Formulierungen. Angekündigt wird außerdem der Einsatz therapieentlehnter Arbeitsweisen, wobei explizit und nachdrücklich zugesichert wird, dass jede/-r stets selbst entscheiden kann und muss, ob und in welchem Maß sie oder er sich auf die angebotenen experientiellen Aufgaben einlassen möchte. Dies wird in der gesamten Arbeit konsequent realisiert, was bedeutet, dass zu keinem Zeitpunkt eine Teilnehmerin oder ein Teilnehmer zu irgendeiner Leistung direkt oder indirekt genötigt wird. Das schließt selbstverständlich nicht aus, respektvoll und kreativ zur Teilnahme zu „verführen". Erfahrungsgemäß reduziert diese Zusicherung den angstbedingten Widerstand und erübrigt weitgehend das bisher oft praktizierte Fluchtverhalten. Es folgt eine Vorstellungsgelegenheit für die Teilnehmenden, die aus dem gerade dargestellten Grund *nicht* als „Runde" deklariert und praktiziert wird; vielmehr kann jede/-r selbst entscheiden, ob, wann und wie sie/er sich einreihen möchte. Als „*Spiel*regel" schlage ich vor, nach Möglichkeit diese Vorstellung mit dem Nennen von drei Fähigkeiten zu verbinden, über die man in besonderem Maße verfügt. Hierdurch wird eine programmatische Ressourcenorientierung erreicht, die charakteristisch ist für das gesamte Vorgehen im Seminar. Anschließend wird eine erste Fragebogenerhebung angeboten mit der Begründung, die ersten Daten am Ende des Seminars mit denen einer zweiten Erhebung selbst vergleichen zu können – gewissermaßen als „objektivierte" Spiegelung der subjektiven Anmutung hinsichtlich des Entwicklungsziels – und mit der Zusicherung, dass dieser erste Bogen erst zusammen mit dem zweiten am Ende des Seminars ausgewertet wird und alle Daten vorgelegt werden. Dies beinhaltet zugleich eine Evaluation der Arbeit für die Leiterin/den Leiter – zumindest für diesen Zeitpunkt –, die den „Self-fulfilling-prophecy"-Charakter üblicher Feedbackbögen vermeidet. Es folgt eine Pause – mit gezieltem Einsatz von entspannender Musik – mit einer damit verbundenen Gelegenheit zu spontanen Gesprächen, wobei sich aufschlussreiche erste soziometrische Beobachtungen ergeben. Pausen für die Teilnehmergruppe sind für die/den Leitende/-n wichtige Arbeitsphasen! Als Abschluss der ersten Sitzung wird eine Imaginationsübung angeboten, bei der sich jede/-r an eine besonders befriedigende Erfahrung noch einmal so lebendig wie möglich – d.h. sinnesspezifisch ausgestaltet – erinnern und sie „ankern" kann. Ein kurzer Austausch erfolgt anschließend nur über den Verlauf, *nicht* über den Inhalt der Erfahrung. Diese NLP-typische Übung soll die bereits genannte Ressourcenorientierung verstärken. Am Ende dieser Sitzung – wie auch aller anderen – steht die offene Frage, ob „es etwas gibt, das man nicht ungesagt mitnehmen möchte".

Dem entspricht am Beginn der *zweiten Sitzung* – wie auch aller folgenden – die gleichfalls offene Frage nach „‚Unerledigtem' aus der vorhergehenden Sitzung: Fragen oder Kritik bzw. Nachwirkungen und Erfahrungen aus der Zeit dazwischen, die mit unserem Thema irgendwie zusammenhängen." (Burow 1993) Sodann wird anhand zweier Sets von Fragen – solchen nach einem ungelösten Problem, dessen Entstehungsgeschichte und Auswirkungen, sowie solchen nach einem konkreten Ziel, dem bereits in Bezug darauf Erreichten und dessen Konsequenzen – die unmittelbare Auswirkung unterschiedlicher gedanklicher Inhalte auf die Befindlichkeit erfahrbar gemacht, woraus im Sinne eines „Self-Coaching"-Konzepts die Möglichkeit der mentalen und emotionalen Selbststeuerung abgeleitet wird mit der Folge der eigenen Verantwortung für die jeweilige Befindlichkeit, soweit diese sich aus solchen visuellen und auditiven „Endlosschleifen" ergibt. Es folgt ein Informationsinput zum „Konstruktivismus" als der axiomatischen Basis des Trainings (von Foerster/von Glasersfeld 1999). In diesem Zusammenhang wird anhand der „Pyramide der logischen Ebenen" von Robert Dilts (Schnorrenberg 1996) der Einfluss von Einstellungen auf Lern- und Veränderungsprozesse thematisiert. Nach einer gezielt eingesetzten Pause wird eine Geschichte erzählt, die in metaphorischer Weise den erfolgreichen Umgang mit Ängsten vermittelt (Lankton/Lankton 1994). Dieses Element geht von der Annahme aus, dass das Unbewusste der Zuhörenden die relevante Botschaft versteht, während das Bewusstsein mit der Interpretation der erzählten Fakten beschäftigt ist. In dieser Einbettung lassen sich – nach einer indirekten Tranceinduktion – Lösungen anbahnen, verfehlte Lösungsversuche ad absurdum führen und Erkundungsaufträge vermitteln. Auf keinen Fall sollte eine solche Geschichte interpretiert, d. h. relogifiziert werden, weswegen ihre Platzierung unmittelbar vor Sitzungsende sehr günstig ist.

In der *dritten Sitzung* wird eine detaillierte Erarbeitung des jeweils persönlichen Ziels für dieses Training angeleitet. Hierzu dient der NLP-entlehnte „Zielrahmen", der mittels gezielter Fragen sicherstellen soll, dass das Ziel selbst initiierbar und kontrollierbar, realistisch und positiv sowie kontextgebunden formuliert und auf seine intrapsychische und soziale „Verträglichkeit" hin überprüft ist. Hierzu gehört außerdem eine Würdigung des bisherigen – unbefriedigenden – Redeverhaltens als Versuch der Psyche, auf diese – wenngleich uneffektive Weise – etwas Positives für die eigene Person erreichen zu wollen. Erfahrungsgemäß kann eine solche Reflexion Selbstbestrafungstendenzen mindern sowie Verständnis für das alte Verhalten und damit Selbstversöhnung anbahnen, was sich wiederum therapeutisch günstig auswirkt.

In der *vierten Sitzung* folgen Achtsamkeitsübungen (Tart 1996) sowie einzelne Trainingsschritte zur Verbesserung der Fähigkeit zu assoziierter und dissoziierter Imagination auf allen sinnesspezifischen Repräsentationsebenen.

Die zentrale Übung in der *fünften Sitzung* („New Behavior Generator") entspricht einer Leitidee des NLP, insofern dabei das Ziel als erreichtes imaginativ antizipiert werden soll, indem das erwünschte Verhalten im betreffenden Kontext zunächst dissoziiert, dann assoziiert in der Vorstellung praktiziert und erlebt wird. In hirnphysiologischen Untersuchungen konnte gezeigt werden, dass Imaginationen neuronale Aktivitäten zur Folge haben (Ergebnisse Goebels et al. 1998, Max-Planck-Institut für Hirnforschung Frankfurt a. M.). Diese Übung demonstriert die Leiterin/der Leiter mit einem hierzu bereiten Gruppenmitglied; anschließend wird die Übung anhand einer zusätzlichen schriftlichen Anweisung in 2er-Konstellationen durchgeführt, so dass jede/-r von beiden einmal die Übung anleitet und einmal angeleitet wird. Anleitung bedeutet in diesem Kontext immer nur das Ansagen der mentalen Prozeduren, die die/der andere durchlaufen soll; *niemals* werden dabei Inhalte ausgetauscht. Das Tempo bestimmt die/der Erfahrende. Auch diese Sitzung lässt sich sehr gut mit einer Geschichte als Verstärkung abschließen.

In der *sechsten Sitzung* kommt eine Übung aus der Gesprächsrhetorik zum Einsatz, die so genannte „Fish-Bowl"-Runde, in der die Hälfte der Gruppe im Innenkreis zweimal 15 Minuten zu einem selbst gewählten Thema diskutiert, wobei in der Pause dazwischen jedes Mitglied dieser Teilgruppe von einem vorher selbst gewählten Mitglied des Außenkreises ein Feedback bekommt. Leiterseitig wird abschließend der Verlauf kommentiert mit vorrangiger glaubwürdiger Betonung alles Gelungenen. Die Übung sollte erst in einer späteren Sitzung in gewechselter Konstellation wiederholt werden. Nach einer Pause als „Separator" wird eine so genannte „Phantasiereise" zur Entspannung angeboten (Luther/Maaß 1994; Maaß/Ritschl 1997).

Gegenstand der *siebenten Sitzung* ist eine Einführung in die „Fünf-Satz-Technik" als Voraussetzung für die Präsentation vorbereiteter Redebeiträge zu selbst gewählten Themen mit real-kommunikativer Orientierung, d. h. den anwesenden anderen Mitgliedern der Trainingsgruppe den jeweiligen Inhalt vermitteln zu wollen. Dabei wählt jede/-r Vortragende, ob sie/er vom Platz in der Runde oder vor der Gruppe, mit oder ohne Tonbandaufzeichnung (auf keinen Fall Video!) reden möchte. Nach einer

Tabelle 1: Eine (nicht-repräsentative) Evaluation

	1.Test	2.Test	Vergleichs-werte
Faktor 1: Fehlschlag- und Kritikangst	45.69	37.28	27.94 48.72 50.42
Faktor 2: Kontakt-Angst	34.82	27.83	24.88 38.04 40.73
Faktor 3: Fordern-Können	32.86	40.66	38.97 26.82 25.45
Faktor 4: Nicht-nein-sagen-Können	26.97	22.20	18.63 27.34 27.62
Faktor 5: Schuldgefühle	7.62	5.80	6.44 8.28 10.97
Faktor 6: Anständigkeit	13.45	10.83	10.12 11.88 14.89

unmittelbar anschließenden Selbsteinschätzung der/des Redenden erfolgen Rückmeldungen aus der Gruppe und seitens der Leiterin/des Leiters, wobei wiederum das erfolgreich Geschaffte im Vordergrund stehen sollte.

Dieser instrumentelle Teil des Trainings, die Präsentationen einzelner, dazu bereiter Gruppenmitglieder, füllt im Wesentlichen die *folgenden Sitzungen*. Dies wird jeweils angereichert und verstärkt durch Aktivieren der „Anker“ aus den Imaginationen, verschiedene Entspannungs- und Fokussierungstechniken sowie Geschichten (Trenkle 1998). In der *elften Sitzung* erfolgt die zweite Durchführung des ATP-Tests, dessen Ergebnisse – zusammen mit denen des ersten Tests – in der *zwölften und letzten Sitzung* mit einer Anleitung zur Selbstinterpretation den Teilnehmerinnen und Teilnehmern mitgeteilt werden. Das Training schließt ab mit einer intensiven Verstärkungsübung aus dem NLP. Den Teilnehmenden wird die Möglichkeit angeboten, mich bei Bedarf in der Folgezeit individuell zu konsultieren.

Die in Tabelle 1 dargestellten Ergebnisse (Ullrich/Ullrich 1994) basieren auf den Tests von 13 Teilnehmerinnen und 16 Teilnehmern, 4 unter 20 Jahre, 14 zwischen 20 und 29, 5 zwischen 30 und 39, 5 zwischen 40 und 49 sowie 1 über 50. Die von den Autoren des Tests ermittelten Vergleichswerte stammen von Referenzgruppen von Nicht-Patienten (1. Wert), sozial-ängstlichen Studenten (2. Wert) sowie sozial-phobischen

Patienten (3. Wert). Sie belegen für den Kreis der Trainingsteilnehmerinnen und -teilnehmer deutliche Verbesserungen, wobei die individuellen Werte teilweise stark streuen. Für einige Mitglieder der Trainingsgruppe war die Teilnahme an einem anschließenden Rhetorikseminar dadurch sinnvoll geworden, einzelne fühlten sich motiviert, nun in einer Einzeltherapie die begonnene Arbeit fortzusetzen.

Notwendige Voraussetzungen und wünschenswerte Folgen

Eine solche erste Evaluation ist eine Herausforderung für jede/-n, die/der in dieser Berufsrolle Wissen, Fertigkeiten, Erfahrungen, Intuitionen sowie Lebenszeit und Energie dazu nutzen möchte, eine für andere hilfreiche und deshalb für sich selbst befriedigende Arbeit zu leisten. Und zugleich ist es ein zentraler Bestandteil einer notwendigen Qualitätssicherung unserer sprecherzieherischen Arbeit, wenn sie sich auf dem „Markt" zwischen anderen seriösen Anbietern und unseriösen Effekthaschern weiter profilieren möchte. Wenn Kommunikation sich – nach Robert Dilts – an der erreichten Wirkung messen lassen muss, dann reicht es eben nicht, sich auf der eigenen Seriosität auszuruhen und neidvoll auf das Honorar vermeintlicher oder tatsächlicher Scharlatane zu schauen. Vielmehr sollte eine *Qualitätsoffensive* in der DGSS unter Nutzung interner und externer Ressourcen in Gang gebracht werden. Dazu gehören Prozeduren der *Qualitätssicherung* – bis hin zu Gewährleistungen für den „Kunden" –, die Formulierung *ethischer Standards* und die Einrichtung von *Beschwerdeinstanzen*, nicht zuletzt eine überfällige *Professionalisierung der PR-Arbeit* für diese Gesellschaft. Hierzu könnten kleine Arbeitskreise von entsprechend motivierten Kolleginnen und Kollegen – *jenseits der Gremienstrukturen und -grenzen* – effektive Arbeit leisten. Eine Problemsituation – und in einer solchen, längst chronifizierten sehe ich die DGSS – kann nicht innerhalb und mittels der Strukturen gelöst werden, durch die sie entstanden ist (bekanntlich nach Paul Watzlawick ein Lösungsversuch „1. Ordnung"). Sprecherziehung wird es in Zukunft als ein interdisziplinär fundiertes, multiprofessionelles Spektrum von Berufen geben, oder es wird sie kaum noch geben: eine ebenso herausfordernde wie motivierende Perspektive!

Literatur

Burow, O.-A. (1993): Gestaltpädagogik. Trainingskonzepte und Wirkungen. Ein Handbuch. Jungfermann, Dortmund

Foerster, H. v., Glasersfeld, E. v. (1999): Wie wir uns erfinden. Eine Autobiographie des radikalen Konstruktivismus. Carl Auer, Heidelberg

Goebel, R., Khorram-Sefat,D., Muckli, L., Hacker, H., Singer, W. (1998): The constructive nature of vision: direct evidence from functional magnetic resonance imaging studies of apparent motion and motion imagery. European Journal of Neuroscience 10, 1563–1573

Kriebel, R. (1984): Sprechangst. Kohlhammer, Stuttgart/Berlin/Köln/Mainz

Lankton, C. H., Lankton, S. R. (1994): Geschichten mit Zauberkraft. Die Arbeit mit Metaphern in der Psychotherapie. 2. Aufl. J. Pfeiffer, München

Luther, M., Maaß, E. (1994): NLP Spielespektrum. Basisarbeit. Übungen-Spiele-Phantasiereisen. Junfermann, Paderborn

Maaß, E., Ritschl, K. (1997): Coaching mit NLP. Erfolgreich coachen in Beruf und Alltag. Ein Übungsbuch. Junfermann, Paderborn

Meyers Lexikon (1925), 7. Auflage, Bd. 3, Bibliographisches Institut, Leipzig

Riebensahm, H. (1985): Anwendung Ericksonscher Sprachmuster als rhetorische Strategien in Lerngruppen. Hypnose und Kognition 2/2, 44–56

Schnorrenberg, J. E. (1995): Rhetorische Kommunikation als Gegenstand von Erwachsenenbildung: Erwartungen und Versprechungen in illusionärer Komplementarität. In: Herbig, A. F. (Hrsg.): Konzepte rhetorischer Kommunikation. Röhrig, St.Ingbert, 131–142

– (1996): Anmerkungen zum Verhältnis von Kreativität und Effektivität sprecherzieherischen Handelns. In: Lemke, S., Thiel, S. (Hrsg.): Sprechen, Reden, Mitteilen. Ernst Reinhardt, München/Basel, 43–49

Tart, C. T. (1996): Die innere Kunst der Achtsamkeit. Übersetzt aus dem Englischen von Karin Hein. Arbor, Freiamt

Trenkle, B. (1998): Die Löwengeschichte. Hypnotisch-metaphorische Kommunikation und Selbsthypnosetraining. 2. Aufl. Carl Auer, Heidelberg

Ullrich, R., Ullrich, R. (1994): Das Assertiveness-Training-Programm ATP: Einübung von Selbstvertrauen und sozialer Kompetenz. 4. Aufl. J. Pfeiffer, München

V. Sprechwissenschaftliches/sprecherzieherisches Studium – Eignung, Ziele, Kompetenzen

UTA HÄNSCH

Die phoniatrische Tauglichkeitsuntersuchung vor sprechwissenschaftlichem Studium

1. Einleitung

Die phoniatrische Tauglichkeitsuntersuchung ermöglicht eine Beurteilung der organischen und funktionellen Voraussetzungen für besondere Stimm- und Sprechleistungen mit dem Ziel, die Gefahr des beruflichen Versagens durch Stimmerkrankungen zu minimieren. Sie befasst sich dabei nicht mit Fragen der fachbezogenen Fähigkeiten und Fertigkeiten, diese Entscheidung müssen die ausbildenden Institutionen treffen (Wendler et al. 1996, 110f). Die Einschätzung des Stimmapparates in seiner Komplexität erfolgt durch eine klinisch-phoniatrische Untersuchung in Verbindung mit objektiven Prüfverfahren. Der Ablauf einer solchen Untersuchung in der phoniatrischen Abteilung der Klinik und Poliklinik für Hals-, Nasen-, Ohrenheilkunde/Plastische Operationen der Universität Leipzig soll im Folgenden vorgestellt werden.

2. Zur Durchführung der Tauglichkeitsuntersuchung

2.1. Anamnese

Wie bei der Untersuchung von Patienten, deren stimmliche oder sprachliche Leistungen überprüft werden sollen, ist es auch bei Einschätzung der Tauglichkeit unabdingbar, vor der Befunderhebung eine ausführliche Anamnese zu erheben. In diesem Gespräch werden insbesondere Informationen zu Stimmentwicklung, stimmlicher Leistungsfähigkeit sowie evtl. vorhandenen Stimmbeschwerden aufgenommen. Frühere oder chronische Erkrankungen, insbesondere im Hals-Nasen-Ohren-Bereich, werden erfragt. Der Phoniater achtet weiterhin auf Stimmklang, Sprech- und Ausdrucksweise sowie auf Mienenspiel, Mitbewegungen und periphere Verspannungen (Wendler et al. 1996, 83f).

2.2. HNO-Spiegeluntersuchung

Zunächst erfolgt die Erhebung des vollständigen HNO-Spiegelstatus. Dabei werden die Gehörgänge und Trommelfelle, die innere Nase, der Mundrachen und Nasenrachen mit entsprechenden Instrumenten untersucht. Das gehört zur Routinediagnostik im Fachgebiet und ist für den zu Untersuchenden in der Regel unproblematisch. Im Mittelpunkt steht die Kehlkopfuntersuchung, welche die klassische Kehlkopfspiegelung, die Lupenlaryngoskopie und die Stroboskopie umfasst. Bei starkem Würgereiz macht sich dabei gelegentlich die Applikation eines Schleimhautanästhetikums (als Spray) erforderlich. Auf die Verwendung eines flexiblen Endoskops, welches durch die Nase geführt wird, kann in aller Regel verzichtet werden.

Die Laryngostroboskopie ermöglicht die Beurteilung des Schwingungsablaufes der Stimmlippen und ist eine unverzichtbare Untersuchungsmethode in der Phoniatrie, verlangt allerdings auf Grund der Subjektivität einige Erfahrungen des Arztes. Weiterhin wird bei entsprechenden Hinweisen in der Anamnese eine Hörprüfung in Form der Schwellenaudiometrie als erforderlich angesehen.

2.3. Stimmbeurteilung

Dieser Teil der Untersuchung umfasst die auditive Beurteilung, einen Stimmbelastungstest und fakultativ die Stimmfeldmessung (Singstimmfeld) und erfolgt durch einen klinischen Sprechwissenschaftler. Auditiv wird der Stimmklang mit Hilfe des RBH-Schemas nach Wendler beurteilt (Rauigkeit, Behauchtheit, Heiserkeit mit einer Schweregradeinteilung von 0 bis 3). Weiterhin interessiert die Stimmgebung, der Stimmeinsatz und das Schwelltonvermögen. Stimmumfang und mittlere Sprechstimmlage, gespannt und ungespannt, können am Piano festgestellt und mit Frequenzangabe notiert werden. Die Messung der Stimmstärke erfolgt unter definierten Bedingungen mittels Schallpegelmesser in Dezibel. Die Tonhaltedauer wird in Sekunden gemessen. Beachtung finden weiterhin Sprechmelodie, Sprechtempo, Sprechatmung und Nasalität sowie Artikulation.

Mit dem Stimmbelastungstest steht ein Verfahren zur Verfügung, um das hochkomplexe Phänomen der stimmlichen Leistungsfähigkeit einschätzen zu können. Es muss ein einfach strukturierter Text mit 70–80 Dezibel Lautstärke 30 Minuten lang gelesen werden. Dabei stellen vor allem zunehmende Anstrengung, Verschlechterung des Stimmklanges sowie eine überhöhte mittlere Sprechstimmlage Kriterien einer eingeschränkten Stimmbelastbarkeit dar.

Die Messung des Stimmumfangprofils (voice range profile measurement) kann bei gesungenen Tönen (Singstimmfeld) oder beim Sprechen (Sprechstimmfeld) erfolgen und komplettiert die Untersuchung der Stimme und des Sprechens.

3. Kriterien für Tauglichkeit

Nach Beendigung der Untersuchungen werden alle Befunde zur Einschätzung der Stimmtauglichkeit herangezogen. Die obligatorische Video- und Tonbanddokumentation ermöglicht dabei eine gute Kontrolle und Vergleichbarkeit der Befunde und dient auch der Demonstration, insbesondere beim Vorliegen pathologischer Veränderungen. Als tauglich gelten alle Untersuchten mit normalen Befunden. Untauglichkeit muss demnach bescheinigt werden, wenn funktionelle und/oder organische Abweichungen von der Norm vorliegen, die mit hoher Wahrscheinlichkeit während Ausbildung oder Beruf zu Stimmversagen und Stimmerkrankungen führen. Folgende Untersuchungsbefunde können zu einem *Untauglich* führen:

- Fehlbildungen, Formveränderungen,
- krankhafte Befunde im Bereich des Kehlkopfes und der Ansatzrohre,
- Stimm- und Sprachstörungen,
- chronische Erkrankungen der oberen und unteren Luftwege,
- Hörstörungen,
- allergische Erkrankungen der Atemwege.

Allerdings kann durch eine Hyposensibilisierung oder eine moderne medikamentöse Therapie eine Allergie erfolgreich behandelt werden. Eine mögliche Therapie stellt demzufolge ein weiteres wichtiges Kriterium dar. Sind also bei leichteren Störungen durch konservative Maßnahmen oder operative Eingriffe dauerhafte Verbesserungen zu erwarten, wird diese Therapie empfohlen und zum großen Teil auch wahrgenommen. Dabei steht nach unserer Erfahrung eine Stimmtherapie zur Behandlung von geringgradigen funktionellen Stimmstörungen an erster Stelle. Nach Abschluss aller therapeutischen Maßnahmen ist eine erneute phoniatrische Untersuchung selbstverständlich.

4. Zusammenfassung

Die phoniatrische Tauglichkeitsbeurteilung stellt eine Voraussetzung für ein Studium der Sprechwissenschaft dar. Um eine möglichst exakte Einschätzung der Stimm- und Sprechleistungen vorzunehmen, sollte sie durch eine phoniatrische Einrichtung mit umfangreichen Erfahrungen erfolgen. Fachliche Kompetenz sowie ein standardisierter Untersuchungsablauf sichern eine hohe Qualität der individuellen Beurteilung, um ein berufliches Versagen weniger wahrscheinlich zu machen. Betreuung und gegebenenfalls therapeutische Maßnahmen bei stimmerkrankten Bewerbern und Studenten verlangen eine enge Zusammenarbeit und kontinuierlichen Erfahrungsaustausch zwischen Sprecherziehung, klinischer Sprechwissenschaft und Phoniatrie, wie an der Universität Leipzig seit langem Tradition.

Literatur

Wendler, J., Seidner, W., Kittel, G., Eyshold, U. (1996): Lehrbuch der Phoniatrie und Pädaudiologie. 3. Aufl. Georg Thieme, Stuttgart

LUTZ CHRISTIAN ANDERS

Zu Aspekten der stimmlichen Eignung für das Studium der Sprechwissenschaft

Die Stimme einer Sprechwissenschaftlerin/eines Sprechwissenschaftlers sollte prinzipiell allen Aufgaben und Anforderungen gewachsen sein, die auch die Stimme seines/ihres Schülers, Klienten oder Patienten zu erfüllen hat. Deshalb muss die stimmliche Tauglichkeit eines Bewerbers für das Studium der Sprechwissenschaft und Phonetik an der Martin-Luther-Universität Halle-Wittenberg in jedem Fall noch vor der Eignungsprüfung in einem phoniatrisch-pädaudiologischen Gutachten bescheinigt sein. Allerdings wird in diesem Tauglichkeitsgutachten normalerweise allein die Stimmgesundheit bescheinigt. Eine genauere Einschätzung der Stimme, die speziell auf die Bedingungen ihres späteren Einsatzes in unserem Beruf gerichtet ist, bleibt daher der Beurteilung im Rahmen der Eignungsprüfung vorbehalten.

Wichtige Hinweise ergeben sich aus der ärztlichen Kehlkopfinspektion, aus Angaben, die zum großen Teil der stroboskopischen Untersuchung der Stimmlippenfunktion entspringen. Es mindert nicht die Relevanz dieser Befunde, wenn man einräumt, dass auch die Kehlkopfspiegelung und die Stroboskopie keine quantitativen Verfahren sind, sondern der subjektiven Interpretation bedürfen – ebenso wie die auditive Bewertung der Stimme. Als medizinisches Leitsymptom einer Stimmstörung gilt ein auditives Merkmal, die Heiserkeit.

Bei der Forderung nach einer gesunden und zugleich leistungsfähigen Stimme des Bewerbers steht daher für uns zunächst die Abwesenheit von Heiserkeit im Vordergrund. In Anlehnung an die bestehenden Begriffsbestimmungen (Frint/Hirschberg 1979, 99–102) ist, gleichsam als Extrakt teils unterschiedlicher Ansichten, Heiserkeit als ein Störungssymptom zu definieren, und zwar als Oberbegriff für Stimmklangstörungen, die laryngeal verursacht werden und durch das Auftreten pathologischer Geräuschanteile im Klangspektrum gekennzeichnet sind. Hier beginnen aber bereits die Probleme: Nicht nur eine gestörte, sondern jede Stimme weist gewisse Quanten an Geräuschanteilen auf; dies ist ein typisches Kennzeichen der menschlichen Stimme und unterscheidet sie etwa von einem synthetisch erzeugten, den Stimmklang imitierenden Signal. Es ergibt sich somit die Frage, bis zu welchem Grade Geräuschkomponenten noch als physiologisch anzusehen sind und wo pathologische Quantitäten beginnen. Die Antwort ist allein das Ergebnis eines subjektiven Bewertungsaktes.

Gerade dann, wenn fragliche Befunde zur Beurteilung stehen, muss unterschieden werden zwischen den Ursachen der Geräuschanteile. Im Wesentlichen stehen zwei Formen zur Beurteilung: Geräuschanteile, die durch Irregularitäten in Frequenz, Amplitude oder/und Phasenlage der Schwingung erzeugt werden (rauer Stimmklang), und solche, die in erster Linie durch Schlussinsuffizienzen der Glottis bedingt sind (behauchter Stimmklang). Wenn im Zusammenhang mit der stimmlichen Eignung unklare Befunde zu beurteilen sind, ist es wichtig, diesem Unterschied Rechnung zu tragen: Erfahrungen aus der klinisch-therapeutischen Praxis zeigen, dass stimmliche Behauchtheit oftmals leichter und effektiver therapierbar ist als Rauigkeit. Hinzu kommt, dass sehr häufig raue Qualitäten ohne behauchte Stimme auftreten, der umgekehrte Fall aber ausgesprochen selten ist. Dies soll durch auditive Bewertungsergebnisse belegt werden: Bei einer Serie von Stimmbeurteilungen durch eine Expertengruppe wurde der Zusammenhang zwischen den Urteilen über die stimmliche Rauigkeit, Behauchtheit und Heiserkeit in einem zweiseitigen Signifikanztest ermittelt (40 bivariate Korrelationen unter Heranziehung des Pearson-Bravaisschen Korrelationskoeffizienten, rechnergestützte Auswertung: Programm SPSS für Windows). Dabei fand sich eine außerordentlich hohe Korrelation von Heiserkeit und Rauigkeit. Der Determinationskoeffizient der Urteile beider Kategorien betrug $r^2 = 0{,}9155$ (entsprechender Korrelationskoeffizient $r = 0{,}9568$), d.h. nahezu 92% der Urteilsvarianz der einen Bewertungskategorie war durch die der anderen Kategorie erklärbar. Demgegenüber erwies sich die Bindung zwischen den Heiserkeits- und Behauchtheitsbeurteilungen mit nur etwa 58% ($r = 0{,}7626$; $r^2 = 0{,}5816$) als wesentlich geringer (Anders 1998, 26f).

Interessanterweise gibt es für die Beobachtung, dass behauchte Stimmen fast immer zugleich auch als belegt oder gar rau eingeschätzt werden, bisher keine schlüssige Begründung. Einen möglichen Erklärungsansatz bietet die Betrachtung der Stimmlippenaktivität im Rahmen eines physikalischen Schwingungssystems (Kopplungsphänomen): Solange keine Schlussinsuffizienz der Glottis vorliegt, erhält die wiederholte Berührung der Stimmlippen in gewissen Grenzen gleichzeitig die Regularität ihrer Bewegung aufrecht. Dabei ist die Intensität des Schlusses relativ gleichgültig. Sobald aber der Glottisschluss auch nur in geringem Maße aufgehoben wird – wiederum ist das Maß der Schlussinsuffizienz nicht entscheidend – verliert die Schwingung ihre Regelhaftigkeit. Dies aber erzeugt auditiv Rauigkeitseindrücke. Rauigkeit entsteht mithin auch sekundär, ausgelöst durch Behauchtheit. Das ist umgekehrt nicht der Fall, Schlussinsuffizienzen werden nicht durch Irregularitäten erzeugt, Behauchtheit wird also nicht zusätzlich durch Rauigkeit hervorgerufen; daher tritt Rauigkeit häufiger in Erscheinung als Behauchtheit. Im Hinblick auf Eignungsbeurteilungen bedeutet das eine weitaus größere Chance, bei geringen Maßen an Behauchtheit durch die gleichzeitige Beseitigung der Rauigkeitsausprägungen (belegte, gering raue Stimmen) mit kleinerem Therapieaufwand zu einer normalen Stimme zu gelangen als bei auch nur minimalen Anteilen an Rauigkeit. Selbstverständlich ist, dass gerade die Behauchtheit bei geringsten Stimmintensitäten begutachtet werden muss, jede

Stimmsteigerung führt zur teilweisen oder völligen Kompensation von Defiziten des Glottisschlusses. Das alles spielt bei deutlichen Stimmstörungen natürlich überhaupt keine Rolle; ein Bewerber mit einer manifesten Dysphonie ist in jedem Fall abzuweisen, falls er überhaupt ein phoniatrisches Tauglichkeitsgutachten erhalten hat (in Einzelfällen kommt dies vor). Bedeutungsvoll wird die beschriebene Tatsache erst in Zweifelsfällen, dann, wenn in einer Eignungsprüfung alle anderen Anforderungen sehr gut erfüllt werden und ein erfolgreicher Studienverlauf zu erwarten ist. Hier kann ein geringes Maß an Behauchtheit eher toleriert werden als Rauigkeit.

Zusätzlich ist das Auftreten von Knarren einzuschätzen. Wenngleich Knarren als eine Extremform von Rauigkeit aufgefasst werden kann (völliger Verlust der Schwingungsregularität: Geräusch- statt Klangbildung), sollte dieses auditiv bedeutsame Störungsmerkmal aus praktischen Gründen als autonomes Bewertungskriterium angesehen werden. Eine im Binnenlauf deutlich knarrende Stimme muss, da Therapieaufwand und Prognose nur schwer abzuschätzen sind, generell zur Ablehnung führen. Bei Stimmen, die in Eignungsprüfungen zu bewerten sind, d. h. bei nahezu oder völlig normalen Stimmen, finden sich meist lediglich knarrende Einsätze und Absätze. Je nach Quantität verweisen sie auf unterschiedliche Grade von Fehlfunktionen und bedingen unterschiedliche Tauglichkeitsentscheidungen. Mehr Aufmerksamkeit als vielfach üblich sollte bei der Stimmbewertung generell der Realisation der Absätze beigemessen werden. Sie treten als pathologische Absätze in gepresster, behauchter, knarrender und elidierter Form (wegbrechend) auf und signalisieren sehr deutlich schon geringe Mängel der Feinkoordination von subglottalem Druck und Stimmlippenspannung bei niedrigen Intensitäten.

Daneben sind Gespanntheit, Nasalität und Klangfülle zu beurteilen: Abweichungen vom Eutonus imponieren bei fast allen Formen stimmlicher Fehlfunktionen und sind eine wichtige Beurteilungsgröße. Bei der Einschätzung der Nasalität ist von der oralen Bildung der deutschen Laute mit der Ausnahme der Nasale auszugehen, zu bewerten sind daher Hyperrhinophonie oder Hyporhinophonie (diese z. T. gekoppelt mit hyperfunktioneller Dysphonie). Diese Klangqualitäten sollten bei der Eignungsprüfung zur Ablehnung des Bewerbers führen. Große Klangfülle (gute Resonanz), ein besonderes stimmliches Qualitätsmerkmal, ist eine günstige, jedoch nicht unverzichtbare Voraussetzung für die Aufnahme des Studiums. Hier bleibt im Normalfall genügend Raum für die spätere Sprechstimmbildung. Bedingung ist aber, dass die Stimme nicht als klangarm einzustufen ist. Hierauf muss größeres Augenmerk gelegt werden als bei Bewerbern für andere Sprechberufe.

Wenn auch an dieser Stelle stimmliche, nicht gestalterische Fähigkeiten des Bewerbers im Mittelpunkt stehen, ist dennoch die Modulationsfähigkeit anzuführen – ein Merkmal, das zur wirksamen Ausdrucksgestaltung im professionellen Bereich unverzichtbar ist. Standardisierte Urteilsmodelle wie das RBH-System zur Beurteilung der Heiserkeit oder die RBAD-Skala (Isshiki/Takeuchi 1969/70) gibt es hier nicht. In der Praxis wird dies jedoch durch den Einblick kompensiert, der beim Dichtungsvortrag und im freien Gespräch vermittelt wird. Leichtes Ansprechen der Stimme und textangemessene klangliche Wandlungsfähigkeit bei allen Intensitäten und in allen Tonhöhenbereichen sind hier zweifellos noch besser zu bewerten als in standardisierten Textpassagen.

Im Rahmen der Eignungsprüfung besteht kein direkter Zugang zu Informationen über die Belastungsfähigkeit der Stimme. Obwohl standardisierte Belastungstests seit Jahren erprobt werden, gibt es bisher keine Möglichkeit einer absolut zuverlässigen Messung. Aus dem Bereich der klinisch-sprechwissenschaftlichen Forschung ist hier in nächster Zeit ein deutlicher Erkenntnisgewinn zu erwarten (Nedlin 2001). Bis zur Klärung dieser Frage ist man auf die Einschätzung der Steigerungsfähigkeit der Stimme angewiesen. Dieser Parameter korreliert gut mit der Belastbarkeit. Die übliche subjektive Quantifizierung der Steigerungsfähigkeit (Stimme nicht, gering, mittelgradig oder stark steigerungsfähig) liefert daher verwertbare Hinweise. Hier ist zumindest eine mittelgradig steigerungsfähige Stimme zu fordern, geringe Steigerungsfähigkeit spricht auch bei ansonsten störungsfreiem Stimmklang gegen einen späteren professionellen Einsatz. Obwohl es natürlich auch hier Ausbildungsreserven während des Studiums gibt, bedeutet eine geringe Steigerungsfähigkeit allen praktischen Erfahrungen zufolge nicht nur eine schlechte Belastungs- und Leistungsfähigkeit, sondern oft zugleich auch eine Einschränkung der Modulationsfähigkeit und stimmlichen Variabilität.

Auditive Einschätzungen sind immer subjektiv geprägt und divergieren interindividuell. Dies ist den spezifischen Reaktionsgrundlagen jedes Individuums geschuldet und somit als normal zu betrachten; zudem ist es nicht etwa auf Merkmale mit einem besonders großen individuellen Bewertungsspielraum beschränkt: Die Ergebnisse einer Studie (Anders et al. 1988) zeigten relativ übereinstimmende Heiserkeitsurteile durch Gruppen professioneller Beurteiler (Sprechwissenschaftler, Phoniater, Logopäden) und Laien. Die Heiserkeit der Stimme wird allgemein als sehr robustes Bewertungsmerkmal mit großer zeitlicher Stabilität und Reliabilität der Urteile angesehen. Dennoch beurteilten die Hörer einer Gruppe kaum eine Stimme absolut einheitlich; darüber hinaus zeigten sich intraindividuelle Divergenzen in der Klassifizierung ein und derselben auf Tonträger festgehaltenen Stimmprobe zu verschiedenen Zeitpunkten. Dies traf nicht nur für Laien zu, sondern auch für Sprechwissenschaftler, Logopäden und Phoniater. Bezogen auf eine Tauglichkeitsentscheidung für das Studium der Sprechwissenschaft könnte dies bedeuten, dass ein Kandidat durch denselben Beurteiler zu verschiedenen Zeiten durchaus einmal als geeignet und einmal als ungeeignet befunden würde, obwohl jedesmal dieselbe Stimme präsentiert wird. Noch gravierender ist dieses Problem zweifellos bei schwerer zu beurteilenden Größen wie Modulationsfähigkeit, Timbre, Resonanz. Der einzige Weg, solchen Urteilsschwankungen zu entgehen, sind Beurteilungen durch Hörergruppen. Es hat sich gezeigt, dass bereits durch den Einsatz von Kleingruppen (sieben bis zehn Hörer) individuelle Bewertungsunterschiede nivelliert werden und stabile, homogene Gruppenurteile zu erhalten sind. Wenn auch angesichts der Bedeutsamkeit prognostischer Aussagen zur stimmlichen Qualität und Leistungsfähigkeit alle Beurteilungen im Rahmen der Eignungsprüfungen äußerst sorgsam und verantwortungsbewusst vorgenommen werden, bleiben sie natürlich immer das Produkt eines subjektiven Bewertungsakts. Umso wichtiger ist deshalb das individuelle Hörtraining der Beurteiler, die Schulung ihrer auditiven Differenzierungs- und der Urteilsfähigkeit – nicht nur für Studierende und Anfänger, sondern auch für ausgebildete Sprechwissenschaftler, um den Bewerbern für unsere Disziplin einen erfolgreichen Studienverlauf und einen guten Abschluss zu ermöglichen.

Literatur

Anders, L. Ch. (1998): Anmerkungen zur Heiserkeitsbeurteilung nach dem RBH-System. In: Falgowski, G., Greifenhahn-Kell, L., Leutloff, A. (Hrsg.) (1998): Zu Sprach-, Sprech- und Stimmstörungen. Festschrift zum 65. Geburtstag von Jutta Suttner. Hanau und Halle (Saale), 23–29

– et al. (1988): Perception of Hoarseness by Several Classes of Listeners. Folia Phoniat. 40, Basel, 91–100

Frint, T., Hirschberg, J. (1979): Heiserkeit. Definition, Pathomechanismus, Diagnose, Gruppierung, akustische Merkmale. In: Hirschberg, J. (Hrsg.): 8th Congress of U.E.P. Köszeg 1979. Készült az Oktatási Minisztérium Általános Iskolai Föosztályának Budapest, 99–118

Isshiki, N., Takeuchi, Y. (1969/70): Factor Analysis of Hoarseness. Studia Phonologica V, 37–44

Nedlin, K. (2001): Neue Untersuchungen zur Beurteilung der stimmlichen Belastungsfähigkeit. Entwicklung eines Stimmbelastungstests. Phil. Diss. (unveröff. MS), Halle (Saale)

BJÖRN FIEDLER

Kompetenzen und Ausbildung des Sprecherziehers

1. Einleitung

Sprecherzieher sein – was das heißt, davon haben in Deutschland sehr viele Menschen sehr viele verschiedene Vorstellungen. Entsprechend vielfältig sind die Lehrpläne und das theoretische Fundament der verschiedenen Ausbildungsstätten (Bundesanstalt für Arbeit 1999). Als Absolvent des Diplomstudiengangs Sprechwissenschaft der Martin-Luther-Universität Halle-Wittenberg habe ich einen möglichen Weg der sprecherzieherischen Ausbildung kennen gelernt. Während und spätestens nach dem Studium fragt sich nahezu jeder Student irgendwann, wie gut ihn seine Ausbildung für die Berufspraxis vorbereitet hat. Da ich schon während des Studiums angefangen habe, in der Erwachsenenbildung zu arbeiten, hat sich mir die Frage nach der Ausbildungsqualität recht früh gestellt. Für mich war es daher nahe liegend, diesen Gegenstand zum Thema meiner Diplomarbeit zu machen (Fiedler 2000). Darin entwickle ich u. a. ein Kompetenzprofil für die sprecherzieherische Ausbildung, analysiere die Stärken und Schwächen des halleschen Studiengangs und entwickle einen Vorschlag zu seiner Reformierung.

In diesem Artikel geht es mir aber nicht um den halleschen Studiengang. Stattdessen werde ich einige Ergebnisse aus meiner Arbeit präsentieren, die allgemein genug sind, um sie auf jegliche sprecherzieherische Ausbildung zu übertragen. Aus diesen Ergebnissen ergeben sich konkrete Forderungen an sprecherzieherische Ausbildung. Sowohl diejenigen, die Verantwortung tragen für die Ausbildung von Sprecherziehern, als auch diejenigen, die als Studenten ein berechtigtes Interesse an der eigenen Ausbildung haben, möchte ich dazu einladen, anhand dieser Forderungen das Curriculum ihrer Ausbildungsstätte in einem neuen Licht zu betrachten und zu reflektieren.

2. Forderungen an die sprecherzieherische Ausbildung

Meine Forderungen basieren auf der Voraussetzung, dass berufsvorbereitend ausgebildet werden soll. Eine solche Zielvorgabe, wie sie z. B. in der halleschen Studienordnung festgeschrieben ist (Fiedler 2000, 76ff), bedeutet, dass Kompetenzen ausgebildet werden sollen, die sich nach einem bestimmten Berufsbild richten. Aus der Zielvorgabe selbst ergeben sich bereits die ersten beiden Forderungen: erstens eine möglichst konkrete Definition eines Berufsbilds durch das ausbildende Institut, zweitens eine kompetenzprofilbasierte Ausbildung anhand des Berufsbilds.

2.1 Definition eines Berufsbilds

Das ausbildende Institut sollte „sein“ Berufsbild des Sprecherziehers so konkret wie möglich definieren. Nur wenn klar ist, was und wofür eigentlich ausgebildet werden soll, kann das „Wie“ der Ausbildung sinnvoll gestaltet, evaluiert und optimiert werden. Ein erster Schritt auf dem Weg zu einem differenzierten Berufsbild ist für mich, Sprecherziehung von anderen Tätigkeitsfeldern abzugrenzen. Absolventen des halleschen Diplomstudiengangs können beispielsweise in vier Tätigkeitsfeldern arbeiten. Diese umfassen nach dem Tätigkeitsfeldermodell von Steffen Glückselig und mir (Fiedler 2000, 52) erstens wissenschaftliche Tätigkeit, also „denken und forschen“ (z. B. Theoriebildung, Rechtfertigung der Teildisziplinen, Untersuchungen in den verschiedenen Gebieten der Sprechwissenschaft etc.), zweitens angewandte Tätigkeit, also „machen“ (z. B. als Radiosprecher, Sprechkünstler etc. arbeiten), drittens sprecherzieherische Tätigkeit, also „lehren, es zu machen“ (z. B. Arbeit in der Fort- und Weiterbildung) und viertens therapeutische Tätigkeit, also „helfen, es zu machen“ (z. B. Arbeit in einer logopädischen Praxis).

Erst durch Eingrenzung der einzelnen Tätigkeitsfelder und ihre Abgrenzung voneinander wird es möglich, ein konkretes Berufsbild für jedes Tätigkeitsfeld zu entwickeln. Dieses Berufsbild sollte so konkret sein, dass es die Erstellung eines Kompetenzprofils und die Operationalisierung der geforderten Kompetenzen in einem Lehrplan ermöglicht. Erst dann kann eine Ausbildung meiner Meinung nach die Zielvorgabe erreichen, hinreichend berufsvorbereitend zu sein. Was bedeutet dies für das Tätigkeitsfeld Sprecherziehung?

Sprecherziehung lässt sich nach meinem Verständnis der Tätigkeitsfelder klar von den anderen Feldern, insbesondere von der Therapie, abgrenzen: Sprecherziehung ist für mich das Geben von Lernhilfen aus dem Themenbereich der sprechsprachlichen Kommunikation (Fiedler 2000, 53ff). Lernhilfen „sind Aktivitäten, mit denen versucht wird, das Lernen anderer zu fördern, indem es ermöglicht, initiiert oder gesteuert wird“ (Fuhr 1991, 27; Fiedler 2000, 22f). Ein Sprecherzieher ist also in meinen Augen immer ein Lehrender, nämlich entweder ein Pädagoge (Lernhilfen für Kinder und Jugendliche) oder ein Andragoge/Erwachsenenbildner (Lernhilfen für Erwachsene) oder beides.

Die Definition von Sprecherziehung ist der erste Schritt zu einem konkreten Berufsbild. In der Praxis wird eine solche Definition von Ausbildungsstätte zu Ausbildungsstätte variieren. Ob hinreichend berufsvorbereitend ausgebildet wird, hängt aber auch weniger von der Definition ab als davon, wie konkret die Definition ist, und ob sie über ein adäquates Kompetenzprofil in der Ausbildung umgesetzt wird. Wenn ich meine eigene Definition als Grundlage nehme, so müsste ich sie als Nächstes konkretisieren. Die Leitfragen wären hierbei z. B.: „Wo und für wen sollen Sprecherzieher mit welchen Zielgruppen arbeiten können? Welche Themen sollen sie aus dem großen Themenbereich der sprechsprachlichen

Kommunikation anbieten können?" usw. Diese Fragen lassen sich systematisieren und in ein System bringen, das sprecherzieherische Berufsbilder anhand von vier Variablen beschreibt (Abb. 1, zur näheren Erläuterung der Variablen A/B: Fiedler 2000, 59ff; zu den Variablen C/D: 67ff). Aus der Setzung der Variablen und ihrer Füllung mit Inhalten ergibt sich ein Profil, das ein konkretes Berufsbild widerspiegelt. Ausbildungsstätten, die einen Teil der Variablen nicht setzen oder nur mit diffusen Inhalten füllen, werden meiner Ansicht nach kaum hinreichend berufsvorbereitend ausbilden können.

Hilfreich für das Setzen der Variablen ist eine klare wissenschaftstheoretische Positionierung des ausbildenden Instituts zu den bestehenden Theorien der Sprechwissenschaft (Fiedler 2000, 68f, 57f, 44ff). Die Auswahl von Themen und Zielgruppen (Variablen C/D) sollte aber nicht nur theoriegebunden, sondern auch arbeitsmarktorientiert erfolgen, damit nicht „ins Leere" ausgebildet wird (68f). Dazu bedarf es Nachfrageuntersuchungen für alle sprecherzieherischen Unterrichtsfächer.

Die Wahl eines Profils hängt aber auch von Sachzwängen ab, nämlich sowohl von der für die Ausbildung zur Verfügung stehenden Zeit als auch von der Anzahl der Tätigkeitsfelder, die gleichzeitig ausgebildet werden (Fiedler 2000, 59ff). Je nach Profil unterscheiden sich Art und Intensität der sprecherzieherischen Ausbildung. Umso wichtiger ist die begründete und detaillierte Profilbildung für Ausbildungsstätten, denn: Ein klares Berufsbild ist der erste Schritt zu einer hinreichend berufsvorbereitenden Ausbildung von Sprecherziehern.

2.2 Kompetenzprofilbasierte Ausbildung anhand des Berufsbilds

Der zweite Schritt ist es, aus der Berufsbilddefinition jene Kompetenzen abzuleiten, die ein Absolvent beim Einstieg in seinen Beruf benötigt. Diese Kompetenzen bilden zusammen ein so genanntes Kompetenzprofil. Kompetenzen lassen sich beschreiben als das Wissen und Können, über das ein Individuum zu einem bestimmten Zeitpunkt verfügt. Die Leitfrage zur Kompetenzermittlung ist daher: Was soll jemand, der im Rahmen des definierten Berufsbilds Lernhilfen aus dem Themenbereich der sprechsprachlichen Kommunikation gibt, für die Ausübung dieser Tätigkeit alles wissen und können? Die Antworten auf diese Frage unterscheiden sich wieder in Abhängigkeit vom gewählten Berufsprofil. Als Beispiel sei das Kompetenzprofil aus meiner Diplomarbeit skizziert. Dieses geht von einem Berufsprofil mit eingeschränkter andragogischer Ausbildung aus (Variable A = 3). Als Kerntätigkeiten des Sprecherziehers werden dabei Unterrichten, Beraten und Organisieren angesehen (Fiedler 2000, 63f). Unterrichten bezieht sich auf die Durchführung einzelner Lernhilfe-Maßnahmen, Beratung auf die Beratung von Teilnehmern, Auftraggebern und Mitarbeitern, Organisieren auf aktives Bildungsmanagement (Management des eigenen sprecherzieherischen Angebots und/oder eines Bildungsinstitutes bzw. Teilen davon). Diese Kerntätig-

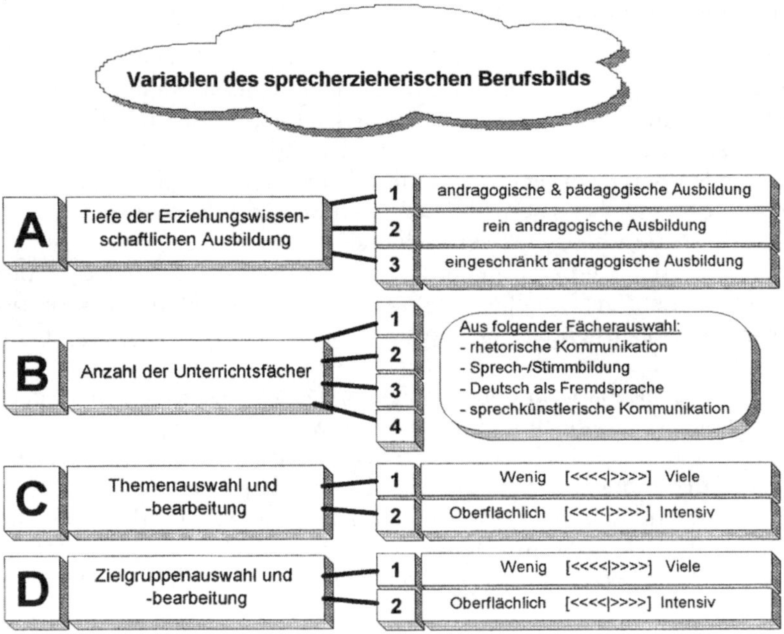

Abbildung 1: Variablen des sprecherzieherischen Berufsbilds (Fiedler 2000)

keiten erfordern jeweils zwei Kompetenzen: Unterrichten erfordert Fachkompetenz und mikrodidaktische Kompetenz, Beraten erfordert Vermittlungswissen und Beratungskompetenz, Organisieren erfordert makrodidaktische Kompetenz und Organisationskompetenz (28ff). Aus den genannten Kompetenzen und ihrer Gewichtung lässt sich das insgesamt erforderliche Wissen und Können extrahieren, wobei Doppelungen eliminiert werden (64ff).

Nach Erarbeitung des Kompetenzprofils ist der nächste Schritt die Erarbeitung eines Lehrplans. Dabei stellt sich zunächst die Frage, ob das geforderte Wissen und Können überhaupt durch Ausbildung erwerbbar ist und ob natürliche Anlagen als Voraussetzung „mitgebracht" werden müssen. Lässt sich das geforderte Wissen und Können operationalisieren, so steht der Entwicklung eines Lehrplans aus didaktischer Sicht nichts mehr im Weg (Fiedler 2000, 112). Jede einzelne Veranstaltung in einem solchen Lehrplan ist ein auch für Studenten nachvollziehbarer Teil der versprochenen berufsvorbereitenden Ausbildung.

Erst eine auf diese Weise an einem konkreten Berufsbild orientierte und kompetenzprofilbasierte Ausbildung ermöglicht meiner Ansicht nach eine hinreichend berufsvorbereitende sprecherzieherische Ausbildung.

3. Zusammenfassung und Fazit

In diesem Beitrag wurden zwei Forderungen an die sprecherzieherische Ausbildung gestellt: erstens eine detaillierte Berufsbilddefinition, zweitens eine kompetenzprofilorientierte Ausbildung. Ausbildungsstätten, die diesen Forderungen gerecht werden, haben meiner Ansicht nach gute Chancen, das Versprechen einer hinreichenden Berufsvorbereitung bei ihren Studierenden einzulösen.

Durch eine hinreichend berufsvorbereitende Ausbildung können Absolventen das, was sie studiert haben, besser nach außen hin vertreten. Sie können davon ausgehen, dass sie in ihrer Ausbildung gelernt haben, in der Berufspraxis professionell zu arbeiten. Die Qualität und Praxisnähe der Ausbildung ist entscheidend für die Professionalisierung der Sprecherziehung und für die gesellschaftliche Akzeptanz des Berufes Sprecherzieher/-in. Wenn ich Teilnehmern oder neuen Bekannten erzähle, dass ich Sprecherziehung studiert habe, so kommt meistens die Reaktion: „Das ist doch Logopädie, nicht wahr?“. Solange Sprecherziehung mit Logopädie verwechselt oder gar mit Korkensprechen u. Ä. gleichgesetzt wird, lässt die Professionalisierung des Berufs zu wünschen übrig. Und das spricht meiner Meinung nach u. a. für einen Nachholbedarf bei der Ausbildungsgestaltung. Hinreichend berufsorientierte Ausbildungen könnten ein erster Schritt sein, um die Sprecherziehung aus ihrem gesellschaftlichen Dornröschenschlaf zu wecken.

Literatur

Bundesanstalt für Arbeit (Hrsg.) (1999): Blätter zur Berufskunde: Sprecherzieher/Sprecherzieherin, Sprechwissenschaftler/Sprechwissenschaftlerin. Nürnberg

Fiedler, B. (2000): Sprechwissenschaft und Erwachsenenbildung. Skizze einer andragogischen Grundkonzeption für die hallesche Sprechwissenschaft. Diplomarbeit, Halle (Saale)

Fuhr, T. (1991): Kompetenzen und Ausbildung des Erwachsenenbildners. Klinkhardt, Bad Heilbrunn

MARITA PABST-WEINSCHENK

Sprechwissenschaft und Sprecherziehung – zwischen Verallgemeinerung und Spezialisierung

Wer mündliche Kommunikation lehren will, braucht eine umfassende Ausbildung, die traditionelle Fachgrenzen überschreitet. Dieser Anspruch gehört seit Erich Drach zu den anerkannten Traditionen in der Sprechwissenschaft und Sprecherziehung. Neben der Germanistik, in der Drach (1922, 3f) seine Sprechkunde konstituierte, zählte er bereits Medizin, Physiologie, Physik, experimentelle Phonetik, Psychologie, speziell Sprachpsychologie, und Sprechkunst als wichtige Bezugswissenschaften auf. Die Reflexion und Verbindung von Erkenntnissen dieser und anderer moderner Fachdisziplinen wie Psycho-, Pragmalinguistik, Semiotik, gesprächsanalytische Konzepte, Neurowissenschaften etc., die ihrerseits jeweils zur Spezialisierung tendieren, führt zwangsläufig zu einer Verallgemeinerung. Fachliches Wissen wird generalisiert und in Form von Überblicks- und Relevanzwissen handhabbar gemacht. Damit wird eine neue Qualität in der Reflexion konstituiert, die didaktisches Handeln ermöglicht (Rupp 2000).

1. Didaktische Disziplin

Mit der didaktischen Ausrichtung rückt unter wissenschaftlicher Perspektive die Erforschung von Vermittlungsprozessen in den Vordergrund. Was soll vermittelt werden? Warum? Und wie? Diese zentralen Leitfragen aus der didaktischen Reflexion sind auch für die sprechwissenschaftliche und sprecherzieherische Diskussion bestimmend. Sprechwissenschaft und Sprecherziehung sind nicht rein deskriptiv, sondern wie andere didaktische Disziplinen auch präskriptiv. Darüber hinaus können im Rahmen der Sprechwissenschaft spezialisierte Einzelforschungen durchgeführt werden.

2. Didaktische Spezialisierung als Verallgemeinerung

Die didaktische Spezialisierung ist auf die Verallgemeinerung angewiesen. In der Lehre ist der fachliche Ausgangspunkt zunächst immer das erarbeitete Relevanz- und Überblickswissen. Sprecherzieher/-innen sind Experten fürs Allgemeine, bezogen auf alle Formen mündlicher Kommunikationsprozesse. In der Praxis sind sie verantwortlich für die Organisation effektiver Lernprozesse und in Forschung, Lehre und Ausbildung setzen sie sich mit aktuellen Forschungsergebnissen auseinander, erforschen selbst mündliche Kommunikationsprozesse und vermitteln entsprechende empirisch erprobte Handlungsmodelle sowie das notwendige Grundlagenwissen. Das von ihnen erarbeitete Expertentum fürs Allgemeine der mündlichen Kommunikation ist einmalig. In keiner anderen Disziplin werden die von sprecherzieherischer Seite didaktisch verallgemeinerten diversen Aspekte in vergleichbarer Weise fokussiert. Vergleichbar ist diese Verallgemeinerung etwa mit der Herausarbeitung von Epochen, Werken usw. in der Literaturdidaktik als moderne Weiterführung der klassischen (Wirkungs-)Poetiken (Gottsched, F. Schlegel etc.).

3. Didaktisch-praktischer Diskurs

Die begriffliche Abstraktion bei den diversen fachwissenschaftlichen Forschungsergebnissen wird in der Sprechwissenschaft und Sprecherziehung systematisch oder modell-/projekthaft mit Qualifikationen und Lernprozessen im Sinne didaktisch-praktischen Argumentierens verbunden. So werden z. B. Operationen, Übungselemente sowie Lehr- und Lernformen mit bestimmten Inhalten und Zielen verknüpft, etwa Konkrete Poesie/Sprechkollagen mit der Sprechausdrucksschulung, Logicals in Rollenspielform oder Debattenformen mit dem Argumentieren, der Kontrollierte Dialog mit dem Zuhören und der Verstehenstätigkeit oder phonetisch-physiologisches Wissen mit einzelnen Übungselementen der Sprech- und Stimmbildung (z. B. mundmotorische Übungen oder Atem-, Summ-, Kauübungen usw.) bis hin zur Sprechtherapie (z. B. Pabst-Weinschenk 1995; 2000; Reden lernen 1997; Argumentieren 2000). Vergleichbar wird in der Deutschdidaktik etwa das Drama mit szenischem Spiel, Lyrik mit Formen der Rezitation oder Grammatik mit Ersatz-, Verschiebe-, Umstellproben usw. verknüpft (Rupp 2000). Diese Verknüpfung basiert auf dem grundsätzlichen Anspruch, dass sich Sprechwissenschaft und Sprecherziehung nicht mit den jeweiligen Gegenständen, also mündlichen Kommunikationsprozessen, als solchen isoliert beschäftigt, sondern sich immer auch um ihre Vermittlung an Nichtfachleute, an Laien, an die nächste Generation bemüht. Das bedeutet systematisch und im Zentrum der Gegenstände, also der mündlichen Kommunikation selbst, dass diese in Situationen, Prozessen und vornehmlich als Gegenstand der Kommunikation von Lernenden aufgefasst werden. Damit ist Sprechwissenschaft und Sprecherziehung eine an sich metakommunikative Disziplin, die mündliche Kommunikation als kommunikativen Vermittlungsprozess erforscht und lehrt. Diese Ausrichtung steckt bereits in der plakativen Formulierung, die seit Drachs „Sprecherziehung" (1922) zu den Kernsätzen zählt: Sprecherziehung ist Thema und zugleich Unterrichtsgrundsatz. Deshalb orientieren wir uns bei der Steuerung von Lernprozessen nicht vorrangig an einem systematisch-deskriptiven Ideal, sondern vorrangig am Stand der Lerner. Wir praktizieren *Learning by doing*. „Fehler" werden also nicht als Abweichungen von der Norm betrachtet, sondern als Indikatoren für den persönlichen Lernstand hinsichtlich der Befähigung und Reflexion, die bei der Planung der nächsten Lernsequenz als Ansatzpunkt berücksichtigt werden (Pabst-Weinschenk 1995; 2000).

Wissenschaftlicher Diskurs ist nach diesem Verständnis immer zugleich auch didaktisch-praktische Argumentation und überwindet das Theorie-Praxis-Problem.

4. Wissenschaftliche Fokussierung auf Rezeption und Empirie

Dies führt zu einer Fokussierung auf Rezeption und Empirie: Im Dialog mit Lernenden geht es nicht (nur) um den Gegenstand der mündlichen Kommunikation selbst, sondern um ihre Rezeption und um ihre Verarbeitung. Deshalb haben Feedbackprozesse ihren festen Stellenwert in der Sprecherziehung. Drach formulierte in „Redner und Rede" dazu in Anlehnung an die auf Wirkung fokussierte antike Rhetorik schon: „Die rednerische Kritik aufmerksam wägender Hörer führt immer auf das Richtige hin: wie sie es hören, so ist es." (1932, 20) Diese Ebene der Wirkung und der alltäglichen, laienhaften Theoriebildung muss empirisch erhoben und mit der Theorie-Ebene korreliert werden. Ein konkretes Beispiel dafür sind etwa unsere rhetorischen Schulprojekte: hier steht im Mittelpunkt des Interesses, wie die Schüler/-innen in ihren Alltagstheorien mit Rhetorik umgehen. Ähnliches gilt auch für den sprechgestaltenden Umgang mit Literatur, etwa im Sinne der Handlungs- und Produktionsorientierung.

Verallgemeinert geht es also grundsätzlich um die Gestaltung von mündlichen Kommunikationsprozessen durch Lerner und um ihre Erforschung. Damit steht der sprechwissenschaftlich-sprecherzieherische Blickwinkel dem der Kommunikationspsychologie nahe, ist aber nicht nur auf die persönlichkeitsbezogenen Sprech- und Verstehenstätigkeiten gerichtet, sondern immer zugleich auf die Formen und Aspekte mündlicher Kommunikation im gesellschaftlichen Handlungskontext. Unter dem kulturellen Aspekt rückt die gegenseitige Akzeptanz und Verbreitung von Sprech- und Gesprächsstilen sowie von Gesprächsformen in den Vordergrund.

Wenn hier für die für didaktisches Handeln notwendige Verallgemeinerung plädiert wird, geht es um einen Grundstandard, wie er z. B. in der Prüfungsordnung der Deutschen Gesellschaft für Sprechwissenschaft und Sprecherziehung (DGSS) e. V. festgeschrieben ist. Darin werden die Fachinhalte in die Prüfungsfächer *Sprechwissenschaftliche Grundlagen, Sprechbildung, Sprechtherapie, Rhetorische Kommunikation und Sprechkunst* gegliedert. In der Zwischenprüfung werden alle Teilfächer geprüft, in der Abschlussprüfung kann Rhetorische Kommunikation oder Sprechkunst abgewählt werden (vergleichende Darstellung auch in den Blättern zur Berufskunde der Bundesanstalt für Arbeit 1999). Diese Anforderungen sollten beibehalten werden. Denn das Abwählen einzelner Bereiche halte ich nicht nur für eine unnötige Reduktion des traditionellen Fachverständnisses, sondern auch für eine ungünstige Einschränkung. Meiner Erfahrung nach brauchen Sprecherzieher/-innen Grundkenntnisse und Fähigkeiten in allen Bereichen der traditionellen Sprechwissenschaft und Sprecherziehung. Dazu möchte ich exemplarisch drei Thesen aufstellen und sie an Beispielen aus der Praxis belegen. Dabei gehe ich jeweils von beobachtbaren Phänomenen aus (a) und schließe Überlegungen zur fachlichen Vernetzung (b) und bildungs-/berufspolitischen Bedeutung (c) an.

These 1: Wer keine sprechtherapeutischen Grundkenntnisse hat, sollte auch nicht Rhetorik lehren.

a) Beobachtbare Phänomene aus der Praxis: Die Grenzen zwischen „Normalität" und Pathologie sind fließend. Das kann man in fast jedem Rhetorikseminar beobachten. Wer als Rhetoriktrainer/-in arbeitet, sollte das erkennen, wenn notwendig, eine entsprechende Therapie empfehlen und auf jeden Fall auch direkt erste Übungsanleitungen zur Soforthilfe vermitteln können. Das Seminar kann keine Therapie ersetzen, aber es sollte dafür sensibilisieren.

b) Fachliche Vernetzung: Grundlegende psycholinguistische Modellierungen, die zumeist erst im therapeutischen Kontext vermittelt werden, erhellen auch den normalen Sprechdenkprozess. Neurolinguistische Grundlagen gehören inzwischen durch die konstruktivistische Lerntheorie zum notwendigen Grundwissen für alle pädagogisch Tätigen.

c) Bildungs-/berufspolitische Bedeutung: Wenn wir unsere Ausbildung zu einseitig ausrichten, begrenzen wir selbst unsere möglichen Berufsfelder. In der Logopädischen Prüfungsordnung sind z. B. 100 Stunden Sprecherziehung vorgesehen. Wer dort unterrichten will, braucht, wenn er glaubwürdig sein möchte, einen Überblick über Therapie. Auch wenn man sich als Sprecherzieher nicht für so kompetent halten sollte, dass man alle Störungen therapieren können will, sollte man einen guten allgemeinen Überblick über Störungen und Therapieansätze haben.

These 2: Wer sich nicht mit sprechkünstlerischen Konzepten beschäftigt hat und nicht selbst interpretierend Texte gestalten kann, sollte sich nicht Sprecherzieher/-in nennen.

a) Die Glaubwürdigkeit der Sprecherzieherausbildung wird von Außenstehenden z. B. daran gemessen, wie gut ein Sprecherzieher selbst Texte gestalten kann, und das nicht nur im Hinblick aufs freie Reden, sondern auch im Hinblick aufs Nachgestalten.

b) Die Beschäftigung mit Literatur und deren Vermittlung ist ein Modell für Sinnkonstitution in Kommunikationsprozessen überhaupt. Beim Textsprechen handelt es sich zwar um einen Sonderfall mündlicher Kommunikation, aber daran können Unterschiede zwischen Mündlichkeit und Schriftlichkeit besonders gut erfahren werden, und die Mimesis als kreativer, konstruktiver Prozess der Wieder-Vergegenwärtigung (Re-Präsentation) und des Nachschaffens verdeutlicht die Wirkung sinnlich-fassbarer Vorführung im Gegensatz zur begrifflich-gedanklichen Beschreibung. Da sich die künstlerischen/ästhetischen Ausdrucksweisen von den Formen alltäglichen Ausdrucks nicht grundsätzlich, sondern nur im Grad ihrer Innovativität unterscheiden, steigert Textsprechen insgesamt die sprecherische Ausdrucksfähigkeit.

c) Sprecher-Ausbildung ist ein traditioneller Bereich der Sprecherziehung und sollte nicht vernachlässigt werden. Er ist eine Domäne in der Schauspielerausbildung, aber der Bedarf, auch an Mediensprechern, ist groß. Und auch in der Lehrerausbildung bieten sich durch die Handlungs- und Produktionsorientierung neue Chancen für sprechgestaltende Interpretationsverfahren.

These 3: Sprech- und Stimmbildung und sprechwissenschaftliche Grundlagen können die Brücke zwischen Natur- und Geistes-/Kulturwissenschaften schaffen, wenn sie gleichermaßen auf die Teilfächer Rhetorik, Sprechkunst und Therapie bezogen werden.

a) In jedem einzelnen Lernprozess werden die Verbindungen hergestellt im Sinne der Persönlichkeitsbildung. Einerseits haben wir es mit natürlichen, funktionalen Zusammenhängen bei der Sprachproduktion und Sprechbildung zu tun, andererseits stehen in den Kommunikationsprozessen immer Inhalte, Ziele und Wirkungen als geistige Produkte im Vordergrund. Die verschiedenen Formen mündlicher Kommunikation bis hin zu einzelnen körpersprachlichen Zeichen sind kulturell unterschiedlich ausgeprägt. Werden diese Zusammenhänge thematisiert, entsteht ein Netz, das natur- und geisteswissenschaftliche Betrachtungen verbindet.

b) Viele wissenschaftliche Erkenntnisse, Konzepte etc. stehen unverbunden nebeneinander. Vertreter anderer Disziplinen haben oft wenig Interesse daran, Verbindungen zu anderen Disziplinen herzustellen. Hier bieten sich Chancen für unsere Arbeit, besonders wenn man bedenkt, wie wichtig es zukünftig sein wird, spezialisiertes Fachwissen handlungsbezogen zu vermitteln. Als Experten fürs Allgemeine der mündlichen Kommunikation vernetzen wir medizinische, logopädische, neurowissenschaftliche mit linguistischen, speziell pragmatischen und gesprächsanalytischen Erkenntnissen und in der Vermittlung auch mit pädagogischen und psychologischen Ansätzen. Damit leisten wir orientierende Arbeit und ermöglichen den Zugang für Lerner.

c) Diese Vermittlung und persönlichkeitsbezogene Ausbildung der eigenen Sprechfähigkeiten ist das Besondere unserer Ausbildung. Sie ist fortschrittlich, denn darum ringen andere Studienfächer (z.B. die Germanistik) noch. Insofern ist dieser Beitrag auch ein Plädoyer dafür, die Eigensprechleistungen ernster zu nehmen. Sie repräsentieren die Qualität unserer Ausbildung für andere nach außen in jedem einzelnen Gespräch, das ein Sprecherzieher, eine Sprecherzieherin mit Kunden, Kollegen anderer Fächer usw. führt.

Wenn wir Sprechwissenschaft und Sprecherziehung mit der Fokussierung aufs Allgemeine der mündlichen Kommunikation als eine didaktische Disziplin begreifen, bieten wir das, was jetzt erst in der allgemeinen deutschdidaktischen Ausbildung gefordert wird (Spinner 1998):

1. interpretative Fähigkeiten,
2. Metakognition,
3. personale Bildung,
4. produktive Fähigkeiten,
5. Vernetzung diverser Fachinhalte über traditionelle Wissenschaftsgrenzen hinaus.

> Interpretative Fähigkeiten werden nicht nur in der sprechkünstlerischen Arbeit mit Texten erworben, sondern auch in jedem sprechbildnerischen und rhetorischen Vermittlungsprozess, wenn Sprechwirkungen beschrieben, in Feedbackprozessen zurückgemeldet und in der Besprechung in Bezug zur persönlichen Kommunikationsbiografie gesetzt werden, um den Ansatzpunkt für sinnvolle Übungsmöglichkeiten zu finden. Wenn wir die Verantwortlichkeit als einen wesentlichen Aspekt unserer Globalzielsetzung Gesprächsfähigkeit (Geißner 1981, 129) betrachten, bewegen wir uns auf der Ebene der Metakognition: Um Sprechhandeln überhaupt und im Besonderen Übungs- und Seminarkonzepte gegenüber Teilnehmern, Kollegen, Veranstaltern und Auftraggebern verantworten und in Diskursen darstellen und rechtfertigen zu können, müssen wir über die kognitive Organisation und Verarbeitung reflektieren. In metasprachlichen Begriffen werden mündliche Kommunikationsprozesse unter verschiedenen Blickwinkeln reflektiert. Dabei ist es für eine didaktische Disziplin wichtig, Fachwissen nicht gegen Methodik auszuspielen, sondern sie zu integrieren. Beide werden in ihren Interdependenzen in den Blick genommen und auf die jeweils handelnden Personen im Situationskontext bezogen. Die Selbstreflexion von mündlichen Kommunikationsprozessen und die Vermittlung der dazu notwendigen Metasprache ist ein wesentlicher Bestandteil im Studium der Sprechwissenschaft und Sprecherziehung und wird immer zugleich als Persönlichkeitsbildung verstanden. Selbstbezug, innere Beteiligung und persönliches Engagement sind in der Sprechwissenschaft und Sprecherziehung selbstverständlich, denn ohne sie hätte sich das Fach überhaupt nicht etablieren können. Dass dabei jeweils die produktiven Fähigkeiten und die Vernetzung eine wichtige Rolle spielen, habe ich oben bereits ausgeführt.

Die Ausbildung schafft wie bei jedem Studium das allgemeine Fundament, das anschließend in der Berufspraxis spezialisiert wird, sei es in Richtung Rhetorik, ästhetische Kommunikationsprozesse oder Sprech- und Stimmbildung bis hin zur Therapie funktioneller Störungen. Da Sprecherzieher/-innen sich freiberuflich oft ein eigenes Tätigkeitsfeld aufbauen (müssen), fehlen ihnen manchmal weitere Hilfestellungen bei der beruflichen Spezialisierung. Hier sind meines Erachtens die Prüfstellenleiter/-innen gefordert, weitere Orientierung zu bieten. Dies geschieht nach meiner Einschätzung auch durch ihre jeweilige persönliche Spezialisierung. Man kann beobachten, dass die Studierenden oft zu der Spezialisierung neigen, die an der Prüfstelle „vorgelebt“ wird. In der Verantwortung der Prüfstellenleiter/-innen liegt es, ihre persönliche Spezialisierung so durch ergänzende Angebote zu verallgemeinern, dass den Studierenden eine umfassende Ausbildung ermöglicht wird. Die z. T. bereits bestehenden bzw. früher praktizierten Kooperationen zwischen Prüfstellen mit unterschiedlichen Spezialisierungen (z. B. Münster und Duisburg) halte ich für eine sinnvolle und auch zukünftig notwendige Maßnahme. Grundsätzlich wäre aber zu überlegen, ob nicht nur Fachvertreter/-innen, die selbst über Erfahrungen in den verschiedenen Bereichen (Rhetorik, Sprechkunst und Therapie) verfügen, überhaupt mit der Ausbildung betraut werden sollen, damit an den Prüfstellen keine zu einseitige Spezialisierung vorherrscht und die Verallgemeinerung auf einem akzeptablen Qualitätsniveau sichergestellt wird.

Literatur

Argumentieren (2000). Praxis Deutsch 160, Friedrich, Seelze

Bundesanstalt für Arbeit (Hrsg.) (1999): Sprecherzieher/Sprecherzieherin, Sprechwissenschaftler/Sprechwissenschaftlerin. Blätter zur Berufskunde 3-III E 07. 2. Aufl. Bertelsmann, Bielefeld

Fachtagung der Lehrlogopäden (Hrsg.) (1993): Curriculum für die Ausbildung des Logopäden nach der LogAPrO vom 1. Oktober 1980. 2., überarb. und erw. Aufl. Berlin

DGSS e. V. (Hrsg.): Prüfungsordnung für Sprecherzieher (DGSS). Überarb. Fassung, gültig ab 1.8.1989

Drach, E. (1922): Sprecherziehung. Zur Pflege des gesprochenen Wortes in der Schule. Diesterweg, Frankfurt a. M.

– (1932): Redner und Rede. Bott, Berlin

Geißner, H. K. (1981): Sprechwissenschaft. Scriptor, Königstein/Ts.

Pabst-Weinschenk, M. (1995): Reden im Studium. Ein Trainingsprogramm. Cornelsen Scriptor, Frankfurt a. M.

– (2000): Die Sprechwerkstatt. Sprech- und Stimmbildung in der Schule. Westermann, Braunschweig

Reden lernen (1997). Praxis Deutsch 144, Friedrich, Seelze

Rupp, G. (2000): Was ist Deutschdidaktik? Problemaufriss vom 08.05.00 auf dem Online-Diskussionsforum http://www.deutschunterricht.de/forum/didaktik-index.cgi?readmes&2

Spinner, K. H. (1998): Was eine wissenschaftliche Ausbildung von Deutschlehrer(inne)n leisten soll. Didaktik Deutsch, Sonderheft, Siegen, 39–52

Dieter-W. Allhoff

Studium und Ausbildung in Sprecherziehung: Anspruch und Wirklichkeit

Von Sprecherzieherinnen und Sprecherziehern werden sehr unterschiedliche Dienstleistungen erwartet. Das kann von der Reizstromtherapie bei Recurrensparesen bis zum Führungskräfte-Coaching gehen, von der Stimmbildung in Schauspielschulen bis zum Unterricht für Ghostwriter. Der Reiz (und häufige Angriffsfläche von außen) liegt in der Breite des Faches Sprechwissenschaft/Sprecherziehung, das sich immer als interdisziplinäres Fach verstanden hat. Es bleibt die berechtigte Frage, ob die Schwerpunktsetzung in der Prüfungsordnung der DGSS ausreicht, um dem Vorwurf „Sprecherzieher/-innen wissen alles, können alles, lehren alles" zu entgehen. Ob Anspruch und Wirklichkeit in Studium und Ausbildung übereinstimmen, kann ich nur für die Universität Regensburg reflektieren, um daraus einige Fragen aufzuwerfen.

Ausgehen werde ich dabei von den Erwartungen, die von außen an unsere Berufsgruppe herangetragen werden. Was wird mit unserem Fach verbunden, welche konkreten Fähigkeiten werden von uns erwartet? Am besten lässt sich das beantworten mit genau den Anfragen, die im Jahr 2000 an uns gestellt wurden. Und dabei zeigt sich in der Tat: *Sprecherzieherinnen und Sprecherzieher werden für die unterschiedlichsten Aufgaben engagiert.* Im Jahr 2000 wurden Regensburger Sprecherzieher/-innen für folgende Tätigkeiten bzw. Stellen bei uns angefordert:

Grundlagen
- Sprecherziehung an Logopäden-Lehranstalten
- Lehraufträge zu Sprechwissenschaft/Sprecherziehung

Sprechbildung
- Stimmbildung in der Lehrerfortbildung
- Stimmbildung in der Referendarsausbildung
- Atem-, Stimm- und Lautbildung an Musikhochschulen
- Lehraufträge (vor allem) zur Sprechbildung
- Lehraufträge zu „Deutsch als Fremdsprache"

Sprechtherapie
- Sprachtherapie an Kliniken
- Stimm- und Sprachtherapie in therapeutischen Einrichtungen
- Stimm- und Sprachtherapie in logopädischen Praxen

Rhetorik-Seminare zu
- Medienrhetorik
- Reden-Schreiben
- Präsentation

- NLP
- Moderation
- Gesellschaftsreden
- Gesprächsführung
- Beamer-Präsentationen
- Argumentation
- Verhandlungsführung

Externe Begleitung bei
- Konfliktmanagement
- Interkultureller Kommunikation
- Einführung eines Beurteilungssystems
- Akquisition und Verkauf
- Implementierung neuer Personalkonzepte
- Teamentwicklung
- Mitarbeitergesprächen

Coaching
- Kreativität/Problemlösung
- Interview
- Führungskräfte-Coaching
- Metaplan-Technik
- Einzelcoaching

Sprechkunst
- Sprecherziehung an Schauspielschulen
- Textsprechen
- Schulspiel.

Die Zusammenstellung zeigt, dass der größte Teil auf den Bereich Rhetorik entfällt (in Abb. 1 aufgeteilt auf drei Säulen!), dass aber jedes andere Teilgebiet ebenfalls nachgefragt wurde. Sind Sprecherzieher/-innen auf diese unterschiedlichen Anforderungen vorbereitet?

Am Beispiel der Prüfstelle Universität Regensburg soll die Frage beantwortet werden nach Anspruch und Wirklichkeit unserer (DGSS-)Ausbildung zur Sprecherzieherin/zum Sprecherzieher, zu den Möglichkeiten und Grenzen. Die Universität Regensburg bietet heute in ihrem Lehrgebiet „Mündliche Kommunikation und Sprecherziehung" vier universitäre Qualifikationen an:

1. Studienbegleitende Ausbildung in Mündlicher Kommunikation (SMK) (zwei Semester),
2. Mündliche Kommunikation und Sprecherziehung als Nebenfach in Magister und Diplom (Semesterzahl unterschiedlich, je nach entsprechender Prüfungsordnung),
3. Fachbegleitende Prüfung in Sprecherziehung (vier Semester),
4. Prüfung für Sprecherzieher/-innen (acht Semester).

Die vier Qualifikationen dienen unterschiedlichen Zielen und stellen sehr unterschiedliche Anforderungen:

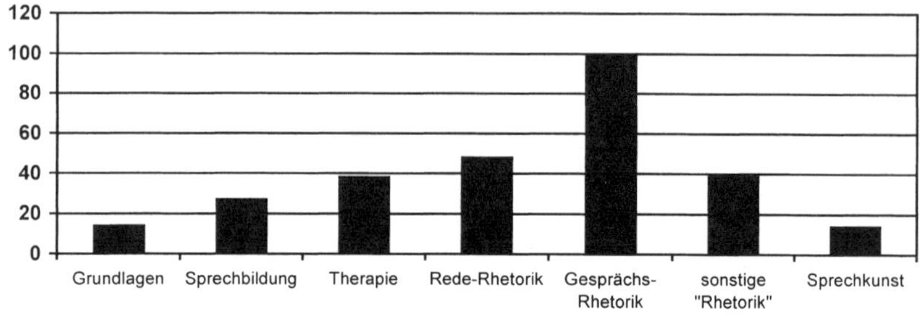

Die Anforderungen für die Gesprächsrhetorik wurden auf 100 gesetzt

Abbildung 1: Häufigkeit sprecherzieherischer Tätigkeiten

1. Studienbegleitende Ausbildung in Mündlicher Kommunikation (SMK)
- Anforderung: zwei benotete Scheine, in der Regel aus zwei aufeinander folgenden Semestern, zur Rederhetorik und zur Gesprächsrhetorik,
- Bescheinigung: universitäres Zeugnis,
- Zusatz: werden zusätzliche Veranstaltungen zur Sprecherziehung erfolgreich besucht, werden diese ebenfalls im Zeugnis bestätigt,
- Ziel: Die SMK dient zur berufsvorbereitenden Qualifikation in den Bereichen Mündlicher Kommunikation – der Rhetorik sowie der Sprechbildung. Lernziele für die Leistungsbescheinigung sind die Analyse kommunikativer Situationen und die Beherrschung der Grundlagen freien Sprechens und Diskutierens.

2. Mündliche Kommunikation und Sprecherziehung als Nebenfach in Magister und Diplom (Semesterzahl unterschiedlich, je nach entsprechender Prüfungsordnung)
- Anforderung: erfolgreicher Besuch der in den jeweiligen Prüfungsordnungen (Diplom-Prüfungsordnung der Psychologie, Soziologie, Pädagogik sowie der Magisterordnung der Fakultät für Sprach- und Literaturwissenschaften) vorgesehenen Veranstaltungen,
- Ziel: Vermittlung sprechwissenschaftlicher Grundlagen für den akademischen Abschluss in einem Nachbarfach.

3. Fachbegleitende Prüfung in Sprecherziehung
- Anforderung: erfolgreicher Besuch von prüfungsvorbereitenden Veranstaltungen der Sprecherziehung über vier Semester, jeweils ca. acht bis zwölf Semesterwochenstunden,
- Bescheinigung: universitäres Zeugnis,
- Ziel: Die Fachbegleitende Prüfung in Sprecherziehung ist in erster Linie die Voraussetzung, nach weiteren vier Semestern die „Prüfung für Sprecherzieher/-innen" ablegen zu können. Die meisten Studierenden betrachteten deshalb diese Prüfung als „Zwischenprüfung". Daneben allerdings bescheinigt diese Prüfung die Grundkenntnisse der Mündlichen Kommunikation und Sprecherziehung, vor allem in ihrer Bedeutung für die Eigensprache der Studierenden. Zweck dieser vier Semester ist die Verbesserung der Eigensprache in den Bereichen Sprechbildung, Rhetorische Kommunikation und Sprechkunst. Damit ist diese Prüfung auch interessant für Studierende, die z. B. in Medien als Sprecher/-in, Redakteur/-in etc. tätig werden wollen.

4. Prüfung für Sprecherzieher/-innen

- Anforderung: erfolgreicher Besuch von prüfungsvorbereitenden Veranstaltungen der Sprecherziehung über acht Semester, jeweils ca. acht bis zwölf Semesterwochenstunden, 200 Stunden supervisioniertes Praktikum,
- Bescheinigung: universitäres Zeugnis,
- Ziel: Qualifikation zur Tätigkeit als Sprecherzieher/-in. Sprecherzieher/-innen sind in unterschiedlichen Feldern der beruflichen Aus- und Fortbildung tätig, in Bildungsinstitutionen, Kliniken, Rundfunk- und Fernsehanstalten etc.

Genau das ist unser (DGSS-)Sprecherzieher, unsere (DGSS-)Sprecherzieherin für alles. „Sprecherzieher/-innen wissen alles, können alles, lehren alles."

Da allein dieser Abschluss zu einer Tätigkeit als Sprecherzieher/-in qualifiziert, richten sich unsere Fragen an ausschließlich diesen Abschluss. Was wird in den Prüfungen für Sprecherzieher/-innen verlangt?

In der „Fachbegleitenden Prüfung in Sprecherziehung" werden (unabhängig vom Lehrangebot der letzten vier Semester) folgende Inhalte gefordert:

Grundlagen der Mündlichen Kommunikation: Forschungsstand (d. h. Kenntnisse der wissenschaftlichen Literatur) und Fachgeschichte der Sprechwissenschaft/Sprecherziehung (seit 1900; Kenntnisse über die Entwicklung der Prüfstellen, die aktuelle Situation der einzelnen Ausbildungen und Studiengänge, genaue Kenntnisse über die Entwicklung und Situation in Regensburg, Halle und Stuttgart; Kenntnisse über die wichtigsten Fachvertreter der SW/SE); Aufgaben und Ziele des Faches (Kenntnisse über die unterschiedlichen Positionen von Fachvertretern aus der BRD und der ehemaligen DDR); wissenschaftstheoretische Grundlagen (Kenntnisse über sprechwissenschaftliche Arbeiten und Dissertationen sowie die sprechkundlichen Arbeiten Geißners); Bezugslinien zu angrenzenden Wissenschaften (genaue Kenntnisse über die Unterschiede der Sprecherziehung zu den einzelnen therapeutischen Berufsgruppen, vor allem den Logopäden; Kenntnisse aus dem Bereich der Germanistik: vor allem in Bezug auf die Sprechkunst, d. h. Versmaß und Rhythmus sowie Kenntnisse über Grunddaten der Literaturgeschichte); Grundkenntnisse über die Planung, Durchführung und Auswertung von Übungen zur Mündlichen Kommunikation.

Sprechbildung: Genaue Kenntnisse über Physiologie und Pathologie der Stimmgebung und der Atmung, detaillierte Kenntnisse über die Bildung der Laute in der Standardlautung; gute Kenntnisse der angewandten Phonetik, hier detaillierte Kenntnis der phonetischen Umschrift und der Unterschiede bei Duden, GWDA und Siebs sowie die Fähigkeit, Texte wortphonetisch zu transkribieren; Fähigkeit zur Beurteilung von Lese- und Freisprechleistungen und im Erkennen von Fehlleistungen; Grundkenntnisse über die Planung, Durchführung und Auswertung von Übungen zu Atmung, Stimme und Artikulation.

Sprechtherapie: Überblick über Ätiologie und Symptomatik von Stimm-, Sprech- und Sprachstörungen; Kenntnisse über die Aufgabengebiete verwandter Berufe; Fähigkeit zur Beurteilung von Stimm-, Sprech- und Sprachstörungen, insbesondere von funktionellen Dysphonien und Dyslalien, sowie von Sprech- und Redehemmungen (Logophobie); Kenntnisse über verschiedene therapeutischen Maßnahmen; fundierte Literaturübersicht.

Rhetorische Kommunikation: Gründliche Kenntnisse über die Geschichte der Rhetorik (Antike, Mittelalter, 20. Jahrhundert); detaillierte Kenntnisse der angewandten Rhetorik, vor allem: Lampenfieber, nonverbale Kommunikation, Formen der Rede, Redegliederungen, Argumentation, Formen des Gesprächs, Fragetechniken, direktive vs. nondirektive Gesprächsführung; Kenntnisse der TA, TZI, des NLP; Fähigkeit im Beurteilen rhetorischer Leistungen; fundierte Literaturübersicht; gute Grundkenntnisse über die Planung, Durchführung und Auswertung von rede- und gesprächspädagogischen Übungen.

Sprechkunst: Geschichte der Sprechkunst; Kenntnisse über die Autoren zur Sprechkunst nach 1945; Kenntnisse über verschiedene Positionen zur Sprechkunst in der Gegenwart: z. B. Lotzmann, Ritter, Gutenberg; detaillierte Kenntnisse der Arbeiten von Weithase und Krech; Sicherheit in der Erarbeitung literarischer Texte; Kenntnisse über Versmaß und Rhythmus einschließlich der Notationssysteme; Grundkenntnisse über die Planung, Durchführung und Auswertung von sprechkünstlerischen Übungen.

In der „Prüfung für Sprecherzieher/innen" werden (unabhängig vom Lehrangebot der letzten acht Semester) folgende Inhalte gefordert:

Vertiefte Kenntnisse der Anforderungen für die „Fachbegleitende Prüfung in Sprecherziehung" (s. o.).

Grundlagen der Mündlichen Kommunikation: Genaue Kenntnis der Fachgeschichte der Sprechwissenschaft/Sprecherziehung einschließlich der Entwicklung vor 1900; wissenschaftstheoretische Grundlagen; genaue Kenntnisse der Fachdiskussionen seit 1945; Bezugslinien zu angrenzenden Wissenschaften, vor allem der Phonetik, der Stimm- und Sprachheilkunde, der Psychologie, Pädagogik, Germanistik, Sprachwissenschaft, Linguistik sowie zu ausgewählten Gebieten der Rechts-, Wirtschafts- und Sozialwissenschaften.

Sprechbildung: Sprechausdruck, Grundformen mündlichen Sprachgebrauchs (hier vor allem auch Sicherheit im Beurteilen von Stimmleistungen, Sprech- und Sprachstufen, Sprechausdruck, Lese- und Freisprechleistungen und im Erkennen von Fehlleistungen sowie Sicherheit im Planen, Durchführen und Auswerten von Übungen); Hören (Physiologie und Pathologie, Sicherheit im funktionellen Hören und Beurteilen von Sprech- und Hörleistungen sowie Sicherheit im Planen, Durchführen und Auswerten von Übungen).

Sprechtherapie: Theorie und Geschichte der Sprach- und Kommunikationstherapie; Ätiologie, Diagnostik und Therapie von Stimm-, Sprech-, Sprach- und Kommunikationsstörungen; vertiefte Kenntnisse verschiedener Behandlungsmethoden; Kenntnisse über die Aufgabengebiete verwandter Berufe; Sicherheit im Analysieren und Beurteilen von Stimm-, Sprech-, Sprach- und Kommunikationsstörungen, insbesondere auch von Poltern, Stottern und zentral bedingten Sprachstörungen, vor allem Aphasien; Sicherheit in der Wahl und Durchführung der geeigneten therapeutischen Maßnahmen.

Rhetorische Kommunikation: Kenntnisse der Kommunikationstheorien (einschließlich der Interaktions- und Rollentheorien), der Gruppendynamik sowie des Vereins- und Versammlungsrechts (Abstimmungsmodalitäten etc.); Sicherheit im Analysieren und Beurteilen rhetorischer Leistungen (in Rede und Gespräch) auf dem Hintergrund der Analyse und Beurteilung von Kommunikationssituationen und Gruppenprozessen; gute Kenntnisse der Argumentationstheorien; Sicherheit im Planen, Durchführen und Auswerten von Übungen zu allen Formen der Rede (der informativen Rede, z. B. Referat, Vortrag, Präsentation; der persuasiven Rede, z. B. Meinungsrede, politische Rede, Gerichtsrede; der situativen Rede, z. B. Ansprache, Predigt) und des Gesprächs (z. B. Konversation; Beratungsgespräch; therapeutisches Gespräch; Lehrgespräch; Besprechung, Konferenz, Sitzung; Mitarbeitergespräch, Kritikgespräch; Verhandlung, Verkaufsgespräch; Moderation; parlamentarische Gesprächsformen, Debatten).

Sprechkunst: Grundkenntnisse der Ästhetik, Poetik, Interpretationstheorien und gute Kenntnisse der Literaturgeschichte; Sicherheit im Analysieren und Beurteilen sprecherischer Interpretation von literarischen Texten unterschiedlicher Gattungen, Zeiten und Stile (unter Einschluss von Hörspiel, Schauspiel, Darstellendem Spiel, Schulspiel); Sicherheit im Planen, Durchführen und Auswerten von Übungen zu sprechkünstlerischer Gestaltung.

Für die fachpraktischen Teile werden hohe Anforderungen formuliert: Die Kandidatin/der Kandidat muss nach vier Semestern in den fachpraktischen Teilen zeigen, dass sie/er frei von sprechpathologischen Symptomen ist, die deutsche Standardsprache in Artikulation und Grammatik fehlerfrei beherrscht, in Vortrag und freier Rede überzeugen und literarische Texte aller Gattungen angemessen sprecherisch gestalten kann.

Nach acht Semestern muss die Kandidatin/der Kandidat in den fachpraktischen Teilen zeigen, dass sie/er frei von sprechpathologischen Symptomen ist, die deutsche Standardsprache in Artikulation und Grammatik fehlerfrei beherrscht und – je nach Wahlfach – sprechtherapeutisch angemessen handeln kann, in Rede- und Gesprächssituationen sicher und überzeugend auftritt, literarische Texte aller Gattungen sprechkünstlerisch gestalten kann. Sie/er weist die Fähigkeit nach, in den geprüften Fächern als Sprecherzieher/-in tätig sein zu können.

Viele Fragen bleiben offen: Was bedeutet

... frei von sprechpathologischen Befunden ...,
... die deutsche Standardsprache in Artikulation und Grammatik fehlerfrei beherrschen ...,
... in Vortrag und freier Rede überzeugen ...,
... literarische Texte aller Gattungen angemessen sprecherisch gestalten ...,
... sprechtherapeutisch angemessen handeln ...,
... in Rede- und Gesprächssituationen sicher und überzeugend auftreten ...,
... sie/er weist die Fähigkeit nach, in den geprüften Fächern als Sprecherzieher/-in tätig sein zu können ...?

Diesen Anforderungen steht folgendes Lehrangebot gegenüber (Das Studien- und Ausbildungsangebot an der Universität Regensburg verteilt sich gleichmäßig auf Studierende der Sprecherziehung und Hörer aller Fakultäten.):

– angebotene Unterrichtsstunden insgesamt: 74 SWS,
– Zahl der Lehrpersonen für die zukünftigen Sprecherzieher/-innen: 7.

Trotz des nicht geringen Angebotes bleibt festzuhalten:

a) Alle Studierenden sind an der Uni Regensburg für ein weiteres Fach eingeschrieben bzw. haben bereits ein Studium abgeschlossen und promovieren.

b) Die Anforderungen im theoretischen Teil sind durchaus zu erfüllen, die mündlichen Prüfungen beweisen das in zumeist eindrucksvoller Weise.

c) Die Fachpraxis hängt sehr vom Engagement der Einzelnen ab: von der Absolvierung von Praktika etc. Das gilt in hohem Maße vor allem für die Bereiche Therapie und Rhetorik. Hier werden z. Z. neue Standards diskutiert.

Das Urteil, inwieweit die hohen Erwartungen an die Sprecherziehung von den einzelnen Sprecherziehern/-erzieherinnen erfüllt werden können (sollen?), muss ich offen halten. Eines allerdings nicht. Die eingangs aufgezählten Anfragen an unsere Sprecherzieher/-innen zeigen deutlich: Sprecherziehung lebt und wird leben von der umfassenden Beschäftigung mit mündlicher Kommunikation, aber auch dem Verzicht auf eine undifferenzierte Zuständigkeit für alles, was „Kommunikation" heißt, wie erst vor kurzem gefordert. Es muss uns gelingen, bei der notwendigen Breite unseres Faches die Tiefe nicht zu verlieren und uns auf unsere Kernkompetenz „Mündliche Kommunikation" zu konzentrieren. Zur Mitarbeit an der qualifizierten Aus- und Fortbildung unserer DGSS-Sprecherzieher/-innen möchte ich herzlich einladen.

Fazit: Müssen wir also unseren Anspruch zurücknehmen und an der Wirklichkeit ausrichten? Nein. Wir müssen die Wirklichkeit immer mehr mit unserem Anspruch in Übereinstimmung bringen. So und nur so wird unser Beruf in der Zukunft bestehen können.

ROLAND W. WAGNER

Was sollen/wollen Sprechkünstler/-innen wissen?

Zur sprechwissenschaftlichen Arbeit an der Staatlichen Hochschule für Musik und Darstellende Kunst Stuttgart

Wieviel Wissenschaftliches wird an einer Kunsthochschule gefordert? Wie stark interessieren sich die in Stuttgart Sprecherziehung Studierenden für wissenschaftliche Inhalte? Welche Themen werden behandelt? Welches Niveau wird im Vergleich zu anderen Ausbildungsstätten erreicht? Mit diesen Fragen beschäftigt sich der vorliegende Beitrag. Die Antworten beruhen auf Informationen und Erfahrungen aus 18-jähriger Tätigkeit als Lehrbeauftragter für Sprechwissenschaft und Phonetik an der Stuttgarter Hochschule.

1. Wieviel Wissenschaftliches wird an einer Kunsthochschule gefordert?

Viele der an Deutschlands Universitäten ausgebildeten Sprechexperten sind der Ansicht, dass die „Stuttgarter“ zwar ganz gut sprechen können, aber wissenschaftlich kaum etwas zu bieten haben. Immerhin kommen zu den DGSS-Tagungen meistens nur wenige und die „sprechen-Bibliographie“ (Wagner 1995–2000) meldet kaum Publikationen. Während der Leipziger Tagung lachten z. B. fast alle über die als Witz angekündigte Aussage: „Ein Stuttgarter Sprecherziehungsstudent geht in eine Buchhandlung und kauft ein Fachbuch.“ Wer jedoch darüber schmunzelt, kennt vermutlich das Stuttgarter Studium nicht.

Die wissenschaftlichen Anforderungen im Diplomstudiengang Sprecherziehung an der Staatlichen Hochschule für Musik und Darstellende Kunst Stuttgart sind nicht niedrig. In der Studien- und Prüfungsordnung von 1983 steht zum „Zweck der Prüfung“:

> „Die Diplomprüfung bildet den berufsqualifizierenden Abschluß des Studiums. Durch die Diplomprüfung soll festgestellt werden, ob der Kandidat die für die Berufspraxis notwendigen gründlichen Fachkenntnisse und künstlerischen Qualifikationen und einen Überblick über die sprechwissenschaftlichen Grundlagen erworben hat und die Fähigkeit besitzt, fachliche Erkenntnisse und Methoden pädagogisch anzuwenden.“ (1)

Der dazu beschlossene Fächerkatalog umfasst neben dem Hauptfach (Einzelunterricht; insgesamt 16 Semesterwochenstunden bzw. 14,7% der Mindestanforderungen – ohne Praktika – von 108,5 SWS) die Pflichtfächer Sprechwissenschaft/Phonetik (4 SWS/3,7%), Rhetorik (4 SWS/3,7%), Germanistische Grundlagen (20 SWS/18,4%), Atemanatomie, -physiologie, -pathologie (4 SWS/3,7%),

Stimmanatomie, -physiologie, -pathologie (3 SWS/2,8%), Stimm- und Sprachstörungen bzw. Therapie von Kommunikationsstörungen (3 SWS/2,8%), Pädagogik/pädagogische Psychologie (8 SWS/7,4%), Rede- und Gesprächspädagogik (4 SWS/3,7%), Spiel- und Theaterpädagogik (8 SWS/7,4%), Unterrichtspraxis (6 SWS/5,5%), Rhythmik (9 SWS/8,3%), Körperbildung (8 SWS/7,4%), Gesangsstimmbildung (3 SWS/2,8%) und Mikrophonsprechen (1,5 SWS/1,4%). Dazu kommen die fakultativen Fächer Hörspielanalyse, Theatertheorie, Medienerziehung, Medientechnik und Italienisch. Insgesamt sind somit für die „theoretischen" Fächer 53 SWS (= 48,8%) und für die „praktischen" Fächer 55,5 SWS (= 51,2%) vorgesehen. (Die Anführungszeichen wurden gesetzt, da es in der Realität zu vielfältigen Überlappungen kommt.)

Die mündlich, schriftlich und durch Lehrproben zu absolvierende Diplom-Vorprüfung erstreckt sich auf die Fächer Sprechwissenschaft/Phonetik, Germanistik, Atemanatomie, -physiologie und -pathologie, Stimmanatomie, -physiologie und -pathologie sowie auf Lehrproben im Bereich Körperbildung und Rhythmik. Dazu kann eine freiwillige Prüfung in Gesangsstimmbildung kommen.

Über die Ziele der jeweiligen Fächer informiert ein Studienführer. Darin habe ich z. B. für das Fach „Sprechwissenschaft" formuliert:

> „Hauptaufgabe des Faches ‚Sprechwissenschaft' ist es, zukünftigen Sprecherzieher/-innen eine Reihe von Kenntnissen zu vermitteln, die für eine kompetente und begründbare Berufstätigkeit wichtig sind und die ihnen die Möglichkeit zum Dialog mit wissenschaftlich vorgebildeten Fachkolleg/-innen eröffnet. Zentrale Fragen sind hierbei zum Beispiel:
>
> - Welche Erklärungsansätze zum Phänomen ‚Sprechen' gab/gibt es?
> - Welche Faktoren beeinflussen die mündliche Kommunikation?
> - Wie entwickelten sich die deutsche Sprache und ihre Aussprachenormierungen?
> - Wie und wodurch wirken unterschiedliche Sprechhaltungen?
> - Welche Berufe kümmern sich um gesprochene Sprache?
> - Welche Methoden haben sich in der sprecherzieherischen Praxis bewährt?
> - Welche Sprechauffälligkeiten können wie behandelt werden?" (1995, 11)

In der Liste der hierzu empfohlenen Literatur stehen acht Bücher mit insgesamt 2201 Seiten, dazu die seit 1993 erscheinende Zeitschrift „sprechen" (Allhoff) und (als Nachschlagehilfe) die „sprechen-Bibliographie" (Wagner 1985-2000) mit z. Z. 9352 Angaben.

Für die Prüfungen in Sprechwissenschaft/Phonetik (mündlicher Teil; Dauer 30 Minuten) gelten folgende Prüfungsinhalte: Geschichte der deutschen Sprache und der Aussprachenormierung, Grundbegriffe der Phonetik, Sprach- und Sprechformen und Sprechhaltungen und ihre kommunikative Bedeutung, Sprach- und Sprechstörungen, Möglichkeit und Grenzen sprecherzieherischer Arbeit. Ferner muss in einer Klausur (60 Minuten) die Fähigkeit zu einer phonetischen Beschreibung und Auswertung einer Sprechaufzeichnung demonstriert werden. Im

Rahmen der Diplomprüfung ist schließlich eine Hausarbeit mit einer Bearbeitungszeit von sechs Monaten zu schreiben.

Zwischenfazit: *Wissenschaftliches ist nicht alles in Stuttgart, spielt aber auch keine unwichtige Rolle.*

2. Wie stark interessieren sich die in Stuttgart Studierenden für wissenschaftliche Inhalte?

In der Tat fragen manche der in Stuttgart Studierenden: Wozu braucht man die „Theoriefächer"? Vor allem sagen dies jene, die ihre ideale Berufstätigkeit als Sprecher/-in fremdformulierter Texte sehen (z. B. auf der Rezitationsbühne oder im Funk). Doch viele andere sind hoch motiviert.

Seit Jahren befrage ich zu Semesterbeginn die Studienanfänger über ihre Berufsziele und ihr Interesse für das Lehrangebot. Zum Zeitpunkt dieser anonym durchgeführten Fragebogenaktionen kennen die Studierenden die Studienangebote in der Regel ausschließlich aus den Beschreibungen des Studienführers. Tabelle 1 zeigt die Ergebnisse bei den letzten sieben Jahrgängen (1 = sehr großes Interesse, 2 = großes Interesse, 3 = normales Interesse, 4 = geringes Interesse, 5 = kein Interesse).

Zwischenfazit: *Wissenschaftliches gehört zwar nicht zu den beliebtesten Fächern in Stuttgart, ist aber auch nicht unbeliebt.*

3. Welche Themen werden in Stuttgart behandelt?

Der hier verfügbare Platz reicht leider nicht, um alle im gerade genannten Fächerkatalog behandelten Themen vorzustellen; ich beschränke mich auf die Schwerpunkte im Bereich Sprechwissenschaft/Phonetik. Regelmäßig werden hier innerhalb von zwei Jahren angeboten:

- zwei Seminare „Einführung in die Sprechwissenschaft" („Von Kommunikationsmodellen bis zum Lampenfieber"),
- zwei Seminare „Historische und aktuelle Methoden der Sprecherziehung" („Von Drach bis NLP"),
- zwei Seminare „Angewandte Phonetik" (vor allem Orthoepie),
- ein Seminar „Standardwerke der Phonetik",
- ein Seminar „Phonetische Aspekte bei sprechkünstlerischen Leistungen",
- ein Seminar „Phonetische Aspekte in den Medien",
- ein Seminar „Phonetische Aspekte unter regionalen Aspekten (mit Elementen der Dialektologie bzw. Areallinguistik)",
- ein Kolloquium zur Vorbereitung auf die Vordiplom-Prüfung.

Das Themenspektrum der Stuttgarter Hausarbeiten ist außerordentlich vielgestaltig (Wagner 2000). Es umfasst allgemeine, rhetorische, künstlerische und the-

Tabelle 1: Das grundsätzliche studentische Interesse an den Stuttgarter Studienfächern

	1993	1994	1995	1996	1997	1998	1999
Einzelunterricht	1,1	1,0	1,0	1,0	1,3	1,0	1,3
Sprechwissenschaft	2,7	2,5	2,2	2,5	1,9	2,2	1,8
Phonetik	2,3	2,4	1,5	2,2	2,1	2,7	2,6
Rhetorik	2,3	2,5	1,9	2,4	1,4	1,5	1,8
Germanistik	1,8	2,3	1,9	2,1	2,1	1,7	1,9
Atemanatomie etc.	2,3	2,4	2,0	2,4	2,1	2,5	2,6
Stimmanatomie etc.	2,1	2,5	2,0	2,4	2,0	2,4	2,1
Sprechtherapie	2,2	2,9	2,2	2,7	2,0	2,4	2,7
Pädag., Päd. Psych.	2,3	2,8	1,8	2,8	2,2	2,3	2,3
Unterrichtspraxis	2,7	2,0	1,4	2,0	1,8	2,0	1,9
Rede- u. Gespr.päd.	2,3	2,1	1,7	2,1	1,5	2,2	2,3
Sp.- u. Theaterpäd.	1,4	1,3	2,0	1,4	1,4	1,3	1,6
Rhythmik	1,5	1,8	1,6	1,8	1,7	1,6	1,4
Körperbildung	1,6	1,5	1,8	1,5	1,5	2,1	1,4
Gesangsstimmbildung	1,7	1,4	1,6	1,2	1,7	1,4	1,4
Mediensprechen	1,6	1,8	2,9	2,0	1,2	1,3	1,2

rapeutische Aspekte der Sprechwissenschaft und Sprecherziehung, wobei in Einzelfällen auch linguistische, kunst-, literatur-, musikwissenschaftliche, pädagogische, philosophische, soziologische und theaterpädagogische Fragen behandelt werden. Die „sprechen-Bibliographie" enthält z. Z. (Oktober 2000) 106 seit 1985 entstandene Arbeiten.

Zwischenfazit: *Die in Stuttgart behandelten wissenschaftlichen Themen decken ein weites Spektrum ab.*

4. Welches Niveau wird im Vergleich zu anderen Ausbildungsstätten erreicht?

Ein objektiver Vergleich des Stuttgarter Niveaus mit dem anderer Ausbildungsstätten (Bundesanstalt für Arbeit 1999) verbietet sich selbstredend für mich als dort tätige und somit parteiische Lehrkraft. Nachdem ich jedoch selbst neben meinen beiden Sprecherzieherprüfungen diverse universitäre Examina im Rahmen eines Staatsexamens absolvierte, an zahlreichen DGSS-Prüfungen an den Universitäten Heidelberg, Marburg und Regensburg mitwirkte und auf Grund meiner hauptamtlichen Lehrtätigkeit an der Pädagogischen Hochschule Heidelberg auch die dortigen Anforderungen kennen lernen durfte, kann ich guten Gewissens behaupten, dass das Stuttgarter Leistungsniveau und die dort übliche Benotung im Allgemeinen dem anderer Studiengänge entspricht. Die formalen Anforderungen können in einer speziell für die Stuttgarter Studierenden erstellten Broschüre zum wissenschaftlichen Arbeiten (Clausnitzer/Wagner 1995) nachgelesen werden. Nicht nur wegen der unterschiedlichen Studienvoraussetzungen (neben den frisch vom Gymnasium Kommenden gibt es Studierende, die bereits einen akademischen Abschluss mitbringen) schwankt die Qualität der wissenschaftlichen Ergebnisse erheblich. So reicht der Umfang der Stuttgarter Hausarbeiten von 20 bis knapp 160 Seiten (Statistischer Mittelwert: 59,05 Seiten, Standardabweichung: 22,32), wobei häufig die den Schwaben zugeschriebene Sparsamkeit in Form von einzeiligem Satzspiegel mit schmalem Rand zu beobachten ist. Für 35 mir vorliegende DGSS-Hausarbeiten ermittelte ich Umfänge zwischen 40 und 302 Seiten, was einen Mittelwert von 101,17 bei einer Standardabweichung von 55,83 entspricht.

Zwischenfazit: *Das wissenschaftliche Niveau ist in Stuttgart zwar heterogen, aber prinzipiell ähnlich wie in anderen sprecherzieherischen Ausbildungsgängen.*

Schließen möchte ich mit einem vorsichtig formulierten Fazit: Im relativ praxisbezogenen Studium in Stuttgart werden zwar keine wissenschaftlichen Koryphäen ausgebildet, aber alle Absolventen hatten und haben die Chance einer soliden wissenschaftlichen Basisqualifikation.

5. Hausarbeiten im Rahmen der Diplomprüfung „Sprecherziehung“ (1985–2000)

5.1. Allgemeine sprecherzieherische Thematik

Becker, K. (1987): Aspekte pädagogisch therapeutischer Arbeit im Einzelunterricht eines Studiengangs in Sprecherziehung – Die Qualität der Lehrer-Schüler-Beziehung als bedeutsamer pädagogisch-therapeutischer Faktor

Dehof, F. (1995): 1. Die Selbsteinschätzung von Stimmqualität und Sprechtechnik bei Personen aus Sprechberufen, 2. Sprechanalysen von willkürlich ausgewählten Personen der oben befragten Gruppen

Geist, K. S. (1999): Kommunikation zwischen Blinden und Sehenden. Auswirkungen der Behinderung Blindheit – Ansätze zur Förderung des kommunikativen Austauschs

Grohmann, O. (1992): Die Gestische Sprecherziehung nach Klaus Klawitter und Herbert Minnich – Erörtert und kritisch betrachtet unter dem Aspekt des Transsensus nach Dr. Volkmar Glaser

Guckelsberger, R. (1990): Der Mensch im Wort. Eine Hinführung zu Martin Bubers Sprachdenken und seiner „Verdeutschung der Schrift"

Harbauer, M. (1994): Deutsch für Ausländer – Ein phonetischer und ästhetischer Ansatz

Keil, T. (1993): Transsexualität und Stimme – Möglichkeiten und Grenzen der stimmlichen Anpassung im Geschlechtsangleichungsprozess

Klix, S. (1991): Über die Notwendigkeit von Sprecherziehung in der Oberstufe

Lutschewitz, I. (1991): Die Sprache der Farbe und die Farbe der Sprache

Machajechi, C. (1995): Sprecherziehung und Anthrosophie in der Grundschule. Einsatzmöglichkeiten der Sprecherziehung im Deutschunterricht der Primarstufe unter Einbeziehung der Pädagogik Rudolf Steiners

Meinert-Koch, B. (1993): Sprecherziehung als ganzheitlicher Prozess. Versuch einer Integration von Elementen des Bewegungskonzeptes der Monheimer Tanztherapie in die sprecherzieherische Arbeit

Müller, A. (1985): Mündliche Kommunikation – beeinflussende Faktoren

Müller-Hesse, B. (1987): Rhythmus als ein Element in der sprecherzieherischen Arbeit

Schneider, A. (1998): Konsequenzen der Technisierung auf den sprechenden Menschen im ausgehenden 20. Jahrhundert

Scholz, C. (1992): Die Notwendigkeit des Rhythmus im sprecherzieherischen Unterricht

Schulz, S. (1998): Mündigkeit durch Mündlichkeit – Sprechpädagogische Möglichkeiten in der Ausbildung von Gymnasiallehrern

Sprung, F.-B. (1991): „Nicht-Sprechen". Sprachlosigkeit – Schweigen – Sprecherziehung

Ulbricht, J. (1999): Betrachtungen zu sprech(erzieh)erischen und sprechwissenschaftlichen Ausbildungen in Deutschland bezogen auf den Berufsalltag

Üner, B. (1997): Silbensprechen als Trainingselement rhythmischer Fähigkeiten

Vetter, U. (1986): Die Sprache der Subkultur im Verhältnis zur normativen Sprache am Beispiel der Homosexuellenszene

Wagner, I. (1990): Über die Möglichkeit einer ausdruckspsychologischen Charakterisierung von Sprachlauten

5.2. Bereich „Ästhetische Kommunikation"

5.2.1. Allgemeine ästhetische Thematik

Esser, A. (1988): Märchen erzählen – Erleben und Deuten alter Weisheit und ihre Bedeutung für Kinder

Froleyks, U. (1990): Joseph Beuys – Kunsttheorie und sprecherzieherische Konsequenzen

Funk, A. (1989): Sprachgestaltung – Sprecherziehung. Ein Vergleich methodischer Aspekte im Bereich künstlerischen Sprechens

Gorges, P. (1997): Über Geschmack lässt sich nicht streiten? Rezeptionsdivergenzen

bei gesprochener Dichtung am Beispiel von Robert Gernhardt und Eduard Möricke
Grom, M. (1988): Helmut Heissenbüttels „Sprech-Wörter" – Überlegungen zur sprecherischen Realisation (1988)
Hoppe, S. M. (1986): Szenisches Erzählen – Ein Weg der ästhetischen Kommunikation
Kerker, S. (1999): Dichter über das Sprechen von Dichtung
Lange, G. (1996): Die Bedeutung der Spontaneität für den wortgestaltenden Künstler
Mannel, O. (1998): Zum Sprechen von Briefen – Probleme und Möglichkeiten der sprechkünstlerischen Aufführungspraxis
Meinel, I. (1993): Dokumentation und Analyse der Projektarbeit „Homage à Gertrude Stein" in der Sprecherziehung
Metzler, A. (1988): Dadaismus. Die Geschehnisse in der Zeit, Möglichkeiten einer Aufführungspraxis in der heutigen Zeit
Neubauer, R. (1987): Die späteren Gedichte Hilde Domins. Sprachliche Untersuchung unter dem Gesichtspunkt der Metapher und Vorschläge zur sprecherischen Erarbeitung
Nikolaus, J. (1989): Sprechen und Schweigen – Die „Menschwerdung" Caspar Hausers
Paulsen, I. (1997): Die Zusammenhänge von Körpermotorik und Sprechmotorik und ihre Bedeutung für die Sprecherziehung im Bereich der ästhetischen Kommunikation
Postl, U. (1985): Nichtliterarische Formen der Vortragskunst
Schönfelder, H. (1999): Die Bedeutung des Monologes in der Kurzprosa und den Hörspielen Samuel Becketts – Literarische Entwicklung und Möglichkeiten der künstlerischen Umsetzung
Schuhmacher, K. (1992): Emotionales Gedächtnis in der Rezitationsarbeit – eine hilfreiche Methode für Sprecherzieher?
Schwedler, U. (1990): Das Lautgedicht. Geschichte, Typologie und Versuche zur sprecherischen Wiedergabe
Speer, M. (1994): Der Prozess des Auswendiglernens von Lyrik und Prosa im Hinblick auf die öffentliche Rezitation – Methoden und Probleme
Werner, E. (1988): Franz Kafka: „Ein Bericht für eine Akademie" – Untersuchungen zu der Erzählung und zu ihrer Aufführungspraxis

5.2.2. Ästhetische Kommunikation mit Bezug zu den Medien

Denkinger, H. (1999): Welche Sprecher will das Land? Erwartungen an Sprecher in den Medien und die methodischen Möglichkeiten Mediensprechen zu erlernen
Kiefer, D. (1997): Sprechen im Hörfunk. Verständlichkeit und Wirkung ausgewählter deutscher Sendungen von Radio Vatikan
Wunderlich, L. (1993): Hörspielkassetten für Kinder. Eine sprechwissenschaftliche Analyse anhand ausgewählter Beispiele

5.2.3. Ästhetische Kommunikation mit Bezug zur Musik

Aisenbrey, M. (1997): Sprecherzieherische Arbeit mit Sängerinnen und Sängern
Becker, F. (1991): Wort und Musik bei der Musikalischen Erzählung „Peter und der Wolf" von Sergej Prokofjew

Bleil, T. (1995): Vom Melodrama zu den Werken für Sprechstimme und Instrumente im 20. Jahrhundert
Charisius, S. (1994): Zeitgenössischer Deutscher Sprechgesang. Genese und Adaption
Kindler, B. (1988): Sprechtechnik in der Liedgestaltung, dargestellt am Vergleich von Johann Wolfgang von Goethes „Der Gott und die Bajadere“ in der Vertonung von Franz Schubert und Bertolt Brechts Gedicht „Über Goethes Gedicht ‚Der Gott und die Bajadere‘„ in der Vertonung von Hanns Eisler
Klann, C. (1991): Arbeitsfeld Stimme in der neuen Musik
Meyer, A. (1993): Melodram. Untersuchungen zum Verhältnis von Sprache und Musik
Renners, S. (1998): Neue Musik und Sprecherziehung – Zu den Anforderungen von Sprach-/Sprechkompositionen der Neuen Musik an SprecherInnen und SprecherzieherInnen
Schojan, C. (1994): Die Kunst der Diseuse. Untersuchung zum Gebrauch der Sprechstimme beim Chansonvortrag
Tübinger, H. J. (1987): Gegenüberstellung eines gesprochenen und eines gesungenen Textes – am Beispiel des Gedichts: Wandrers Nachtlied (Ein Gleiches) von Johann Wolfgang von Goethe in der Vertonung von Franz Schubert
Verhoeven, E. (1993): Zwei Arten zu singen. Untersuchung der Realisierung von Inhalten beim Vortrag von gesprochenem und gesungenem Wort anhand von ausgewählten Gedichten von Joseph von Eichendorff und deren Vertonungen

5.2.4. Ästhetische Kommunikation mit Bezug zur Schule

Böse, R. (1994): Sprechgestaltende Dichtungsinterpretation im Literaturunterricht – Möglichkeiten und Grenzen
Ebrahimi, H. (1992): Behebung von Sprechängstlichkeit beim Umgang mit Literatur. Aufgezeigt am Beispiel einer Theater-AG einer Hauptschule
Federsel, H. (1985): Das Hörspiel „Hans Rosental im Glück – 1984“. Zur Entwicklung der Sprachkompetenz von Kindern in einer Grundschule
Kuhn, P. (1997): Neuere pädagogische Ansätze beim Sprechen von Dichtung in der Sekundarstufe II – Von Comenius ins 20. Jahrhundert

5.2.5. Ästhetische Kommunikation mit Bezug zum Theater

Bahr, M. (1988): Möglichkeiten der Anwendung der Methoden K. S. Stanislawskis und Lee Strasbergs in der Praxis des künstlerischen Sprechens
Baumann, I. (1987): Iphigenie auf Tauris. Sprecherische Interpretation und Vergleich zweier Schallplattenaufnahmen
Fromme, B. (1993): Die Bedeutung der Schauspieltechniken von Konstantin Stanislawski und Lee Strasberg für Bühnensprecher/Innen
Grahl, C. (1999): Inszenierung von Lyrik und Prosa. Über Ansätze, Literatur auf die Bühne zu bringen
Metz, K. (1987): Möglichkeiten theaterpädagogischer Arbeit zur Unterstützung der Sprachentwicklung des Kindes
Noch, J. (1997): Sprecherziehung an Schauspielschulen: Basisarbeit im ersten Jahr
Prawdzik, D. (1995): Sprecherzieherische Didaktik und Methodik für die Bühne
Sippel, A. (1987): Leibliche Phänomene in der Sprecherziehung des Schauspielers
Zettwoch, H. (1998): Sprecherziehung für Amateurtheater. Vorstellen, Überprüfen

und analytische Auswertung einer Übungssequenz unter Berücksichtigung meiner eigenen Erfahrungen und meines derzeitigen Ausbildungsstandes
Ziellenbach, M. (1992): Russische Rezitationsregie und Stimmbildung – am Beispiel der Arbeit Jurij A. Wassiljews – Möglichkeiten der Rezeption für die Sprecherziehung

5.3. Bereich „Rhetorische Kommunikation“

Becker, H. (1993): Wann macht ein Gespräch Sinn? – Sprechwissenschaftliche Analyse eines Fachgesprächs
Gabor, V. (1993): „Wirkung des Wortes“. Führung und Verführung durch das Wort in sprechpädagogischen Bereichen
Kalz, E. (1999): Kommunikationsschulung ehrenamtlicher Mitarbeiter evangelischer Gemeinden
Köhler, S. (1994): Machtstrukturen bei Eröffnungsphasen in Gesprächen
Krause, A. (1989): Reklamedeutsch – Die Sprache der Werbung. Beobachtungen über das Sprechen in der Rundfunkwerbung
Kutter, C. (2000): Das Referat im Deutschunterricht. Studie zur gegenwärtigen Situation des Soll- und des Istzustands im Lernzielbereich „Referat“ in der gymnasialen Sekundarstufe I in Baden-Württemberg
Landbeck, H. (1994): Anforderungen an eine sprechwissenschaftlich/sprecherzieherische praktische Rhetorik in den neuen Bundesländern
Lohner, S. (1999): Verhandlungsrhetorik und Sprecherziehung. Ein integrativer Ansatz unter Einbeziehung der Psychotonik
Martens, P.: Das Phänomen Sprechängstlichkeit in allgemeinen Kursen zur rhetorischen Kommunikation
Nowack, K. (1994): Sprecherziehung als Ansatz zur Bewältigung von Sprechangst
Pöllmann, D. (1999): Bedarf und Möglichkeiten von rhetorischen Schulungsangeboten an der Filmakademie Baden-Württemberg
Sauer, E. (1998): Konfliktlösung in der Gesprächsrhetorik – Ein Seminarentwurf

5.4. Sprechbildung (Respiration, Phonation, Artikulation)

Bernhard, B. (1998): Aspekte der Atemarbeit in der Sprecherziehung – Untersuchung von Standardwerken im Hinblick auf die praktische Anwendbarkeit im Sprecherziehungsunterricht für verschiedene Zielgruppen
Dorenburg, S. (1998): Die Lesung in der Kirche. Möglichkeiten sprecherzieherischer Arbeit mit Lektoren
Eckert, J. A. (1990): Die menschliche Stimme. Genese und Funktionsebenen aus systemtheoretischer Sicht
Erhardt, H. (1993): Aussprache im Chor. Möglichkeiten sprecherzieherischer Arbeit mit Chören
Grund, M. (1999): Stimmarbeit mit Gehörlosen und Schwerhörigen
Hilger, C. (1990): Die Stimmarbeit des Roy-Hart-Theaters und die phonoodische Therapie nach Jorgos Canacakis-Canas
Keil, A. (1996): Sprecherziehung mit geistig behinderten Kindern – Eine bedarfsgerechte Unterrichtsreihe zur Sprachförderung geistig behinderter Kinder in der Gruppe
Kröger, W. (1998): Sprecherziehung für Chorleiter. Zur musikalischen Aussage über die sprachlich/sprecherische Kommunikation

Reiner, C. (1999): Unterrichtsmaterialien aus dem Bereich der Sprecherziehung im Aussprache-Unterricht für französische Studenten
Voigt, S. (1993): Gesangliche Stimmbildung – eine Grundlage zur Ausbildung der Sprechstimme

5.5. Bereich „Sprechtherapie“

Eisele, B. (1990): Sprecherziehung und Stottertherapie
Hornberger, P. (1997): Therapeutische Qualifikation der Sprecherziehung mit Schwerpunkt Therapie von Kommunikationsstörungen
Müller, K. (1993): Orale Wahrnehmung bei Sigmatikern – Stereognostische Untersuchungen nach Dahan
Werner, S. A. (1988): Therapeutische Ansätze in der Sprecherziehung
Willikonsky, A. (1999): Bilinguale Erziehung und ihr Einfluss auf die Sprachentwicklung. Eine Untersuchung sprachauffälliger Kinder in einer logopädischen Praxis

Literatur

Allhoff, D. W. (Hrsg.): sprechen. Zeitschrift für Sprechwissenschaft – Sprechpädagogik – Sprechtherapie – Sprechkunst. bayerischer verlag für sprechwissenschaft (bvs), Regensburg
Bundesanstalt für Arbeit (Hrsg.) (1999): Blätter zur Berufskunde. Sprecherzieher/Sprecherzieherin, Sprechwissenschaftler/Sprechwissenschaftlerin. (bearb. v. Wagner, R. W.) Bertelsmann, Bielefeld
Clausnitzer, V., Wagner, R. W. (1995): Hinweise zum wissenschaftlichen Arbeiten für Studierende der Sprecherziehung. bvs, Regensburg
Kutter, U., Wagner, R. W. (Hrsg.) (1991): Stimme. Ergebnisse der DGSS-Arbeitstagung an der Staatlichen Hochschule für Musik und Darstellende Kunst Stuttgart (27.-30.9.1990). Cornelsen Scriptor, Frankfurt a. M.
Staatliche Hochschule für Musik und Darstellende Kunst Stuttgart (1983): Studien- und Prüfungsordnung für den Diplomstudiengang Sprecherziehung. Stuttgart
– (1995): Studienführer für den Diplomstudiengang Sprecherziehung. Überarbeitete u. erweiterte Aufl. Stuttgart
Wagner, R. W. (1995-2000): Die sprechen-Bibliographie: Interdisziplinäre Zusammenstellung aktueller Bücher und Aufsätze zur mündlichen Kommunikation (Diskettenversion). bvs, Regensburg
– (1999): Grundlagen der mündlichen Kommunikation. Sprechpädagogische Informationsbausteine für alle, die viel und gut reden müssen. 8., erw. Aufl. bvs, Regensburg
– (2000): Liste der Hausarbeiten im Rahmen der Diplomprüfung „Sprecherziehung“, 1985-2000 (nach Themengruppen sortiert)

Mitarbeiterverzeichnis

Dr. päd. Adler, Yvonne
Universität Leipzig
Erziehungswissenschaftliche Fakultät
Institut für Förderpädagogik
Marschnerstr. 29/31
04109 Leipzig

Dr. Allhoff, Dieter-W.
Universität Regensburg
Philosophische Fakultät IV
Lehrgebiet Mündliche Kommunikation
und Sprecherziehung
Universitätsstr. 31
93053 Regensburg

Prof. Dr. habil. Anders, Lutz Christian
Martin-Luther-Universität
Halle-Wittenberg
FB Musik-, Sport- und Sprechwissenschaft
Institut für Sprechwissenschaft und
Phonetik
Postfach
06099 Halle (Saale)

Prof. Dr. Bartsch, Elmar
Fängerweg 4
45481 Mülheim/R.

Dr. phil. Bose, Ines
Martin-Luther-Universität
Halle-Wittenberg
FB Musik-, Sport- und Sprechwissenschaft
Institut für Sprechwissenschaft und
Phonetik
Postfach
06099 Halle (Saale)

Brunner, Andrea
Landfriedstr. 8
69117 Heidelberg

Fiedler, Björn
Lüneburger Str. 19
28205 Bremen

Prof. Dr. phil. Fiukowski, Heinz
H.-Budde-Str. 23
04157 Leipzig

Prof. emeritus Dr. phil. Geißner,
Hellmut K.
21 chemin de la Coudrette
CH-1012 Lausanne

OA Dr. med. Hänsch, Uta
Universitätsklinikum Leipzig
Klinik und Poliklinik für Hals-, Nasen-,
Ohrenheilkunde/Plastische Operationen
Phoniatrie
Liebigstr. 18a
04103 Leipzig

Hannken-Illjes, Kati
Wegscheider Str. 25
06110 Halle (Saale)

Prof. Dr. Herbig, Albert F.
Fachhochschule Kaiserslautern/
Zweibrücken
FB Betriebswirtschaft
Kommunikations- und Führungstechnik
Amerikastr. 1
66482 Zweibrücken

Kniep, Anja
Meckelstr. 20
06110 Halle (Saale)

Kräuter, Franziska
Rosa-Menzer-Str. 17
01309 Dresden

Dr. phil. Lemke, Siegrun
Universität Leipzig
Institut für Germanistik
Sprechwissenschaft/Sprecherziehung
Brühl 34-50
04109 Leipzig

Lenhart, Heinrich
Nonnenstr. 28
04229 Leipzig

Lüssing, Philine
Universität Leipzig
Institut für Germanistik
Sprechwissenschaft/Sprecherziehung
Brühl 34-50
04109 Leipzig

Meyer, Dirk
Martin-Luther-Universität
Halle-Wittenberg
FB Musik-, Sport- u. Sprechwissenschaft
Institut für Sprechwissenschaft und
Phonetik
Postfach
06099 Halle (Saale)

Dr. phil. Miethe, Bärbel
Kaulenberg 5
06108 Halle (Saale)

Dr. habil. Neuber, Baldur
Friedrich-Schiller-Universität Jena
Institut für Germanistische
Sprachwissenschaft
Lehrstuhl für Phonetik und
Sprechwissenschaft
Fürstengraben 30
07740 Jena

Prof. Dr. habil. Ockel, Eberhard
Hochschule Vechta
Institut für Kunst, Musik und Literatur
Postfach 1553
49364 Vechta

Dr. phil. Pabst-Weinschenk, Marita
Heinrich-Heine-Universität Düsseldorf
Germanistisches Seminar
Abteilung für Didaktik der deutschen
Sprache und Literatur
Universitätsstr. 1
40225 Düsseldorf

Dr. phil. Reinke, Kerstin
Universität Leipzig
Philologische Fakultät
Herder-Institut
Löhrstr. 17
04105 Leipzig

Dr. Roelofsen, Abraham
Neue Nordstr. 37
42105 Wuppertal

Schnorrenberg, Jo E.
Lindenstr. 17
50674 Köln

PD Dr. Slembek, Edith
Section d'allemand
Université de Lausanne
BFSH 2
CH-1015 Lausanne

Prof. Dr. habil. Stock, Eberhard
Martin-Luther-Universität
Halle-Wittenberg
FB Musik-, Sport- und Sprechwissenschaft
Institut für Sprechwissenschaft und
Phonetik
Postfach
06099 Halle (Saale)

Dr. Teuchert, Brigitte
Universität Regensburg
Philosophische Fakultät IV
Lehrgebiet Mündliche Kommunikation
und Sprecherziehung
Universitätsstr. 31
93053 Regensburg

Dr. phil. Thiel, Susanne
Universitätsklinikum Leipzig
Klinik und Poliklinik für Hals-, Nasen-,
Ohrenheilkunde/Plastische Operationen
Phoniatrie
Liebigstr. 18a
04103 Leipzig

Prof. Dr. Thiele, Michael
Hochschule für Technik
Moltkestr. 30
76133 Karlsruhe

Dr. habil. Varwig, Freyr Roland
Johann-Wolfgang-Goethe-Universität
Philologische Fakultät
Sprechwissenschaftlicher Arbeitsbereich
Grüneburgplatz 1
60629 Frankfurt a. M.

Wachtel, Stefan
Obermainanlage 22
60314 Frankfurt a. M.

Wagner, Roland W.
Pädagogische Hochschule
Heidelberg
Fakultät II
Fachgebiet Sprechpädagogik
Keplerstr. 87
69120 Heidelberg

Zellerhoff, Rita
Heinrich-Lersch-Str. 86
40595 Düsseldorf

Dr. phil. Zimmermann, Susanne
Friedrich-Schiller-Universität Jena
Institut für Phoniatrie und
Pädaudiologie
Stoystr. 3
07740 Jena

Die Reihe „Sprache und Sprechen"
Die neuesten Bände

Band 35 Annette Mönnich/Ernst Jaskolski (Hrsg.)
Kooperation in der Kommunikation
Festschrift für Elmar Bartsch
1999. 247 Seiten. 6 Abb. 6 Tab. (3-497-01498-2) kt

Band 36 Annette Mönnich (Hrsg.)
Rhetorik zwischen Tradition und Innovation
1999. 287 Seiten. 2 Abb. 12 Tab. (3-497-01499-0) kt

Band 37 Dieter-W. Allhoff (Hrsg.)
Schlüsselkompetenz Mündliche Kommunikation
2001. 214 Seiten. ca.26 Abb. ca. 6 Tab.
(3-497-01570-9) kt

Band 38 Dieter-W. Allhoff (Hrsg.)
Förderung Mündlicher Kommunikation durch Therapie, Unterricht und Kunst
2001. 230 Seiten. ca. 24 Abb. ca. 6 Tab.
(3-497-01571-7) kt

Ernst Reinhardt Verlag • München Basel
E-Mail: info@reinhardt-verlag.de
http://www.reinhardt-verlag.de